악의 꽃

Les Fleurs du Mal

Baudelaire

대산세계문학총서
18

악의 꽃

Les Fleurs du Mal

문학과지성사

대산세계문학총서 18
악의 꽃

지은이   샤를 보들레르
옮긴이   윤영애
펴낸이   이광호
편집   김은주 박솔뫼
펴낸곳   ㈜문학과지성사
등록번호 제1993-000098호
주소   04034 서울 마포구 잔다리로7길 18(서교동 377-20)
전화   02) 338-7224
팩스   02) 323-4180(편집) 02) 338-7221(영업)
전자우편 moonji@moonji.com
홈페이지 www.moonji.com

제1판   1쇄 2003년 10월 16일
제1판 23쇄 2024년 3월 8일

ISBN 978-89-320-1452-4 04860
ISBN 978-89-320-1246-9(세트)

이 책은 대산문화재단의 외국문학 번역지원사업을 통해 발간되었습니다.
대산문화재단은 大山 愼鏞虎 선생의 뜻에 따라 교보생명의 출연으로 창립되어
우리 문학의 창달과 세계화를 위해 다양한 공익문화사업을 펼치고 있습니다.

완전무결한 시인

프랑스 문학의 완벽한 마술사

몹시 친애하고 숭배하는

나의 스승이자 친구인

테오필 고티에에게

지극히 겸허한

마음으로

이 병든 꽃들을

나는 바친다.

C. B.

차례

책머리에 ─────── 25

독자에게 ─────── 36

우울과 이상

축복 ─────── 43
알바트로스 ─────── 47
상승 ─────── 48
교감 ─────── 50
* 저 벌거숭이 시대의 추억을 나는 좋아한다 ─────── 51
등대들 ─────── 53
병든 뮤즈 ─────── 56
돈에 팔리는 뮤즈 ─────── 57
무능한 수도사 ─────── 58
원수 ─────── 59
불운 ─────── 60
전생 ─────── 61
길 떠난 보헤미안들 ─────── 62
인간과 바다 ─────── 63
지옥의 동 쥐앙 ─────── 64
교만의 벌 ─────── 66

아름다움 ─── 68

이상 ─── 69

거녀 ─── 70

가면 ─── 71

아름다움에 바치는 찬가 ─── 74

이국 향기 ─── 76

머리타래 ─── 77

* 나 그대를 밤의 궁륭처럼 열렬히 사랑하오 ─── 79
* 넌 전 우주를 네 규방에 끌어넣겠구나 ─── 80

그러나 흡족하지 않았다 ─── 81

* 물결치는 진줏빛 옷을 입고 ─── 82

춤추는 뱀 ─── 83

시체 ─── 85

심연에서 외친다 ─── 88

흡혈귀 ─── 89

* 끔찍한 유대 계집 곁에 있었던 어느 날 밤 ─── 91

사후의 회한 ─── 92

고양이 ─── 93

결투 ─── 94

발코니 ─── 95

홀린 사내 ─── 97

환영 ─── 98

   I. 어둠 ─── 98

   II. 향기 ─── 99

   III. 그림틀 ─── 99

Ⅳ. 초상화 ─────── 100
* 그대에게 이 시구를 바치노라 ─────── 102
　언제나 이대로 ─────── 103
　그녀는 고스란히 ─────── 104
* 오늘 저녁 무엇을 말하려는가 ─────── 106
　살아 있는 횃불 ─────── 107
　공덕 ─────── 108
　고백 ─────── 110
　영혼의 새벽 ─────── 113
　저녁의 조화 ─────── 114
　향수병 ─────── 115
　독 ─────── 117
　흐린 하늘 ─────── 119
　고양이 ─────── 120
　아름다운 배 ─────── 123
　여행으로의 초대 ─────── 126
　돌이킬 수 없는 일 ─────── 129
　정담 ─────── 132
　가을의 노래 ─────── 133
　어느 마돈나에게 ─────── 135
　오후의 노래 ─────── 138
　시지나 ─────── 141
　나의 프란시스카를 찬양하도다 ─────── 142
　식민지 태생의 한 백인 부인에게 ─────── 144
　슬프고 방황하여 ─────── 145

유령 —————— 147

가을의 소네트 —————— 148

달의 슬픔 —————— 149

고양이들 —————— 150

올빼미들 —————— 151

파이프 —————— 152

음악 —————— 153

무덤 —————— 154

환상적인 판화 —————— 155

쾌활한 사자死者 —————— 156

증오의 물통 —————— 157

금간 종 —————— 158

우울 —————— 159

우울 —————— 160

우울 —————— 162

우울 —————— 163

집념 —————— 165

허무의 맛 —————— 166

고통의 연금술 —————— 167

공감이 가는 공포 —————— 168

자신을 벌하는 사람 —————— 169

돌이킬 수 없는 것 —————— 171

시계 —————— 174

파리 풍경

풍경 ——— 216

태양 ——— 218

빨간 머리 거지 계집애에게 ——— 220

백조 ——— 223

일곱 늙은이들 ——— 227

가여운 노파들 ——— 230

장님들 ——— 235

지나가는 어느 여인에게 ——— 236

밭 가는 해골 ——— 237

어스름 저녁 ——— 239

노름 ——— 241

죽음의 춤 ——— 243

거짓에의 사랑 ——— 247

* 나는 잊지 않았네 ——— 249
* 당신이 시샘하던 마음씨 고운 하녀 ——— 250

안개와 비 ——— 252

파리의 꿈 ——— 253

어스름 새벽 ——— 257

술

술의 넋 ——— 273

넝마주이들의 술 ——— 275

살인자의 술 ——— 277

외로운 자의 술 —————— 280
연인들의 술 —————— 281

악의 꽃

파괴 —————— 287
순교의 여인 —————— 288
천벌받은 여인들 —————— 292
의좋은 두 자매 —————— 294
피의 샘 —————— 295
우의 —————— 296
베아트리체 —————— 298
키티라섬으로의 여행 —————— 300
사랑의 신과 해골 —————— 304

반항

성 베드로의 부인 —————— 313
아벨과 카인 —————— 315
악마의 연도煉禱 —————— 318

죽음

연인들의 죽음 —————— 327
가난한 자의 죽음 —————— 328

예술가들의 죽음 ——— 329

하루의 끝 ——— 330

어느 호기심 많은 자의 꿈 ——— 331

여행 ——— 332

유죄 선고받은 시

보석 ——— 347

망각의 강 ——— 349

너무 쾌활한 여인에게 ——— 351

레스보스 ——— 353

천벌받은 여인들 ——— 357

흡혈귀의 변신 ——— 363

『악의 꽃』부록

새 『악의 꽃』

유죄 선고받은 책에 부치는 제사題詞 ——— 373

자정의 성찰 ——— 374

슬픈 연가 ——— 376

어느 말라바르 여인에게 ——— 379

경고자 ——— 381

찬가 ——— 382

목소리 ——— 384

반역자 ——— 386

분수 ────── 387
베르트의 눈 ────── 390
몸값 ────── 391
머나먼 곳에 ────── 392
명상 ────── 393
심연 ────── 394
이카로스의 한탄 ────── 395
뚜껑 ────── 396

2판을 위한 에필로그의 초고 ────── 404
『악의 꽃』에 관한 여러 자료들 ────── 406

옮긴이 해설·『악의 꽃』의 역사 ────── 421
작가 연보·보들레르의 삶 ────── 435
기획의 말 ────── 478

펠릭스 나다르가 찍은 보들레르

테오필 고티에에게 바치는 『악의 꽃』헌사의 교정쇄
(보들레르 자신이 교정을 본 것이다.)

「길 떠난 보헤미안들」에 영감을 준 자크 칼로의 판화

마네가 그린 잔 뒤발(부다페스트 미술관 소장)

메소니에가 그린 사바티에 부인

카르자가 찍은 마리 도브렁

익명의 화가가 그린 오타르 드 브라가르 부인
(「식민지 태생의 한 백인 부인에게」의 주인공이다.)

악의 꽃

일러두기

1. 번역에 참고한 『악의 꽃』 텍스트는 1857년 출판업자 말라시 Poulet-Malassis에 의해 출간된 『악의 꽃』 초판과 1861년 역시 말라시에 의해 나온 제2판이다. 2판에서는 1857년 초판 때 프랑스 법원으로부터 삭제 명령을 받았던 6편의 시가 빠지고 32편의 시가 증보되어, 새로 삽입된 「파리 풍경」편과 함께 전체적인 구조가 크게 수정된다.

   시인이 세상을 떠난 후인 1868년 레비 Michel Lévy에 의해 새로운 시들이 삽입되어 새로운 분류에 의해 수정된 3판이 나오게 된다. 그런데 이것은 시인 자신의 의도와 일치하는 것이 아니어서, 오늘날 출판되는 대부분의 『악의 꽃』은 2판을 주요 텍스트로 삼는다. 이 책도 2판을 기본으로 했으며 그외에 법원의 삭제 명령에 의해 2판에서 제외되었던 6편의 시들은 「유죄 선고받은 시」라는 제목 밑에 실었다. 그리고 16편으로 된 「새 악의 꽃」을 실었다. '새 악의 꽃'은 1866년 젊은 문학인 카튈 망데 Catulle Mandès가 『현대 고답파 시집』에 실으면서 붙인 제목이다. 망데가 실었던 16편의 시들을 여기에서도 같은 순서로 싣는다. 마지막으로 『악의 꽃』에필로그 초고와 서문 초고, 『악의 꽃』 출판에 관한 몇 가지 자료를 실었다. 이것은 『악의 꽃』 시인의 의도와 이 책의 출판을 둘러싸고 시인이 처하게 되었던 상황을 짐작하게 하는 자료이다.

   그 밖에 출판되지 않았거나 산발적으로 잡지에 실렸던 「다양한 시들」과 「표류물」을 덧붙여 출판하는 증보판들이 있지만, 여기에서는 시인의 의도에 따라 그 부분을 제외시켰다. 시인 자신이 '그 시들은 『악의 꽃』에 자리를 잡을 권리가 없다'고 생각했기 때문이다.

2. 원문에서 시인이 대문자로 강조한 부분은 「 」으로 표시했으며, 이탤릭체로 된 부분은 그대로 이탤릭체로 표기하였다.

3. 시제詩題 없이 씌어진 시들은 시의 첫 행을 제목으로 했고, 차례에 ↓*로 표시했다.

책머리에

『악의 꽃』은 누구를 위한 책인가? 어떤 이는 누구에게나 열려 있는 단순한 책이라 했고, 어떤 이는 이 책에 대해 다른 모든 평가가 가능할지 몰라도 결코 '단순한' 책이라는 말만은 할 수 없으며, 『악의 꽃』은 보들레르의 취향을 가진 사람에게만 열려 있는 책이라고 반박했다.

"보들레르의 취향은 일종의 입문 의식이나 중독을 요구할 뿐 아니라, 사치나 위험의 욕구처럼 설명할 수 없지만 억누를 수 없는 욕구와 통해야만 하며, 이 욕구가 존재하지 않는 한 아무 일도 일어나지 않는다"고 모리스 사이에Maurice Saillet는 '보들레르의 취향'에 대해 상술하고 있다.

사실 『악의 꽃』의 역사가 이 주장을 확인시켜주고 있다. 1857년 보들레르가 『악의 꽃』을 발표했을 때 그 시대의 누구도 『악의 꽃』의 위대함을 주목하지 못했다. 그 당시 대부분의 독자들은 물론, 기이하게도 이 책의 독창성을 누구보다 먼저 간파했음직한 테오필 고티에도, 조셉 들로름의 추억을 가지고 있어 보들레르에 가장 공감할 수 있었던 생트-뵈브도 이 작품에서 "프랑스 시가 가장 민감하고 가장 고통스런 프랑스 시인을 이제 막 만난 사실"을 알아채지 못했다. 그들은 『악의 꽃』의 다양한 색채는 분명 주목했겠지만 그 색채의 향기는 느끼지 못했다. 그들이 우둔해서가 아니다. 그들은 풍부한 문학 체험에도 불구하고 『악의 꽃』을 사랑하는

데 필요한 감각을 지니지 못했기 때문이다. 그들보다 덜 해박한 젊은 스윈번, 젊은 말라르메, 젊은 베를렌, 이들 젊은 세대는 '설명할 수 없지만 억누를 수 없는 욕구'를 보들레르와 공유할 수 있었고, 시대적 감수성이라는 점에서 유리한 입지에 있었다. 그리하여 그들은 벅찬 가슴으로 보들레르에게 다가갈 수 있었다.

시인은 『악의 꽃』이 '소수의 행복한 독자'를 위한 것이라고 했다. 이는 오랫동안의 집착과 노고의 산물인 자신의 책이 그 시대의 시선을 끌지 못하리라는 것을 자신이 먼저 알고 있었기 때문이었을 것이다. 그 당시 세인들의 지독한 반응과 프랑스 법원이 『악의 꽃』에 가한 유죄 판결이라는 가혹한 결정을 상기할 때 시인의 예상은 빗나간 것이 아니었다. 시인이 세상을 떠날 때까지도 이 멍에는 벗겨지지 않았고 『악의 꽃』의 명예 회복이 정식으로 이루어진 것은 유죄 판결 이후 근 1세기가 지난 1949년 프랑스 법원이 원심 파기를 선언하면서부터이다. 그렇다고 그것이 레지옹도뇌르 훈장을 의미하는 것이 아니었다. 실로 오랜 세월 보들레르는 저주받은 시인으로서의 불행을 벗어나지 못했고, 『악의 꽃』은 열광적인 소수의 독자에게 제한되어 있었다. 보들레르를 "최초의 '투시자voyant'라고 칭송했던 몇 안 되는 랭보, 보들레르에게서 '저주받은 시인'을 사랑했던 몇 안 되는 베를렌, 『악의 꽃』에서 언어와 기교의 노력을 높이 평가했던 더욱 소수의 말라르메" …… 그러나 이 모든 우여곡절을 거친 후 이제 이 책은 소수의 '행복한 독자'들을 실망시키지 않은 채 독자층을 한껏 넓혀갔다. 금서에 대한 호기심과 '저주받은 시인'의 매력으로 인해 다양한 독자층의 욕구에 노출되어 있다. 그들은 어떤 이유에서 『악의 꽃』을 읽으려 하며, 이 책에서 무엇을 주목하는가.

첫째, 계속 이어지는 젊은 시인들의 물결과 문학 평론가들이 공통으로 지적하는 점은 『악의 꽃』의 '현대성'이다. 베를렌, 랭보, 말라르메로부터 시작하여 로트레아몽, 발레리…… 이들 시인들은 성격의 차이에도 불구하고 모두 보들레르로부터 출발했고, 주석자들은 프랑스 상징주의가 『악의 꽃』의 미학을 가장 '서툴게 실현'한 것에 불과하다고 평가한다. 그리고 그들 중 일부는 자신들의 찬미가 단지 '현대성'에 있다기보다는 모든 과장과 안이함을 거부한 형식상의 완성에 근거하고 있음을 보여준다.

형식의 완성에 열광하는 주석자들은 보들레르에게서 냉담하고 오만한 미의 찬미를 발견한다. 마찬가지로 열렬한 다른 계열의 찬미자들은 『악의 꽃』의 끝없이 다양한 성격을 말한다. 『악의 꽃』 주석자들이 가장 많이 언급한 부분이 바로 『악의 꽃』의 다양함과 상반되는 성격이다. 『악의 꽃』을 잠시만 대해도 그의 시가 감수성과 언어의 대조에 기초하고 있음을 곧 알 수 있다. 이 대조는 거기서 그치지 않고 모호함으로까지 확대된다. 『악의 꽃』의 시적 구조는 자연과 초자연, 과거에의 향수와 현재에 대한 강한 관심, 에로티시즘과 정신주의, 신성과 악마주의, 해학과 아이러니 사이의 대조와 모호함 속에 있고, 이 갈등과 고통 속에 그의 사고가 놓여 있다. 감수성의 다양함은 필연적인 결과로 미학의 다양함을 낳고, 이런 이유에서 보들레르의 작품에서 하나가 아닌 여러 다른 예술의 원칙이 가능하다.

문학사에 나타나는 보들레르의 위치에서도 모호함은 마찬가지이다. '예술지상주의 l'art pour l'art'에 결부된 '파르나스'로 소개되는가 하면, 동시에 상징주의와 초현실주의에 길을 닦아준 시인으로, 또는 '현대성'의 선구자로 소개된다. '현대성'에 대한 그의 옹호에도 불구하고 리얼리즘의 시도에 전혀 무관하지 않았음을 보여주고, 동시에 '예술지상주의'와 '실증주의 예술'을 공격하는 텍스트가 적지 않다.

또한 '초자연주의'라는 어휘와 이에 연결된 정신이 끈질기게 그의 작품에 나온다. 티보데Thibaudet는 19세기가 '종교의 시'에서 시작하여 '시의 종교'로 끝난다고 말했다. 이 변화를 선명하게 나타내준 것이 보들레르의 '초자연주의'이다. 그러나 보들레르는 처음 그의 시가 자양분을 취했던 숲, 대양, 창공 등 원시적인 거대한 이미지를 조금씩 벗어나 현대 도시의 리얼리티 쪽으로 시선을 돌린다. 그의 시도 마찬가지로 「교감」에서 보여주는 초월적인 이미지에서 도시의 삶의 서글픈 일상 쪽으로 기울어지는 변화를 보인다. 차츰 도시의 광경과 대중들이 모이는 공설 운동장, 도시의 다락방과 일터와 전신주가 시의 배경을 이루고, 거리의 가여운 노파들, 장님들, 넝마주이 등 도시의 가난한 사람들이 풍경을 차지한다. 최초의 출판 이후 1861년에 발표된 『악의 꽃』 제2판에서 「파리 풍경」 편이 새로이 삽입된 것이나 후에 소산문시집 『파리의 우울』이 나오게 된 것도 시인의 이 같은 관심의 변화를 말해준다.

이처럼 그가 시인으로 성장하면서 거쳤던 과정과 미학의 변화 이외에도 인간으로서 가지는 상반되는 욕구로 인해 보들레르와 그의 작품은 상반되는 여러 얼굴을 가진다. 그것이 당연히 독자들에게 각기 다른 반응을 불러일으켰다.

처음 『악의 꽃』이 발표되었을 때 그 시대의 독자들이 일차적으로 반응을 보였던 부분은 기이하고 대담한 주제들이었고, 그것이 곧 사회적인 물의를 일으켰다. 병적인 성격과 퇴폐적인 색채와 죽음의 배경이 지배적인 「천벌받은 여인들」「레스보스」「시체」 등,

이들 시에서 보이는 잔인할 정도로 적나라한 리얼리스트적인 묘사에 그들은 분노하며 시의 의도를 엉뚱하게 해석했다.

어떤 독자들에게는 충격과 분노를 주었고, 어떤 독자들에게는 반대로 흥미를 유발시켰던 이 모습이 보들레르에 대한 선입견으로 굳어 오랫동안 독자들의 기억을 지배해왔다. 그러나 그것은 시인이 거쳤던 시적 모험의 긴 여로에서 일종의 과정으로서의 의미를 가질 뿐이다. 『악의 꽃』에서 발견되는 어떤 괴기 취미도, 외양과는 달리 『악의 꽃』이 마침내 이르렀던 깊은 절망과 무관한 것이다. 이 시체들, 시체 위에 우글거리는 구더기들은 1840년경 보들레르가 글을 쓰기 시작할 즈음 시인들이 즐겨 다루던 테마로, 이 취향은 그 자체로서 보들레르 고유의 것이 아니다. 그 당시 대가였던 고티에의 『그로테스크』와 『죽음의 코미디』가 계기를 주었고, 두아에네Doyenné 그룹이 즐겨 따랐던 바로크 취향을 시인이 잠시 따랐던 일시적 자극에 국한된다. 그 시대의 독자들이 보들레르의 전부라고 믿어왔던 이 부분은 가장 피상적인 부분이며, 가장 덜 보들레르적이며, 작품의 진정한 의미와는 거리가 먼 것이다. 이보다 작품 전체를 지배하는 『악의 꽃』의 전반적인 의미와 『악의 꽃』의 진정한 의도에 주목하는 것이 바람직하다.

『악의 꽃』은 '악mal'의 의식으로부터 출발한다. 『악의 꽃』의 서문에 해당되는 「독자에게」에서부터 악의 세계에서 살아가는 인간의 절망과 암울한 삶의 권태가 처절하게 그려진다. 샤토브리앙과 바이런의 우울을 계승했고, 비니의 철학적 절망과 플로베르의 미학적 니힐리즘을 공유했던 그는 이 세상이 악하다고 믿고 있었다. 자연은 부패했고 인간은 타락했다. 육체는 온갖 죄악의 온상이다. 우리를 꼭두각시처럼 '조정하는 끈을 쥐고 있는 것은 악마'이기에 인간은 악으로부터 달아날 수가 없다. 그리하여 인간은 '어리석음, 과오, 죄악, 인색 속에서 몸과 마음이 시달리며' 살아간다. 『악의 꽃』의 주요 테마인 이상을 향한 비상도 사랑도 도시의 인공적인 매력도 술, 인도삼에 의한 '인공 낙원'도 우리를 놓아주지 않는다. 죽음에 이르러서야 비로소 인간은 해방을 맛볼 수 있는 듯하다. 그러나 죽음은 언제나 그것을 맞을 태세가 되기 전에 불쑥 다가오고, 우리는 삶이 지속되는 동안 내내 천박하고 비참하게 살아갈 뿐이다. 같은 시대의 다른 이들에게는 일종의 체질이며 단순히 태도였던 이 악의 의식에 그는 깊은 이유를 부여할 줄 알았다.

그는 자신의 불행한 운명에 절망하고 자신의 세계에 틀어박혀 자기 도취에 빠지는 대신 자신을 다른 모든 불행한 사람들 속에 섞인 한 불행한 인간으로 보았다. 타락하고 부패했기 때문에 불행하고, 신의 은총을 잃었기 때문에 불행하고, 잃어버린 행복에의 향수를 지니고, 어렴풋하게 기억되는 잃어버린 힘과 균형을 되찾기 위해 무력하나마 끈질긴 노력을 경주하는 불행한 인간, 이것이 『악의 꽃』의 시인의 모습이다.

그러나 악의 의식은 인간만이 가질 수 있는 '고귀한 영광'이라고 그는 생각했다. 그가 타락한 창조의 파편들 속에서 원초적인 통일성을 포착하고 눈에 보이는 가시적 세계 너머로 빛이 가득한 신비한 세계에 이를 수 있었던 것은 무엇보다 먼저 악의 의식과 절망이 그에게 극심한 고통을 주었기 때문이다. 그리고 그 다음 정신적인 노력으로 그 악을 지배하려고 몸부림쳤기 때문이다. 악을 극복하려는 여러 형태의 시적 모험이 『악의 꽃』의 전체를 통해 면면히 전개된다.

따라서 그에게 시의 기능은 독자를 기쁘게 해주기 위한 것이나 심정의 토로가 아니다. 그들을 순진한 감상주의나 퇴폐적 취향 쪽으로 부추기는 것도 물론 아니다. 인류애에 대한 칭송도 자연에 대한 찬미도 그에게서는 발견되지 않는다. 라마르틴이나 루소처럼 자연을 사랑하고 그 속에서 신을 재발견하는 것도 아니다. 시인으로서의 임무를 이행하는 데 막연히 거기에 있는 자연은 도움이 되지 않기 때문이다.

시인은 잠자고 있는 의식을 자극하고 경고하고 정신과 혼을 온통 뒤흔들어놓으려 했다. 틀에 박힌 찬미를 없애기 위해 필요하면 냉소주의도 기꺼이 한몫을 하게 했다. 불안감을 자극하기 위해 기습하고 충격을 주려 했으며, 그리고 필연적으로 악마적인 미의 느낌을 주어야 했다. 악을 그리는 데 전념하는 것이 시인으로서의 자신의 의무라고 생각했기 때문이다. 그것이 시인을 많은 사람들로부터 가장 미움을 받게 한 부분이다.

보들레르는 지금도 여전히 불운의 시인, 악마의 옹호를 자처한 두드러지게 반항적인 시인으로 남아 있다.

그는 맹목적인 관습에 대한 격렬한 거부를 보였고, 부르주아 사회와 무식하고 천박한 프랑스 대중들을 맹렬히 공격하지 않았던가. 그는 진보에 대한 환상도 문명에 대한 믿음도 갖지 못했다. 그러나 보들레르는 동시에 인간의 고통에 민감했던 연민의 시인이며, 인생의 패배자들에 대한 '자애심이라는 보물'을 매우 새롭고 독창적인 형태로 제시한 시인이라는 점에도 주목해야 한다. 샤토브리앙이 '광대한 인간의 사막'이라 부른 도시에서 이 고독한 산보자는 '나의 형제'라 부를 수 있는 자들을 찾아헤맸다. 그의 시는 생트-뵈브가 언급한 '악마들이 드나드는 성곽'도, '괴상한 정자'도 아니다. 그는 가난하고 고통받는 자들을 노래한 최초의 시인들 중의 하나이며, 이 점을 보기 위해 「일곱 늙은이들」 「가여운 노파들」 「어스름 새벽」 등을 다시 읽어야 한다. 가족도 없는 시인은 대중이라는 광대한 가족의 품에 잠기는 기쁨을 노래했고, 그들의 고통을 노래했다.

  1857년에 나온 초판 100편의 작품 속에 이미 『악의 꽃』 전체를 지배하는 사상이 드러난다. 『악의 꽃』은 분명 교훈을 가르치는 것을 목표로 하지 않았다. 도덕을 설교할 의도도 '유용한' 어떤 목적도 가지고 있지 않았다. 무엇보다 인간 조건의 불행을 성실하게 그리려 했고, 그토록 굳건히 속임수를 거부했다. 그러나 불행의 생생한 묘사는 의지의 단념으로 이어지지 않는다. 반대로 절망의 어둠 속에서 어떤 희미한 빛이 끊이지 않고 빛을 발한다. 『악의 꽃』의 정수는 삶의 경험의 기막힌 표현이라는 데 주석자들은 일치를 보인다. "단조로운 삶의 고독과 고통의 경험, 피할 수 없는 죽음을 향한 느린 걸음의 경험, 우리를 짓누르는 시간의 경험이며, 그것을 피하려는 노력과 그 실패의 경험이다." 그러나 그것이 비겁한 패배의 고백은 아니다. 『악의 꽃』은 인간의 비참함과 동시에 위대함의 노래이다. 영혼 깊숙한 곳에 감추어진 비열함의 고백, 삶의 무게 밑에서 피할 수 없는 권태와 우울, 그러나 동시에 선과 아름다움의 세계를 향한 열망이 끈질기게 요동치는 노래이다. 시에 의해 한순간 밝혀지는 축복받은 순간의 가능성에 대한 믿음이 있고, 다정한 사랑에 대한 믿음이 있다. 시인은 더 이상 사랑을 믿지 않았다. 그러나 여인은 가을 하늘의 금빛 따스함 같은 따사로운 위안을 가져다줄 수 있다고 믿었다. 비록 시간이 우리 기억 속에서 모든 것을 앗아간다 해도 실패한 삶 속에서 어느 순간 만났던 영혼의 희열과 순수한 감동과 기쁨은 그것이 우리의 기억 속에 남아 있는 한 아무것도 잃은 것이 아니다. 시인은 날아가버리기 쉬운 경이롭고 초자연적인 순간을 시적 주문에 의해 다시 불러일으키는 것이 자신의 몫이라고 믿고 있었다.

『악의 꽃』의 가장 훌륭한 시들은 절망의 시가 아니다. 어린 시절의 '은밀한 기쁨이 흘러넘치는' '앳된 사랑의 푸른 낙원'을 되살리는 노래이며, 저녁 발코니에서 사랑하는 여인과 함께 보낸 시간의 아름다움을 되새기는 노래이다. 「여행으로의 초대」에서 노래한 '질서와 호화와 고요와 쾌락과 아름다움'만을 향유하는 평정과 미의 세계에 대한 향수가 짙게 메아리치며, 권태와 우울로 점철되는 단조로운 삶 가운데서 어느 순간 새로운 빛과 신선함으로 빛을 발하는 신비한 세계와의 만남을 노래한 희열의 노래이다.

그는 정신 깊숙한 곳에서 종교적이라는 점, 또한 스베덴보리의 제자이며 신비주의에서 자양분을 취한 비교秘敎주의의 열렬한 신봉자라는 점도 주목해보자. 그런 의미에서 그는 네르발과 함께 독일 낭만주의에 가까운 시인이다. 그리하여 어떤 주석자들은 「우울과 이상」편에 나오는 「시체」에서도 주저없이 열렬한 정신주의를 보았고, 「심연에서 외친다」의 첫 행 '내가 사랑하는 유일한 그대'에서도 누구인지 분명히 지명되지 않은 '유일한' 존재 속에서 신의 존재를 발견한다.

이 모든 것이 보들레르 속에 있다. 그는 또한 「파리 풍경」의 시인이다. 파리의 삶은 '경이로움'으로 가득 차 있고, "경이로움이 우리를 감싸고 있다"고 당당하게 말했고, 도시의 삶을 새롭고 현대적인 어조로 환기시켰다. 이는 그 시대의 풍토에서 대담한 접근이다.

어디에나 존재하는 악, 불안과 거짓, 특히 달아나는 시간과 함께 사라져야 하는 덧없는 삶과 피할 수 없는 죽음 등 갖가지 모습 밑에 드러나는 도시의 삶은 그에게 풍요한 몽상과 명상의 자료였다. 그는 또한 누구보다 먼저 도시의 군중 가운데서 느끼는 고독이라는 역설적인 감정을 깊이 느꼈고, 그것을 역시 새롭고 현대적인 감각으로 제시했다.

『악의 꽃』의 본질은 어디에 있는가? 그것은 분명 단순하지 않다. 『악의 꽃』의 시인 자신이 복잡하고 모호함으로 가득한 인간이기 때문이다. 그러나 동시에 『악의 꽃』은 매우 풍요한 작품이기 때문에 단순할 수가 없다. 『악의 꽃』은 궁극적으로 신비주의의 추구를 열망하는 한 인간과 한 예술인의 증언이라고 요약할 수 있다. 그의 시는 실리주의적 목적도 세속적인 성공도 수락하지 않았다. 그는 시를 통해서 천박한 진보에 취해 있는 속된 무리들로부터 초연하게 시간과 공간을 초월하여 삶의 모든 리듬을 그리려 했으며, 자신의 시를 '최상의 미'에 이를 수 있는 영혼의 절정의 순간으로 승화시키려 했다.

"시의 원칙은 엄밀하고 단순하게 말해서 최상의 미를 향한 인간의 열망" 이며, "이 원칙은 넋을 빼앗기는 듯한 열광 속에서 나타난다" 고 그는 자신있게 진술했다. 또한 "미에 대한 인간의 본능과 눈에 보이지 않는 피안에 대한 만족을 모르는 욕구는 인간의 불멸성을 입증해주는 가장 생생한 증거"이며, "우리의 넋이 무덤 뒤에 숨은 찬란함을 엿볼 수 있는 것은 음악과 시에 의해, 그리고 음악과 시를 통해서"라고도 했다. 『악의 꽃』의 예술이 향하고 있는 목표와 의도가 이런 일련의 글 속에 뚜렷하게 제시되어 있다. 이처럼 보들레르는 인간 자존심을 격하시키는 비관론에도 불구하고, 그의 절망과 추락과 불경스런 저주의 외침과 반항에도 불구하고 최상의 미의 쟁취에서 위안을 찾으려 했다.

 이제 '세기의 시적 성서'로 평가되는 『악의 꽃』은 여기에 암시된 당혹스런, 혹은 관능적인 이미지들과 불안한 음악과 신비한 색채와 비장한 농도와 절망의 외침을 통해 소란스런 시위와 함께 태어났다 어느덧 썰물처럼 사라져버리는 많은 주의들과 달리 아직도 여전히 빛을 발하며 인간 정신의 길을 밝혀주는 살아 있는 '등대'로 남아 있다.

 역자에게『악의 꽃』번역은 오랫동안 끝내야 할 숙제로 남아 있었다. 이 숙제를 마칠 수 있는 계기를 마련해준 대산문화재단, 그리고 소중한 조언과 충고로 용기를 주신 정명환 선생님께 심심한 사의를 표한다.

2003년 10월
윤영애

독자에게[1]
AU LECTEUR

어리석음, 과오, 죄악과 인색에
정신은 얽매이고 몸은 들볶이니,
우리는 친숙한 뉘우침만 키운다,
거지들이 몸에 이를 기르듯.

우리의 죄는 끈질긴데 후회는 느슨하다;
우리는 참회의 값을 톡톡히 받고
가뿐하게 진창길로 되돌아온다,
비열한 눈물에 때가 말끔히 씻긴다고 믿으며.

악의 베갯머리엔 「사탄 트리스메기스토스」,
홀린 우리 넋을 슬슬 흔들어 재우니,
의지라는 우리의 귀금속도
이 능숙한 화학자 손엔 모조리 증발한다.

우리를 조종하는 줄을 쥐고 있는 건 저 「악마」!
우리는 역겨운 것에 마음이 끌려
날마다 「지옥」을 향해 한 걸음씩 내려간다,
겁도 없이 악취 풍기는 어둠을 지나.

늙은 갈보의 학대받은 젖퉁이를
핥고 물어뜯는 가난한 난봉꾼처럼
남몰래 맛보는 쾌락 어디서나 훔쳐
말라빠진 귤인 양 죽어라 쥐어짠다.

우리 머릿골 속에선 수백만 기생충처럼
「마귀」 떼가 빽빽이 우글거리며 흥청대고,
숨쉬면 「죽음」이 숨죽인 신음² 소리 내며
보이지 않는 강물 되어 허파 속으로 흘러내린다.

강간과 독약이, 비수와 방화가
비참한 우리 운명의 초라한 캔버스를
그들의 짓궂은 구상으로 아직 수놓지 않았다면,
아! 그건 우리의 넋이 그만큼 대담하지 못하기 때문!³

그러나 승냥이, 표범, 암 사냥개,
원숭이, 전갈, 독수리, 뱀,
우리 악의 더러운 가축 우리에서
짖어대고 악쓰고 으르렁거리고 기어다니는 괴물들 중에서⁴

제일 흉하고 악랄하고 추잡한 놈 있으니!
놈은 야단스런 몸짓도 큰 소리도 없지만
지구를 거뜬히 박살내고
하품 한 번으로 온 세계인들 집어삼키리;

그놈은 바로 「권태」! ─ 눈에는 무심코 흘린 눈물 고인 채
담뱃대[5] 빨아대며 단두대를 꿈꾼다.
그대는 안다, 독자여, 이 ……까다로운 괴물을,
─위선자 독자여,─내 동류,─내 형제여!

옮긴이 주

1 『악의 꽃Les Fleurs du Mal』의 안내서의 성격을 띤 이 시는 자신이 선택한 독자를 향해 진술한다. 보들레르는 최초로 대중과의 결별을 선언한 시인이다. 그 점은 『악의 꽃』의 내용과 형태에서, 대중을 향한 시인의 공격에서, 또한 『악의 꽃』의 서문과도 같은 이 시 「독자에게」에서 주목된다. 그리하여 이 문제는 문학 역사에서 새로운 접근과 새로운 감수성을 예고한다. 보들레르는 『악의 꽃』을 위한 서문의 계획에서 "이해받지 못하는 데 영광이 있다"고 쓴다. 그러나 시인은 이해받고 싶었다. 그리하여 '소수의 선택받은 행복한 자,' 자신과 유사한 독자에게 이 책을 바친다.

시인이 선택한 독자는 '권태l'ennui'의 고통을 아는 시인과 동류, 정신적인 형제이다. 이로서 '권태'가 『악의 꽃』의 주요 테마임을 알 수 있다. '권태'는 변형된 형태로 다양하게 나타나지만, 궁극적으로 덧없고 부조리한 오늘을 살아야 하는 존재의 불만에서 나온 정신적인 병이다. 그것은 행동의 결여에서 오는 일시적인 무력감도, 나태한 인간의 '음울한 무관심의 산물'(「우울」 LXXVI 참조)도 아니다. 이 테마는 일찍이 라틴 시인 루크레티우스Lucrèce의 '존재에의 혐오감toedium vitœ'으로부터 파스칼Pascal의 '권태,' 존재에 대해 비관적인 철학을 전개시킨 키에르케고르Kierkegaard의 '고통l'angoisse,' 그리고 20세기로 와서는 사르트르 Sartre의 '구토la nausée' 등과 같은 맥락에 놓인다.

민족과 시대에 따라 뉘앙스의 차이는 있어도 현대 사회에서 유사한 증후군들이 있어왔다. 그것은 불만스런 현실 앞에서 느끼는 고통이다. 슬라브 민족은 허무주의를, 게르만족은 비관주의를 말했고, 라틴 민족은 고독하고 기이한 신경증세를 호소했다. 이 증세가 프랑스 문학에서 두드러졌던 것은 낭만주의 작가들과 '세기의 병mal du siècle'을 앓고 있는 낭만주의의 세대를 통해서이다. 샤토브리앙 Chateaubriand 이후 르네René가 그의 추종자들로 둘러싸일 만큼 이 말은 어디에나 있었고, 이 우울증 환자들 중에 특히 플로베르Flaubert와 보들레르가 있었다.

보들레르는 낭만주의 유행과도 같았던 이 병을 특별히 보들레르적인 성격이 강한 테마로 바꾸었다. '우리의(당신의) 모든 병의 근원'(「후한 도박꾼Le Joueur généreux」, 『파리의 우울Spleen de Paris』)이라고 그가 정의한 권태에 대해 그 고통

독자에게 39

의 크기가 어느 정도인지 가늠할 수 있는 표현들이 그의 작품의 많은 곳에서 발견된다. 그중에서도 이 주제가 가장 첨예하게 그려진 것은 시간의 노예가 된 인간의 고통에 관한 부분에서이다.

시간이 매분마다 나를 삼킨다
(「허무의 취미Le Goût de néant」, 『보들레르 전집 Baudelaire, OEuvres Complètes』, Gallimard, Bibliothèque de la pléiade, 1961, p. 72. 보들레르 작품에 관한 페이지 표시는 이 책을 기본으로 하며 앞으로는 약어(Œ. C.)와 페이지를 적기로 한다.)

매분마다 우리는 시간의 개념과 느낌으로 짓눌린다.
(「정신 건강학Hygiène」, 『내면 일기 Journaux Intimes』 Œ. C., p. 1266)

보들레르는 때로 권태로부터 병적인 요소만을 끌어내어 권태의 포로가 된 인간의 사디스트적인 행위를 고발하기도 하고(「못된 유리장수Le Mauvais Vitrier」, 『파리의 우울』 참조), 때로 이 시에서처럼 권태를 인간의 악 중에서도 가장 악랄한 악으로 확대시킨다. 그러나 동시에 이 테마를 현대적인 감각과 독특한 의미로 채색하여 특별히 보들레르적인 강한 성격으로 바꾼다. 그리하여 권태는 불행한 인간이 선택한 영혼의 고귀함에의 증거로, 정신적인 인간의 고통의 풍요로움으로, 또는 누렸다가 잃어버린, 그래서 단념할 수 없는 행복에의 향수(잃어버린 소중한 과거에 대한 회환과 향수적 고통에 대해서는 다시 언급) 등 풍요한 문학적 이미지로 바뀐다.

『악의 꽃』에 자주 나오게 될 '권태,' 그리고 이 단어의 파생어들, 그 밖에도 유사한 의미의 '우울' '우수mélancolie' 등으로 표현되는 이 문제에 주목할 필요가 있다.
* 『악의 꽃』의 첫번째 단원인 「우울과 이상」편에 관한 해설과, 네 개의 연작시로 된 「우울」에서 이 주제는 다시 언급.
2 명사 '신음plainte,' 형용사 '신음하는, 애처로운plaintif' 등은 보들레르가 자주 쓰는 표현이다. 다음 시 「축복」에서 다시 언급.
3 보들레르는 현대인의 왜소함을(악에서조차 대담하지 못한) 경멸한다. 반대로 그가 '범죄에 강한 넋'의 소유자, 맥베스 부인(「이상」 참조), 동 쥐앙Don Juan, 사탄들을 찬미한 것은 그들의 대담성 때문이다.
4 인간의 악을 비유적으로 말하기 위해 선택한 짐승 우리는 상징적인 가치를 가진다. 시인은 동물 중에서도 가장 혐오스럽고, 비열하고, 기괴한 짐승을 선택하여 인간의 죄악의 천박함을 말한다.
5 우카houka는 옛날 터키나 인도 사람들이 사용하던 수연통 비슷한 파이프. 이 파이프 내부에서 연기가 향이 있는 액체를 통과하게 되어 있다.

우울과 이상

SPLEEN ET IDÉAL

「우울과 이상」편은 『악의 꽃』에서 가장 많은 부분을 차지한다. 1857년 초판에서는 『악의 꽃』에 실린 총 100편의 시들 중 77편이 「우울과 이상」편에 있었기 때문에 4분의 3 정도를 차지한 셈이다. 그 후 1861년 재판에서는 126편 중 85편으로 전체의 불균형이 다소 조정되었다. 그러나 여전히 이곳에 비중이 몰려 있다. 따라서 주석자들은 『악의 꽃』의 주요 부분이 이곳에 집결되었다는 판단과 함께 이에 대한 시인의 의도를 찾아내려 했고, 그들의 관심은 '우울'과 '이상'이라는 제목의 상반되는 의미에 모아졌다.

'우울'의 테마는 낭만주의 유산 중의 하나이다. '우울'이라는 단어는 전 세기, 특히 1830년경 프랑스의 많은 젊은이들을 특징지어주는 권태와 무력감을 지칭하는 데 쓰였다. 이 단어는 매우 집요하게 낭만주의 시인들 사이에서 사용되었다. 「우울과 이상」의 가장 많은 시들이 끝없는 무게로 짓누르는 권태 속에 파묻힌 삶의 고통스런 경험을 그린다.

이 단어에 병행된 '이상'은 인간의 정신적인 삶이 그곳에 기반을 두고 있는 초월적이며 정신적인 현실이다. 따라서 '이상'은 '우울'과 정반대의 의미를 가진다. '이상'은 이 불행의 세계에서 초월적인 세계를 향한 순수 열망이다. 그 같은 세계는 존재하지 않으며, 존재하기에는 너무 아름답고 너무 순수한 이상의 세계이다.

보들레르의 시는 어떤 선택받은 특별한 순간, 그가 '행복한 순간les minutes heureuses'이라고 부른 예외적인 순간에 이 절대적으로 아름다운 경지에 도달하는 상승을 노래한다. 그의 시는 이 순간 누리는 행복한 해방을 향한 노력이다. 그리하여 한편에서는 이 같은 상승의 희열을 노래하는 시들이 있고, 다른 한편에서는 이 시도의 좌절, 또는 상승의 절정에서의 추락과 절망이 병행하여 그려진다.

축복[1]
BÉNÉDICTION

전능하신 하느님의 점지를 받아
「시인」이 따분한[2] 이 세상에 나타날 때,
그의 어머니는 질겁하고 신을 모독하는 마음 가득하여
측은해하는 「하느님」을 향해 주먹을 불끈 쥔다:

―"아! 이 조롱거리를 기르느니
차라리 독사 한 뭉치를 몽땅 낳고 말 것을!
내 뱃속에 속죄의 씨앗을 배버린
덧없는 쾌락의 그 밤이 저주스럽다!

내 초라한 남편의 미움거리로
당신은 수많은 여자 중에 나를 골랐으니,
그리고 연애 편지 던지듯 불꽃 속에
이 오그라진 괴물을 내던질 수도 없으니,

당신의 심술로 저주받은 이 연장 위에
나를 짓누르는 당신의 증오를 튕겨 보내고,
독 있는 새싹이 피어내지 못하게
이 역겨운 나무를 마구 비틀어놓으리!"

그녀는 이렇게 원한의 거품을 삼키며,
영원한 섭리도 알지 못하고,
저 스스로 「게헤나」[3] 계곡 밑에
어미의 죗값에 바쳐질 화형의 장작을 쌓는다.

허나 「천사」의 보이지 않는 보살핌 아래
이 불우한 「아이」는 햇볕에 취하고,
마시고 먹는 모든 것에서
신들의 양식과 주홍빛 신주[4]를 찾아낸다.

그는 바람과 놀고 구름[5]과 이야기하고[6]
십자가의 길에 노래하며 취하니,
그의 순례의 길[7]을 따르는 「정령」은
숲속의 새처럼 즐거운 그를 보고 눈물짓는다.

그가 사랑하려는 이들은 모두 두려워 그를 지켜보고,[8]
아니면 그의 평온함에 대담해져,
그에게서 탄식을 끌어내려 하고,
자신들의 잔인함을 그에게 시험해본다.

그의 입에 들어갈 빵과 술에
더러운 가래와 재를 섞어놓고,
그가 만지는 것은 착한 척 내동댕이치고,
그의 발자국을 밟았다고 자신을 나무란다.

그의 아내는 광장에 나와 외쳐댄다:
"남편이 나를 미인으로 여겨 우러러보니,
나는 고대의 우상 역을 해야겠다,
그녀들처럼 나도 몸에 금칠을 하고 싶다.

그리고 나는 향과 향유, 미르,⁹
아첨과 고기와 술에 취하리라,
나를 찬미하는 마음에서 신에 대한 경의를
웃으며 가로챌 수 있는지 보기 위하여!

그리고 이 불경한 익살극에 싫증이 나면,
그에게 내 가냘프고 질긴 손을 얹고
하르푸이아¹⁰ 손톱 같은 내 손톱으로
그의 심장까지 길을 뚫으리라.

떨며 팔딱거리는 새 새끼 같은
새빨간 심장을 그의 가슴에서 도려내어,
내 귀여운 짐승 물리도록 먹으라고
땅바닥에 픽 던져주리라!"

그의 눈에 빛나는 옥좌 보이는 저「하늘」을 향해
고요한「시인」은 경건한 두 팔을 들고,
그의 맑은 정신은 번개처럼 멀리 번득여
미쳐 날뛰는 무리들을 그에게 가려준다:

―"축복받으시라, 하느님이시여, 당신이 준 괴로움은
우리의 부정을 씻어주는 신성한 약,
강한 자들을 거룩한 쾌락에 준비시켜주는
가장 훌륭하고 가장 순수한 정수!"[11]

나는 압니다, 거룩한 「성군」의 축복받은 서열 속에
당신께서 「시인」을 위해 한 자리 남겨두시고,
옥좌 천사, 힘의 천사, 주 천사들의
영원한 향연에 「시인」도 불러주신 것을.

나는 압니다, 고뇌야말로 유일하게 고귀한 것임을,
이승도 지옥도 이것만은 물어뜯지 못할 것임을,
또 내 신비로운 왕관을 엮기 위해선
모든 시대와 전 우주의 동원이 절대로 필요한 것임을.

허나 옛날 팔미르가 잃어버린 보석도
알려지지 않은 금속도, 바다의 진주도
설령 당신의 손으로 꾸민다 해도,
이 눈부시고 빛나는 아름다운 왕관엔 미치지 못하리;

왜냐면, 그것은 창세기의 거룩한 광원에서 퍼낸
오로지 순수한 빛으로만 만들어진 것이기에,
그리고 인간의 눈은 제아무리 찬란하게 빛난들
흐려지고 애처로운 그 빛의[12] 거울에 지나지 않는 것이기에!"[13]

알바트로스[14]
L'ALBATROS

흔히 뱃사람들이 재미 삼아
거대한 바닷새 알바트로스를 잡는다,
이 한가한 항해의 길동무는
깊은 바다 위를 미끄러져 가는 배를 따라간다.

갑판 위에 일단 잡아놓기만 하면,[15]
이 창공의 왕자도 서툴고 수줍어
가엾게도 그 크고 흰 날개를
노처럼 옆구리에 질질 끄는구나.

날개 달린 이 나그네, 얼마나 서툴고 기가 죽었는가!
좀전만 해도 그렇게 멋있었던 것이, 어이 저리 우습고 흉한 꼴인가!
어떤 사람은 파이프로 부리를 건드려 약 올리고,
어떤 사람은 절름절름 전에 하늘을 날던 병신을 흉내 낸다!

「시인」도 이 구름의 왕자를 닮아,[16]
폭풍 속을 넘나들고 사수를 비웃건만,
땅 위, 야유 속에 내몰리니,[17]
그 거창한 날개도 걷는 데 방해가 될 뿐.

우울과 이상 47

상승[18]
ÉLÉVATION

숱한 못을 넘고, 골짜기 넘고,
산을, 숲을, 구름을, 바다를 넘어,
태양도 지나고, 창공도 지나,
또다시 별나라 끝도 지나,

내 정신, 그대 민첩하게 움직여,
파도 속에서 황홀한 능숙한 헤엄꾼처럼,
말로 다 할 수 없이 힘찬 쾌락을 맛보며
깊고깊은 무한을 즐겁게 누비누나.

이 역한 독기로부터 멀리 달아나
높은 대기 속에 그대 몸 씻어라,
그리고 마셔라, 순수하고 신성한 술 마시듯,
맑은 공간을 채우는 저 밝은 불을.

안개 낀 삶을 무겁게 짓누르는
권태와 끝없는 슬픔에 등을 돌리고,
고요한 빛의 들판을 향해 힘찬 날개로
날아갈 수 있는 자 행복하여라;

그의 생각은 종달새[19]처럼 이른 아침
하늘을 향해 자유로이 날아올라,
—삶 위를 떠돌며 꽃들과 말없는 사물들의 언어를[20]
힘들이지 않고 알아낸다!

교감[21]
CORRESPONDANCES

「자연」[22]은 하나의 신전, 거기 살아 있는 기둥들에서
이따금씩 어렴풋한 말소리 새어 나오고;
인간이 그곳 상징의 숲을 지나가면,
숲은 정다운 시선으로 그를 지켜본다.

밤처럼 그리고 빛처럼 끝없이 넓고
어둡고 깊은 통합 속에
긴 메아리 멀리서 어우러지듯,
향기와 색채와 소리 서로 화답한다.[23]

어린애 살결처럼 싱싱하고,
오보에처럼 부드럽고, 초원처럼 푸른 향기들이 있고,[24]
―또 다른, 썩었지만 기세등등한 풍요한 향기들이 있어,

용연향, 사향, 안식향, 훈향처럼,
무한한 것으로 확산되어,
정신과 관능의 환희를 노래한다.

저 벌거숭이 시대의 추억을 나는 좋아한다[25]
J'AIME LE SOUVENIR DE CES ÉPOQUES NUES

페뷔스 신이 상像들에 금칠하기 좋아하던
벌거숭이 시대의 추억을 나는 좋아한다.
그때엔 사내도 계집도 몸이 민첩하고,
거짓도 근심도 없이 삶을 누렸고,
다정한 하늘은 그들의 등을 어루만져
그들 몸의 귀중한 기관의 건강을 단련시켜주었다.
키벨레 여신은 그때 풍성한 산물이 넘쳐
많은 아들들이 조금도 버거운 짐이 되지 않았고,
어미 이리 골고루 애정 쏟듯,
검붉은 젖꼭지로 만물을 적셨다.
사내는 멋있고 건장하고 억세니,
자신을 왕이라 부르는 미녀들에 우쭐할 수 있었고;
티없이 깨끗하고 흠 없이 자란 과일들의
그 매끈하고 단단한 살점은 물어뜯고 싶었다!

오늘날 남녀의 벌거벗은 몸을 볼 수 있는 자리에서
옛날 저 자연스런 위대한 모습을
「시인」이 마음속에 그려볼 때면,
공포만을 자아내는 그 끔찍한 그림 앞에
그의 넋은 음산한 오한에 휩싸이는 것을 느낀다.

오, 옷을 아쉬워하는 괴물들!
오, 꼴좋은 몸뚱이들! 오 탈을 씌워야 할 몸통들!
오, 비틀어지고, 말라빠지고, 튀어나온 배와, 혹은 축 처진 가엾은 몸뚱어리들,
「실용의 신」이 매정하고 태연하게
어렸을 때, 그의 청동 배내옷 속에 둘둘 감아둔 몸뚱어리들!
그리고 아! 그대 여인들이여, 양초처럼 창백하고,
방탕이 좀먹고, 방탕이 길러주는 그대들,
그리고 그대 어미로부터 유산으로 물려받은 악덕과
다산의 온갖 추악함 끌고 다니는 처녀들이여!

정녕 우리 타락한 민족들은
옛 민족들이 모르는 미美를 가지고 있다:
가슴의 궤양에 좀먹힌 얼굴들과
우울의 미美라고나 할 그런 것을,
그러나 늦게 온 우리 뮤즈의 이 발명품도
우리 병든 인종이 젊음에 바치는
깊은 흠모를 막지 못하리,
―성스러운 젊음, 순박한 모습, 다정한 이마
흐르는 물처럼 맑고 깨끗한 눈동자,
그 향기, 그 노래, 그 부드러운 열기를
하늘의 푸름처럼, 새처럼, 꽃처럼 무심코
모든 것 위에 널리 퍼트려주는 젊음에!

등대들[26]
LES PHARES

루벤스, 망각의 강, 나태의 정원,
그곳에서 사랑하기엔 너무 싱싱한 살 베개,
그러나 거기선 생명이 끊임없이 넘치고 용솟음친다,
하늘에 바람처럼, 바다에 밀물처럼;

레오나르도 다빈치, 깊숙하고 어두운 거울,
거기서 사랑스런 천사들, 신비 가득한
다정한 미소 지으며 그들의 나라 에워싼
빙하와 소나무 그늘에 나타난다.

렘브란트, 신음 소리 가득한 음산한 병원,
장식이라고는 커다란 십자가 하나,
눈물 섞인 기도가 오물에서 풍기고,
겨울 햇살 한 줄기 불쑥 스친다;

미켈란젤로, 어렴풋한 곳, 그곳에서 보이는 것은
헤라클레스 무리들과 그리스도 무리들 어울리는 것,
억센 유령들이 꼿꼿이 일어나 땅거미 어스름 속에서
손가락 뻗쳐 저희들 수의壽衣를 찢는 모습;

권투 선수의 분노도 목신의 뻔뻔함도,
천민들의 미美는 잘도 긁어모을 수 있었던 그대,
자존심에 부푼 마음은 넉넉하나, 허약하고 누렇게 뜬 사나이,
퓌제, 고역수들의 우울한 제왕.

와토, 수많은 명사들이 나비처럼
번쩍이며 이리저리 거니는 사육제,
샹들리에가 비춰주는 산뜻하고 경쾌한 배경은
소용돌이치는 무도장에 광란을 퍼붓는다.

고야, 낯선 것들로 가득한 악몽,
마녀들 잔치판에서 삶는 태아胎兒들이며
거울 보는 늙은 여인들과 마귀 꾀려고
양말을 바로잡는 발가숭이 아가씨들;

들라크루아, 악천사들 드나드는 피의 호수,
거긴 늘 푸른 전나무 숲으로 그늘지고,
우울한 하늘 아래 기이한 군악대 소리
베버의 가쁜 한숨인 양 지나간다.

이 모든 저주, 이 모독, 이 탄식들,
이 황홀, 이 외침, 이 눈물, 이 「찬가」[27]들,
그것은 수천의 미로에서 되울려오는 메아리 소리;
결국 죽게 될 인간의 마음에는 성스러운 아편![28]

그것은 수천의 보초들이 되풀이하는 외침,
수천의 메가폰이 보내는 하나의 명령,
그것은 수천의 성 위에 밝혀진 하나의 등대,
깊은 숲속에서 방황하는 사냥꾼들이 부르는 소리!

왜냐면 주여, 이것은 진정
우리의 존엄을 보일 수 있는 최상의 증거,
이 뜨거운 흐느낌은 대대로 흘러흘러
당신의 영원의 강가에서 스러져갈 것이니!

병든 뮤즈[29]
LA MUSE MALADE

아 내 가엾은 뮤즈! 오늘 아침 무슨 일이오?
그대의 파인 두 눈은 밤의 환영들로 가득하고,
그대 얼굴에 차갑고 말없는 광란과 공포가
번갈아 비치는[30] 것이 보이오.

푸르스름한 음몽마녀淫夢魔女와 분홍 꼬마 요정[31]이
그들 항아리 속에 담긴 두려움과 사랑을 그대에게 쏟았는가?
악몽이 사납고 억센 주먹질로
전설의 늪 깊은 곳에 그대를 빠뜨렸는가?

바라나니, 건강의 향기 풍기는
그대 가슴에 굳센 사상이 언제나 찾아들고,
그대 기독교의 피가 고동쳐 흐르기를,

노래의 아버지 페뷔스와 추수의 영주인
위대한 목신牧神이 번갈아 다스리던
고대 음절의 수많은 선율처럼.

돈에 팔리는 뮤즈[32]
LA MUSE VÉNALE

오, 내 마음의 뮤즈, 그대는 궁궐을 바라는데,[33]
「정월」달이 그의 「북풍」을 풀어놓을 때,
눈 오는 밤의 울적한 권태의 시간 동안
그대의 시퍼래진 두 발을 녹여줄 깜부기불이라도 마련해두었는가?

그래, 대리석 같은 그대 어깨를
덧문 스며드는 밤빛으로 되살리려나?
그대 지갑 그대 궁궐처럼 텅 비었으면,
창공의 금별이라도 따올 작정인가?

그대는 날마다 저녁의 빵을 벌기 위해
성가대 아이처럼 향로 떠받들고,
믿음 가지 않는 「찬가」도 불러야 하고,

아니면 속물들 마냥 웃기기 위해,
굶주린 어릿광대처럼 아양 떨고,
남모를 눈물에 젖은 웃음도 팔아야 하리.[34]

무능한 수도사[35]
LE MAUVAIS MOINE

옛날의 수도원은 그 널따란 벽을
성스러운 「진리」의 그림으로 꾸몄다,
그렇게 해서 사람들의 신심信心을 부추기고
엄숙한 찬바람도 진정시켰다.

그리스도가 뿌린 씨가 꽃피던 그 시절엔
지금은 그 이름도 잊혀진 한둘 아닌 명수도사가
장례 마당을 아틀리에 삼아
자연스럽게 「죽음」을 찬미했다.

―내 넋은 하나의 무덤, 이 무능한 수도사
나는 허구한 세월 거기서 돌아다니며 살고 있으되,
아무것도 이 흉측한 수도원의 벽을 치장하지 않는다.

오 게으름뱅이 수도사여! 언제 나는
내 서글픈 빈곤함의 생생한 광경을 그리기 위해
내 손에 일감 주고 내 눈에 즐거움을 줄 수 있으랴?

원수[36]
L'ENNEMI

내 젊은 날은, 여기저기 찬란한 햇살 비추었어도,
캄캄한 뇌우雷雨에 지나지 않았고;
천둥과 비바람에 그토록 휩쓸리어
내 정원에 남은 건 몇 개 안 되는 새빨간 열매.

이제 나는 사상의 가을에 다가섰으니,
삽과 쇠스랑을 들어야겠다,
홍수로 무덤처럼 커다란 구멍이 파인
물에 잠긴 대지를 새로이 갈기 위해.

그러나 누가 알랴, 내가 꿈꾸는 새로운 꽃들이
갯벌처럼 씻겨진 이 흙 속에서
신비한 생명의 양식 찾아낼 수 있을지?

오 이 괴로움이여!「시간」은 생명을 좀먹고,
이 보이지 않는「원수」는 우리 심장을 갉아먹어
우리가 잃은 피로 자라고 튼튼해진다!

불운[37]
LE GUIGNON

이토록 무거운 짐을 들어올리려면,
시지푸스여, 그대의 용기가 필요하리!
아무리 일에만 전념한다 해도
「예술」은 길고 「시간」은 짧은 것.

유명한 무덤들에서 멀리 떨어져
외딴 묘지를 향해
내 마음은 목이 쉰 북처럼
장송곡 치며 간다.

— 수많은 보석들이 잠자고 있다,
어둠과 망각 속에 파묻혀,
곡괭이도 측심기도 닿지 않는 곳에서;

수많은 꽃들이 아쉬움 가득,
깊은 적막 속에서,
비밀처럼 달콤한 향기 풍긴다.

전생[38]
LA VIE ANTÉRIEURE

나는 오랫동안 널따란 회랑 아래 살았다,
바다의 태양은 수천의 불빛으로 그곳을 물들였고,
곧고 장엄한 큰 기둥들로
저녁이면 그곳이 마치 현무암 동굴 같았다.

물결은 하늘의 그림자를 바다 위에 떠돌게 하고,
그 풍부한 음악의 전능한 화음을[39]
내 눈에 비치는 석양빛 속에
엄숙하고 신비롭게 섞어놓았다.

그곳이 바로 내가 살던 곳, 고요한 쾌락 속에서,[40]
창공과 물결과 찬란한 빛 가운데서
온통 향기 배어 있는 발가벗은 노예들에 둘러싸여,[41]

그들은 종려 잎으로 내 이마를 식혀주었고,
그들의 유일한 일은 내 마음 괴롭히는
고통스런 비밀을 깊숙이 파고드는 것이었다.

길 떠난 보헤미안들[42]
BOHÉMIENS EN VOYAGE

눈동자 뜨거운 점쟁이 종족들이
어제 길을 떠났다, 새끼들
등에 들쳐업고, 또는 새끼들 걸신 든 아가리에
늘 마련된 보물, 축 처진 젖꼭지 내맡긴 채.

사내들은 번쩍이는 무기를 지고 걸어서 간다,
제 식구들 웅크리고 있는 마차를 따라,
사라진 환영 좇는 서글픈 미련 때문에
무거워진 눈을 하늘 쪽으로 보내며.

모래성 안쪽에서 귀뚜라미는
그들이 지나가는 것을 보고 목청 돋우고,
그들을 사랑하는 키벨레[43] 여신은 그들 앞에 녹음을 펼쳐,

바위에 물 솟게 하고[44] 사막에 꽃을 피운다,
이 나그네들 앞에 열린 것은
어두운 미래의 낯익은 세계.

인간과 바다[45]
L'HOMME ET LA MER

자유로운 인간이여, 그대는 언제나 바다를 사랑하리![46]
바다는 그대의 거울, 그대는 그대의 넋을
끝없이 펼쳐지는 물결에 비추어본다,
그리고 그대의 정신 역시 바다 못지않게 씁쓸한 심연.

그대는 그대 모습의 한가운데 잠기기 좋아한다;
그대는 그것을 눈과 팔로 껴안는다, 그리고 때로
사납고 격한 이 탄식의 소리에
그대 가슴의 동요도[47] 잊는다.

그대들은 둘 다 컴컴하고 조심스럽다;
인간이여, 아무도 그대 심연의 밑바닥 헤아릴 길 없고,
오 바다여, 아무도 네 은밀한 보물 알 길 없다,
그토록 악착같이 그대들은 비밀을 지킨다!

그러나 그대들은 아득한 세월을 두고
연민도 후회도 없이 서로 싸워왔다,
그렇게도 그대들은 살육과 죽음을 좋아한다,
오 영원한 투사들, 오 가차 없는 형제들이여!

우울과 이상 63

지옥의 동 쥐앙[48]
DON JUAN AUX ENFERS

동 쥐앙이 삼도내로 내려가
카론[49]에게 배 삯을 치르니,
한 음울한 거지, 안티스테네스[50]처럼 오만한 눈초리를 하고
억센 복수의 팔로 노를 잡았다.

늘어진 젖퉁이 드러내고, 옷자락은 흐트러진 채,
여자들은 어두운 하늘 아래서 몸을 비틀고,
제물로 바쳐진 한 떼의 짐승들처럼,
그의 뒤에서 긴 울부짖음 소리 내고 있었다.

스가나렐[51]은 낄낄대며 판돈을 내라 조르고,
한편 동 뤼[52]는 떨리는 손가락으로
강가를 떠도는 모든 망령들에게
백발 덮인 제 머리를 비웃던 뻔뻔한 아들을 가리킨다.

정결하고 야윈 엘비르[53]는 상복 속에 떨면서,
지난날 애인이던 배신한 남편 곁에서
최초의 맹세의 다정스러움이 다시 빛날
마지막 미소를 그에게 구하려 하는 듯.

갑옷 입고 똑바로 몸을 세우고 있는 큰 석상의 사나이
키를 꽉 쥐고 검은 물결 헤쳐 나간다,
그러나 이 침착한 영웅은 장검을 짚고 서서
지나간 배의 자취만 굽어보며 아무것도 거들떠보지 않는다.

교만의 벌[54]
CHÂTIMENT DE L'ORGUEIL

「신학」이 활기와 힘에 넘쳐 꽃피던
저 희한한 시대에 있었다고 전해지는 이야기,
어느 날 세상에서도 이름난 어느 박사가
—믿음 없는 사람을 억지로 믿게 하고;
캄캄한 마음 깊숙이에서 그들을 뒤흔들고;
아마도 순수한 「성령」만이 다닐 수 있는
박사 자신은 가본 적 없는 기이한 길을
하늘의 영광을 향해 넘어갔는데,—
너무 높이 올라간 사람처럼 겁에 질려,
악마 같은 교만심으로 우쭐해 외쳤다:
"예수여, 아기 예수여! 나는 매우 높이 그대를 치켜올렸다!
그러나 갑옷으로 막지 않고 그대를 치려는 마음 내게 있었다면
그대의 치욕은 그대의 영광 못지않았으리,
그리고 그대는 일개 보잘것없는 태아에 지나지 않았으리!"

그 순간 그의 이성은 자취를 감추었다.
그 태양의 반짝임은 베일에 가려지고;
온갖 혼돈이 그의 지성 속을 뒤흔들었다,
옛날에는 질서와 풍요 가득한 살아 있는 신전,
그 천장 아래서 그토록 화려함이 빛났건만.

흡사 열쇠 잃은 지하실처럼
침묵과 어둠이 그의 내부에 자리잡았다.
그때부터 그는 거리를 헤매는 짐승처럼
아무것도 눈에 보이지 않고, 여름과 겨울도
분간 못하고 들판을 쏘다니고,
폐품처럼 더럽고 쓸모없고 흉측해져,
어린애들의 놀림감과 웃음거리가 되었다.

아름다움[55]
LA BEAUTÉ

나는 아름답다, 오 인간이여! 돌의 꿈처럼,[56]
그리고 누구나 차례차례 상처받는 내 젖가슴은
물질처럼 말없는 영원한 사랑을
시인에게 불어넣기 위해 빚어진 것.

나는 불가사의의 스핑크스[57]처럼 창공에 군림하고;
눈 같은 마음을 백조의 흰 빛에 잇는다;
나는 선線을 흐트러뜨리는 움직임을 미워한다,
그리고 나는 아예 울지도 않고, 웃지도 않는다.

가장 위풍당당한 기념비에서 빌려온 듯한
내 고상한 몸가짐 앞에서 시인들은
엄격한 추구로 일생을 탕진하리라;[58]

왜냐면 이 온순한 애인들을 홀리기 위해,
나는 모든 것을 한결 아름답게 하는 순수 거울을 가졌기에,
그것은 나의 눈, 영원한 빛을 발하는 커다란 눈!

이상[59]
L'IDÉAL

나 같은 사람 마음을 만족시킬 수 있는 것은
천박한 시대가 낳은 썩어빠진 산물인
가두리 장식된 미인도도 아니고,
긴 구두 신은 발도, 캐스터네츠 낀 손가락도 아니다.

병원의 수다 떠는 그 미인들의 무리는
위황병[60] 걸린 시인 가바르니[61]에게나 맡기련다,
그 창백한 장미들 속에선
내 붉은 이상을 닮은 꽃을 찾아낼 수 없을 터이니.

심연처럼 깊은 이 마음에 필요한 것은
바로 그대, 맥베스 부인이여,[62] 죄악에 강한 꿋꿋한 넋,
폭풍우 속에서 꽃핀 아이스킬로스[63]의 꿈이어라,

아니면 너 거대한 「밤」,[64] 미켈란젤로의 딸,
「거인」들의 입에 길들여진 젖가슴을
야릇한 자세로 한가로이 비트는 너.

거녀[65]
LA GÉANTE

「자연」이 힘찬 기운에 넘쳐
날마다 괴물 같은 아이를 배던 그 시절
나는 젊은 거녀 곁에 살았으면 좋았으리,
여왕 발 밑에서 사는 음탕한 고양이처럼.

그녀의 몸이 그 넋과 더불어 피어나
끔찍한 희롱 속에서 무럭무럭 자라는 것을 보고;
그녀의 가슴 검은 열정 품고 있는지
그녀의 눈에 서린 젖은 안개로 짐작할 수 있었더라면 좋았으리.

그녀의 웅대한 형체 위로 한가로이 노닐며;
그녀의 거대한 무릎을 비탈인 양 기어오르고,
또 때로는 여름날 몸에 해로운 뙤약볕에 지쳐

그녀가 들판을 가로질러 드러누울 때,
나는 그 젖가슴 그늘에서 한가로이 잘 수 있었더라면 좋았으리,
평화로운 마을이 산기슭에 잠들 듯이.

가면[66]
LE MASQUE

르네상스식 우의寓意적 조상彫像

      조각가 에르네스트 크리스토프에게

저 플로렌스식 멋 풍기는 보물을 들여다보자;
근육 발달한 저 몸뚱이의 요동 속에
멋진 자매, 「우아함」과 「힘」이 넘친다.
진정 기적 같은 작품인 이 여인,
기막히게 튼튼하고 사랑스럽게 가냘파
호사스런 잠자리에 군림하고
대주교 아니면 군주의 여가를 즐겁게 해주기에 제격이네.

—그리고 또 보라, 저 미묘하고 육감적인 미소를,
거기엔 「자만」이 절정을 이룬다;
저 앙큼하고 번민하는 조롱하는 듯한 눈길;
망사에 둘러싸인 저 교태 넘치는 얼굴,
그 모습 하나하나 우리에게 당당하게 말한다:
"「쾌락」이 나를 부르고, 「사랑」이 내게 왕관을 씌운다!"
보라, 그토록 위엄 타고난 저 인물에
상냥함이 얼마나 자극적인 매력을 주고 있는가를!

자, 우리 다가가 저 미녀의 주위를 돌아보자.

오 예술의 모독이여! 오 불길한 기만이여!
신성한 육체의 여인, 행복을 약속하더니,
위쪽이 머리 두 개 달린 괴물로 끝나 있다니!

천만의 말씀! 그것은 한 개의 가면, 유혹적인 겉 장식일 뿐,
찌푸린 묘한 매력으로 빛나는 이 얼굴은.
그러나 보라, 여기 끔찍하게 오그라든
진짜 얼굴을, 거짓 얼굴 뒤로
뒤로 젖힌 진정한 얼굴을.
가련한 절세의 미인이여! 그대 눈물의
찬란한 강물이 근심 많은 내 가슴속에 흘러든다;
그대의 거짓이 나를 취하게 하고, 내 넋은
「고뇌」로 솟아나는 그대 눈의 물결에 목을 축인다!

— 헌데 어찌하여 그녀는 울고 있는가? 정복된 인류를
제 발 아래 무릎 꿇게 할 만한 완벽한 미인,
무슨 수수께끼 같은 병이 튼튼한 그녀 옆구리를 갉아먹는단 말인가?

— 그녀는 하염없이 울고 있다, 인생을 살아왔기에!
그리고 지금도 살고 있기에! 하지만 그녀가 특히 한탄하는 건,
그녀의 무릎까지 떨게 하는 건,
아, 슬프다! 내일도 살아야 하기에!

내일도 모레도 그리고 언제까지나! ─ 우리들처럼!

아름다움에 바치는 찬가[67]
HYMNE À LA BEAUTÉ

그대 무한한 하늘에서 왔는가, 구렁에서 솟았는가,[68]
오「아름다움」이여! 악마 같으면서도 숭고한 그대 눈길은
선과 악을 뒤섞어 쏟아부으니,
그대를 가히 술에 비길 만하다.

그대는 눈 속에 석양과 여명을 담고;
폭풍우 내리는 저녁처럼 향기를 뿌린다;
그대 입맞춤은 미약, 그대 입은 술 단지,
영웅은 무력하게 하고, 어린애는 대담하게 만든다.

그대 캄캄한 구렁에서 솟았는가, 별에서 내려왔는가?
홀린「운명의 여신」은 개처럼 그대 속치마에 따라 붙는다;
그대는 닥치는 대로 기쁨과 재난을 흩뿌리고,
모든 것을 지배하되, 아무것도 책임지지 않는다.

「아름다움」이여, 그대는 죽은 자들을 비웃으며 그 위로 걸어간다;
  그대의 보석 중「공포」[69]도 매력이 못하지 않고,
  그대의 가장 비싼 패물 중「살인」이
  그대의 거만한 배 위에서 요염하게 춤춘다.

현혹된 하루살이가 그대 촛불에 날아가
탁탁 타면서 말한다, "이 횃불에 축복을!" 하고.
정부의 몸에 기대고 헐떡이는 사나이는
흡사 제 무덤 어루만지는 빈사의 병자.

그대 하늘에서 왔건, 지옥에서 왔건 무슨 상관이랴?
오「아름다움」이여! 끔찍하되 숫된 거대한 괴물이여!
그대의 눈, 미소, 그리고 그대의 발이
내가 갈망하나 만나보지 못한「무한」을 열어줄 수만 있다면.

「악마」로부터 왔건「하느님」에게서 왔건 무슨 상관이랴?「천사」
이건「세이렌」[70]이건, 무슨 상관이랴? — 비로드 같은 눈을 가진 요정이여,
  운율이여, 향기여, 빛이여, 오 내 유일한 여왕이여! —
  세계를 덜 추악하게 하고, 시간의 무게를 덜어만 준다면!

우울과 이상　75

이국 향기*
PARFUM EXOTIQUE

어느 다사로운 가을 저녁 두 눈을 감고
훈훈한 그대 젖가슴 내음 맡으면,[71]
단조로운 태양 볕 눈부신
행복한 해안이 내 눈앞에 펼쳐진다.

그것은 게으르게 하는 섬나라,[72]
거기서 자연은 키운다,
진귀한 나무들과 맛있는 과일들,
날씬한 체구에 활기찬 사나이들은,
순진한 눈빛이 놀라운 여인들을.

그대 내음[73]을 따라 매혹적인 고장으로 안내되어,
나는 본다, 바다의 파도에 흔들려 아직도 몹시 지쳐 있는
돛과 돛대 가득한 어느 항구를,

그 동안 타마린의 초록색 향기는
대기 속을 감돌며 내 콧구멍을 부풀게 하고,
내 마음속에서 수부들의 노래와 뒤섞이누나.

머리타래[74]
LA CHEVELURE

오 목덜미까지 곱슬곱슬한 머리털!
오 곱슬한 머릿결! 오 게으름 가득한 향내여![75]
황홀함이여! 오늘 밤 이 어두운 규방을
그대 머리 속에 잠자는 추억으로 채우기 위해
손수건처럼 공중에 그대 머리칼을 흔들고 싶어라!

나른한 아시아, 타오르는 아프리카,
거의 사라져버린 이곳에 없는 아득한 전 세계가 고스란히
그대 깊은 곳에 살아 있구나, 향기로운 숲이여!
다른 사람들이 음악에 따라 노를 젓듯,
내 마음은, 오 사랑하는 님이여! 그대 내음 따라 헤엄친다.[76]

나는 가련다, 저곳으로, 생기 찬 나무와 남자가
작열하는 풍토 아래 오래도록 몽롱해 있는 곳,
거센 머리채여, 나를 데려갈 물결이 되어다오!
칠흑의 바다여, 그대는 눈부신 꿈을 품고 있다,
돛과 사공과 불꽃과 돛대의 꿈을:

거기 우렁찬 항구에서 내 넋은 가득
들이마신다, 향기와 소리와 색깔을;

우울과 이상

거기서 황금빛 물결 위로 미끄러지는 배들은
거대한 두 팔 벌려 껴안는다,
영원한 열기 흔들리는 순수 하늘의 영광을.

나는 담그런다, 도취를 갈망하는 내 머리를
다른 바다 숨기고 있는 이 검은 머리 바다 속에;
그러면 애무 같은 배의 흔들림이 어루만지는
내 예리한 정신은 되찾으리,
향기로운 여가의 끝없는 자장가를, 오 풍요한 게으름이여!

펼쳐진 어둠의 정자 같은 푸른 머리여,
그대 내게 무한한 둥근 하늘의 푸름을 돌려주고,
비틀어 꼬여 내린 그대 머리타래의 솜털로 뒤덮인 기슭에서
나는 타는 듯이 취한다, 야자수 기름, 사향,
그리고 역청 뒤섞인 향기에.

오랫동안! 영원히! 내 손은 그대 묵직한 갈기 속에
루비와 진주와 사파이어를 뿌리리라,
내 욕망에 그대 귀를 절대 막지 않도록!
그대는 내가 꿈꾸는 오아시스, 또 추억의 술을
오래오래 들이마시는 표주박이 아니던가?

나 그대를 밤의 궁륭처럼 열렬히 사랑하오[77]
JE T'ADORE À L'ÉGAL DE LA VOÛTE NOCTURNE

나 그대를 밤의 궁륭처럼 열렬히 사랑하오,
오 슬픔의 꽃병이여, 오 말없는 키 큰 여인이여,
내 사랑은, 아름다운 여인이여, 그대가 내게서 달아나면 달아날수록,
그리고 내 밤을 장식하는 그대가
비웃듯이, 푸른 무한으로부터 내 팔을 가르는 공간을
더욱 멀게 하면 멀게 할수록 그만큼 더 깊어만 가오.

나는 공격을 위해 전진하고 돌격을 위해 기어오르오,
시체를 향해 달라붙는 구더기떼처럼,
그리고 무자비하고 매정한 짐승이여!
그대의 냉담함조차 귀여워하오, 그럴수록 내게는 더 아름답기에!

넌 전 우주를 네 규방에 끌어넣겠구나[78]
TU METTRAIS L'UNIVERS ENTIER DANS TA RUELLE

넌 전 우주를 네 규방에 끌어넣겠구나,
더러운 계집이여! 권태로 네 넋은 잔인해지는구나.
그런 괴상한 놀이에 네 이빨을 단련시키자면,
날마다 염통 하나씩 네 이빨에 넣어주어야 하겠구나.
네 두 눈은 진열장처럼, 축제에 타오르는 등화대처럼
번뜩이며 빌려온 위력을 함부로 행사한다,
제 아름다움의 법칙 알지도 못하고.

잔혹하기 이를 데 없는 눈멀고 귀먹은 기계여![79]
사람들 피를 빠는 유익한 연장이여,
어찌 너는 부끄럼을 모르는가, 그리고 어찌
네 매력이 퇴색하고 있음을 거울에 비추어 보지 못하는가?
깊은 뜻을 감추고 있는 위대한 자연이
너를 가지고, 오 계집이여, 오 죄악의 여왕이여,
— 천한 짐승 너를 가지고 — 하나의 천재를 빚어낼 때,
아무리 죄악에 능숙하다 자부하는 너라 해도,
그 엄청난 죄악에 질겁하여 뒷걸음질친 적은 없었던가?

오 더러운 위대함이여! 숭고한 치욕이여!

그러나 흡족하지 않았다[80]
SED NON SATIATA

밤처럼 컴컴한 괴상한 여신이여,
사향과 하바나 향기 섞인 내음 풍기는
아프리카 마술사의 작품, 대초원의 파우스트,
흑단의 옆구리 가진 마녀, 캄캄한 한밤의 아이여,

내가 더 좋아하는 것은 콩스탕스 술,[81] 아편, 그리고 밤의 술보다
사랑이 으스대는 네 입의 선약,
내 욕망이 너를 향해 떼지어 갈 때,
네 눈은 내 권태가 목을 축이는 물웅덩이.

네 넋의 창 같은 그 검은 커다란 두 눈으로,
오 잔인한 악마여! 내게 그토록 불꽃을 쏟지 말아라;
삼도내[82]를 따라 흘러흘러 가도 너를 아홉 번이나 껴안을 수 없으니,

아 슬프구나! 방자한 메가이라[83] 여신이여,
네 용기를 꺾고 너를 궁지에 몰아넣기 위해,
네 잠자리의 지옥에서 내가 프로세르피나[84]가 될 수는 없구나!

물결치는 진줏빛 옷을 입고
AVEC SES VÊTEMENTS ONDOYANTS ET NACRÉS

물결치는 진줏빛 옷을 입고,
걸을 때도 그녀는 춤을 추는 듯,
신성한 요술쟁이의 막대기 끝에서
박자에 맞추어 몸을 흔드는 기다란 뱀처럼.[85]

인간의 고뇌에는 아랑곳 않는
사막의 우중충한 모래와 창공처럼,
바다 물결이 파도치며 얽히듯,
그녀는 무심코 몸을 펼친다.

반들반들한 두 눈은 매혹적인 광석,[86]
그리고 야릇한 상징적인 그 천성 속에
순결한 천사를 고대 스핑크스에 섞어놓은 듯,

모든 것이 금과 강철, 빛과 금광석뿐,
아기를 낳지 못하는 여인의 차가운 위엄이
쓸모없는 별처럼 영원히 빛을 발한다.

춤추는 뱀[87]
LE SERPENT QUI DANSE

나는 보고 싶다, 태평한 님이여,
  그토록 아름다운 그대 몸에서
하늘거리는 천처럼
  살갗이 빛나는 것을!

짙은 그대 머리칼에서
  풍기는 짭짤한 내음,
푸른색과 갈색의 물결 위에서
  넘실대는 냄새나는 바다,

거기 아침 바람에 잠 깬
  한 척의 배처럼,
내 꿈꾸는 넋은 떠날 준비를 한다,
  어느 먼 하늘을 향해.[88]

달콤함도 쓰라림도 아무것도 보이지 않는
  그대의 두 눈은
금과 쇳가루 섞인
  차가운 두 알의 보석.

박자 맞추어 걸어가는 그대를 보면,
　　초연한 미인이여,
막대기 끝에서 춤추는
　　한 마리 뱀 같아.

게으름의 무게에 짓눌린
　　앳된 그대 머리는
흐물흐물 좌우로 흔들거린다,
　　코끼리 새끼처럼,[89]

또 몸을 구부리고 드러누우면,
　　가느다란 배처럼
좌우로 흔들리다 물속에
　　활대를 잠근다.

와르르 녹아내린 빙하로
　　불어난 물결처럼,
그대 이빨 가장자리에
　　침이 솟아오르면,

나는 씁쓸하고 기분 북돋우는
　　보헤미아의 술을 마시는 듯,
내 마음에 별들을 뿌려주는
　　흐르는 하늘을 마시는 듯!

시체
UNE CHAROGNE

기억해보라, 님이여, 우리가 보았던 것을,
      그토록 화창하고 아름답던 여름 아침:
오솔길 모퉁이 조약돌 깔린 자리 위에
      드러누워 있던 끔찍한 시체,

음탕한 계집처럼 두 다리를 쳐들고,
      독기를 뿜어내며 불타오르고,
태평하고 파렴치하게, 썩은
      냄새 가득 풍기는 배때기를 벌리고 있었다.

태양은 이 썩은 시체 위로 내리쬐고 있었다,
      알맞게 굽기라도 하려는 듯,
위대한 「자연」이 한데 합쳐놓은 것을
      백 갑절로 모두 되돌려주려는 듯;[90]

하늘은 이 눈부신[91] 해골을 바라보고 있었다,
      피어나는 꽃이라도 바라보듯.[92]
고약한 냄새 어찌나 지독하던지 당신은
      풀 위에서 기절할 뻔했었지.

그 썩은 배때기 위로 파리떼는 윙윙거리고,
　　　　　거기서 검은 구더기떼 기어 나와,
걸쭉한 액체처럼 흘러나오고 있었다,
　　　　　그 살아 있는 누더기를 타고.

그 모든 것이 물결처럼 밀려왔다 밀려 나갔다 하고,
　　　　　그 모든 것이 반짝반짝 솟아 나오고 있었다;
시체는 희미한 바람에 부풀어 올라,
　　　　　아직도 살아서 불어나는 듯했다.

그리고 세상은 기이한 음악 소리를 내고 있었다,
　　　　　흐르는 물처럼, 바람처럼,
또는 장단 맞춰 까불리는 키 속에서
　　　　　흔들리고 나뒹구는 곡식알처럼.

형상은 지워지고, 이제 한갓 사라진 꿈,
　　　　　잊힌 화포 위에
화가가 기억을 더듬어 완성하는
　　　　　서서히 그려지는 하나의 소묘.

바위 뒤에서 초조한 암캐 한 마리
　　　　　성난 눈으로 우리를 쏘아보고 있었다,
놓쳐버린 살점을 해골로부터
　　　　　다시 뜯어낼 순간을 노리며.

─ 허나 언제인가는 당신도 닮게 되겠지,
　　　　이 오물, 이 지독한 부패물을,
내 눈의 별이여, 내 마음의 태양이여,
　　　　내 천사, 내 정열인 당신도!

그렇다! 당신도 그렇게 되겠지, 오 매력의 여왕이여,
　　　　종부성사 끝나고
당신도 만발한 꽃들과 풀 아래
　　　　해골 사이에서 곰팡이 슬 즈음이면.

그때엔, 오 나의 미녀여, 말하오,
　　　　당신을 핥으며 파먹을 구더기에게,
썩어 문드러져도 내 사랑의 형태와 거룩한 본질을
　　　　내가 간직하고 있었다고![93]

심연에서 외친다[94]
DE PROFUNDIS CLAMAVI[95]

내가 유일하게 사랑하는 「그대」여,[96]
나는 그대의 연민을 비오,
내가 빠져 있는 어두운 구렁의 밑바닥에서.
그곳은 납빛 지평선이 둘러싸고 있는 어두운 세상,
공포와 모독이 어둠 속에서 헤엄을 친다;

열기 없는 태양이 여섯 달 그 위에 뜨고,
나머지 여섯 달은 어둠이 땅을 덮어;
이곳은 극지보다 더한 불모의 세계,
— 짐승도 없고 냇물도, 풀밭도, 숲도 없는!

얼어붙은 태양의 차가운 냉혹함,
옛날 「혼돈」의 세계 같은 끝없는 이 어둠,
아, 이보다 더한 공포는 세상에도 없소.

미련한 잠에 빠질 수 있는
천한 짐승의 팔자가 나는 부럽소.
시간을 감는 실꾸리는 그토록 더디구려!

흡혈귀[97]
LE VAMPIRE

슬픈 내 가슴에
비수처럼 파고든 너;
악마의 무리처럼 억세고
화사하고 광기 서린 넌

창피 당한 내 정신으로
잠자리 삼고, 집을 삼는다;
— 끔찍한 너에게 나는 얽매여 있다,
사슬에 매인 도형수처럼,

노름판을 못 떠나는 노름꾼처럼,
술병을 못 떼는 술꾼처럼,
구더기에 먹히는 시체처럼,
— 저주받은, 저주받은 계집이여![98]

나는 자유를 얻기 위해
날쌘 칼에 빌기도 했고,
내 비겁함 도와달라고
더러운 독약에 하소연도 해보았다.

그런데, 아! 독약과 칼날은
나를 깔보며 이렇게 말했다:
"넌 저주받은 노예 처지에서
구해줄 가치도 없다,

바보야! ─ 설령 우리의 노력이
그녀의 지배에서 너를 구해준다 해도,
네 입맞춤은 네 흡혈귀의 시체를
되살려낼걸!"

끔찍한 유대 계집 곁에 있었던 어느 날 밤
UNE NUIT QUE J'ÉTAIS PRÈS D'UNE AFFREUSE JUIVE

어느 날 밤, 끔찍하게 생긴 유대 계집 곁에,
시체 곁에 또 하나의 시체 있듯이 나란히 누워,
그 돈에 팔린 몸뚱이 곁에서 나는 생각했다,[99]
내 욕망이 포기한 저 서글픈 미녀를.

나는 눈앞에 그려보았다, 그녀의 타고난 위엄을,
힘과 우아함을 갖춘 그녀 시선을,
그녀 머리카락은 향내 나는 투구,
생각만 해도 사랑이 내게 되살아난다.

고상한 그대 몸에 열렬히 입맞추고,
싱싱한 그대 발끝에서부터 검은 머리칼까지
깊은 애무의 보물을 펼쳤으리,

만일 어느 날 저녁, 나도 모르게 흘린 눈물로 인해,
오 잔인한 계집들의 여왕이여! 그대
차가운 눈동자의 광채를 흐리게 할 수만 있다면.

사후의 회한
REMORDS POSTHUME

검은 미녀여, 새까만 대리석으로 만든
무덤 속 깊은 곳에 그대가 잠들어,
잠자리와 집이라곤 비에 젖은
땅속과 움푹 파인 구덩이뿐일 때;

무덤 돌이 그대 겁먹은 가슴 짓누르고
달콤한 나태에 젖은 그대 옆구리 짓눌러,
그대 심장 뛰지도 바라지도 못하게 하고,
두 발로 쾌락 찾아 뛰어다니지 못하게 할 때,

내 끝없는 몽상을 들어줄 무덤은
(무덤은 언제나 시인을 이해할 것이니),
잠 달아난 그 긴긴 밤 동안

그대에게 말하리: "어설픈 유녀遊女여, 망령들이 한탄하는 까닭을
넌 알지 못했거니, 그게 이제 무슨 소용이랴?"
— 그리고 구더기는 회한처럼 그대 살갗을 파먹으리.

고양이[100]
LE CHAT

오너라, 내 예쁜 나비야, 사랑에 빠진 내 가슴 위로;
　　　발톱일랑 감추고,
금속과 마노 섞인 아름다운 네 눈 속에
　　　나를 푹 잠기게 하렴.

내 손가락이 네 머리와 유연한 등을
　　　한가로이 어루만지며
내 손이 전기 일으키는 네 몸을
　　　만져보며 즐거움에 취해들 때,

나는 마음속에서 내 아내를 본다. 그녀 눈매는
　　　사랑스런 짐승, 네 눈처럼
　　　나는 그윽하고 차가워 투창처럼 꿰뚫고,

　　　발끝에서 머리끝까지
미묘한 기운, 위험한 향기
　　　그녀 갈색 몸 주위에 감돈다.

결투[101]
DUELLUM

두 전사가 마주 달려들었다; 그들의 무기는
불꽃과 피를 공중에 튀겼다.
이 놀이, 이 요란한 칼부림 소리는
신음하는 사랑의 포로가 된 젊음의 소동.[102]

칼은 부러졌다! 우리의 젊음처럼,
님이여! 그러나 이빨과 날카로운 손톱이
이내 배신한 장검과 단검에 복수한다.[103]
— 오 사랑의 상처로 곪은 가슴의 분노여!

살쾡이와 표범이 넘나드는 골짜기에[104]
우리 병사들은 짓궂게 맞붙어 뒹굴고,
그들의 살가죽은 메마른 가시덤불을 꽃피게 하리.

— 이 심연, 그건 지옥, 우리 친구들로 가득 차 있다!
우리 거기서 뒹굴자, 미련도 없이, 매정한 여장부여,
우리 증오의 뜨거운 불꽃 영원히 타오르게!

발코니[105]
LE BALCON

추억의 샘이여, 애인 중의 애인이여,
오 그대, 내 모든 기쁨! 오 그대, 내 모든 의무!
그대 회상해보오, 애무의 아름다움을,
난로의 다사로움, 저녁의 매혹을,
추억의 샘이여, 애인 중의 애인이여!

이글대는 숯불로 밝혀진 저녁,
발코니에 깃든 장밋빛 너울 자욱한 저녁.
아 다사로왔던 그대 가슴! 고왔던 그대 마음!
우린 자주 불멸의 것들을 얘기했었지,
이글대는 숯불로 밝혀진 저녁.

다사로운 저녁 태양은 얼마나 아름다운가![106]
공간은 얼마나 그윽한가! 마음은 굳건하고!
연인 중의 여왕, 그대에게 몸 기대면,
그대의 피 냄새를 맡는 듯했지,
다사로운 저녁 태양은 얼마나 아름다운가!

밤은 칸막이 벽처럼 깊어만 갔고,
내 눈은 어둠 속에서 그대 눈동자 알아보았다,

우울과 이상

그리고 나는 그대 숨결을 마셨지, 오 그 달콤함! 오 그 독기여!
그대 발은 내 다정한 손 안에서 잠이 들었다.
밤은 칸막이 벽처럼 깊어만 갔고.

나는 알고 있다, 행복한 순간들 되살리는 법을,
그리고 나는 다시 본다, 그대 무릎 속에 숨겨진 내 과거를,
따스한 그대 몸과 그토록 포근한 그대 마음 아닌 다른 곳에서
그대 번민하는 아름다움 찾아본들 무슨 소용이랴?
나는 알고 있다, 행복한 순간들 되살리는 법을!

그 맹세, 그 향기, 그 끝없는 입맞춤,
깊이를 알 수 없는 심연에서 다시 살아날 것인가,
깊은 바다 속에서 먹 감고
다시 젊어진 태양이 하늘에 떠오르듯?
ㅡ오 맹세! 오 향기! 오 끝없는 입맞춤이여!

홀린 사내[107]
LE POSSÉDÉ

태양은 검은 베일에 가려졌다. 그처럼,
오 내 생명의 달이여! 그대도 어둠으로 푹 둘러싸이렴;
네 멋대로 자고, 담배 피우고, 입 다물고, 우울한 채 있으려므나,
그리고 끝 모를 「권태」에 온통 잠기렴;

나 그처럼 그대를 사랑한다! 허나 오늘 그대가 원한다면,
어둠에서 벗어나는 가리어 있던 별처럼
「광란」이 법석대는 곳에서 으스대고 싶다면,
그것도 좋다! 매혹적인 단도여, 그대 칼집에서 나오렴!

샹들리에 불빛으로 그대 눈동자에 불을 밝혀라!
촌뜨기들 눈 속에 욕망의 불을 지피렴!
그대의 모든 것이 내게는 즐거움, 병적인 것도 발랄한 것도;

그대 원하는 대로 되렴, 검은 밤이든, 붉은 여명이든;
떨리는 내 온몸에서 이렇게 외치지 않는 세포 하나도 없으니,
오 내 사랑 마왕이여, 나 그대를 끝없이 사랑하오!

환영[108]
UN FANTÔME

I. 어둠[109]

「운명」이 이미 나를 유배 보낸
헤아릴 수 없는 슬픔의 굴 속;
장밋빛 즐거운 햇살 한 줄기 들지 않고;
침울한 여주인 「밤」과 홀로 사는

나는, 아! 조롱하는 「신」의 강요로
어둠의 화포 위에 그림 그리는 화가라고나 할까;
거기서 나는 음산한 식욕 가진 요리사,
내가 내 심장을 끓여 먹는다,

거기 때로 아름답고 찬란한 유령 나타나
번쩍이며 몸을 뻗치고 펼쳐 보인다.
꿈꾸는 듯한 동양적인 자태로,

그녀 온전히 몸 드러내면,
나는 알아본다, 날 찾아온 미녀를:
그것은 「그녀」! 어둡고 동시에 빛을 발하는 여인.

II. 향기

독자여, 그대는 취해 서서히 음미해가며
맡아보았는가,
성당 가득한 훈향을,
또는 주머니에 깊이 밴 사향 냄새를?

현재 속에 되살아난 과거[110]가 우리를
취하게 한다, 깊고 마술 같은 매혹으로!
그처럼 애인도 사랑하는 육체에서
추억의 절묘한 꽃을 꺾는다.

살아 있는 향주머니, 규방의 향로,
그녀의 탄력 있고 묵직한 머리칼에서
야생의 사향 냄새 피어오르고,

순수한 젊음 흠뻑 밴
모슬린, 혹은 비로드 옷에서
모피 냄새 풍겨 나왔다.

III. 그림틀

아무리 칭송받는 화가의 작품이라도,
무한한 자연에서 떼내어

아름다운 그림틀을 붙여야만, 뭔지 모를
신기하고 매혹적인 운치가 살아나듯이,

그처럼 보석과 가구, 금속과 금박은
보기 드문 그녀의 아름다움에 꼭 어울리었다;
아무것도 그녀의 완벽한 광채 가리지 않고
모든 것이 그녀에게 장식틀이 되어 보였다.

때로 그녀는 모든 것이 자신을
사랑하려 한다고 생각했을까,
관능에 젖어 제 알몸을

명주와 리넨 속옷의 입맞춤 속에 잠그고,
느리게 또는 갑자기 몸을 움직일 때마다
원숭이 같은 앳된 교태를 보였다.

IV. 초상화

「병」과 「죽음」은 모조리 재로 만든다,
우리를 위해 타오른 불길을.
그처럼 뜨겁고 다정하던 그 커다란 두 눈,
내 가슴 적신 그 입술,

향유처럼 힘찬 그 입맞춤,

햇빛보다 더 뜨거운 그 격정,
그중 무엇이 남아 있는가? 오 두렵다, 내 넋이여!
남은 건 오직 퇴색한 삼색의 소묘 하나뿐,[111]

그것도 나처럼 고독 속에 스러져가고,
몹쓸 늙은이 「시간」은
날마다 그 거친 날개로 문지른다……

「삶」과 「예술」의 검은 말살자여,
너는 내 기억 속에서 절대로 죽이지 못하리라,
내 기쁨, 내 영광이던 그 여인을!

그대에게 이 시구를 바치노라[112]
JE TE DONNE CES VERS

그대에게 이 시구를 바치노라, 내 이름
다행히 먼 후세에 전해져
저녁 사람들을 꿈에 잠기게 한다면,
거친 북풍에 실려가는 배여,

그대 기억이 희미한 전설처럼,
팀파논처럼, 독자들 귀를 지치게 울리고,
우정 어린 신비한 사슬고리로
내 고고한 시편에 매달리듯 길이 남아 있도록;

저주받은 그대, 저 깊은 나락에서
높은 하늘까지 나 말고 누가 대답해줄까!
—오 그대, 흔적 곧 지워지는 망령처럼,

그대를 가혹하다 여길 어리석은 인간들을
가벼운 발걸음과 싸늘한 시선으로 밟고 간다,
흑옥 같은 눈동자의 상(像), 의연한 대천사여!

언제나 이대로[113]
SEMPER EADEM

그대는 말했었지, "저 벌거벗은 검은 바위 위로 바닷물 치솟듯
그 야릇한 슬픔 어디서 당신에게 밀려오는가?"라고.
— 우리 마음이 일단 수확을 끝내고 나면,
산다는 것은 고통, 그건 누구나 다 아는 비밀,

그것은 극히 명백한 고통, 신비할 것도 없고,
그대 기쁨처럼 누구에게나 드러나는 것.
그러니 그만 묻지 마오, 오 캐기 좋아하는 미인이여!
그대 목소리 달콤해도 입을 다물어주오!

입을 다물어요, 아무것도 모르는 사람! 언제나 기쁨에 찬 여인
이여![114]
천진한 웃음 짓는 입이여!「삶」보다「죽음」이 더
그 정교한 줄로 우리를 자주 옭아맨다.

제발 내 마음 *미망*[115]에 취해,
아름다운 꿈에 파묻히듯 그대 눈 속에 파묻혀,
그대 눈썹 그늘 속에 오래 잠들게 해주오!

그녀는 고스란히[116]
TOUT ENTIÈRE

「악마」가 높은 내 방으로
오늘 아침 날 찾아와,
내 흠집 잡아내려 애쓰며,
하는 말이. "정말 알고 싶구나,

그녀의 매력 만들어주는
갖가지 아름다운 것 중에,
매혹적인 그녀의 몸을 이루는
검거나 붉은 것 중에,

무엇이 제일 좋은가?" ―오 내 넋이여!
너는 이 「가증스런 놈」에게 이렇게 대답했다:
"그녀 속에는 모든 것이 향기,
어느 것도 고를 수 없다.

모든 것이 나를 황홀케 하니, 나는 모른다,
무엇에 내가 끌리는지.
그녀는 「새벽」처럼 눈부시고
「밤」처럼 위안을 준다;

또 그녀 아름다운 몸에 온통 감도는
조화 너무도 오묘하여,
그 숱한 화음을 적어내기에는
서툰 분석으로 불가능하다.

오 신비한 변모여,
내 모든 감각이 하나로 녹아든다!
그녀 숨결은 음악이 되고
그녀 목소리는 향기를 풍긴다!"

오늘 저녁 무엇을 말하려는가[117]
QUE DIRAS-TU CE SOIR

오늘 저녁 무엇을 말하려는가, 외로운 가엾은 넋이여,
무엇을 말하려나, 내 마음, 일찍 시든 마음이여,
더없이 아름답고 착하고 사랑스런 여인에게?
그 거룩한 눈길에 너는 갑자기 피어났었지.

— 우리 자랑스레 그녀를 찬미하여 노래 부르자:
아무것도 그녀 위엄 속에 숨겨진 다정함만 못하다;
맑은 그녀 살결은 천사의 향기 지녀
그녀 눈동자는 우리에게 광명의 옷을 입힌다.

밤중이든 고독 속에서이든
거리에 있든 군중 속에 있든
그녀 환영은 공중에서 햇불처럼 춤춘다.

때로 그 환영 내게 말하기를: "나는 아름답다, 나는 명하노니,
나에 대한 사랑을 위해 그대 오직 「미」만을 사랑하라,
나는 「수호 천사」, 「시의 여신」, 그리고 「마돈나」."

살아 있는 햇불[118]
LE FLAMBEAU VIVANT

빛 가득한 그 두 「눈」, 그들이 내 앞을 걸어간다,
박식한 「천사」에게서 아마 자력을 받았으리라;
그들은 걸어간다, 거룩한 형제들은, 내 형제들은,
금강석처럼 반짝이는 그들 불꽃을 내 눈 속에 흔들면서.

온갖 함정, 온갖 중죄에서 날 구해,
그들은 「미」의 길로 내 발걸음 이끌어준다;
그들은 내 하인, 나는 그들의 노예;
내 존재는 온통 이 살아 있는 햇불을 따른다.

매혹적인 두 「눈」이여, 너희는 한낮에 타오르는
촛불의 신비한 빛으로 빛난다; 햇빛이
붉게 비추어도 그 엄청난 불꽃은 끄지 못한다;

촛불은 「죽음」을 기리고, 너희는 「소생」을 노래한다;
내 넋의 소생을 노래하며 걸어간다,
어떤 햇빛도 그 불꽃 사그라뜨리지 못할 별이여!

공덕[119]
RÉVERSIBILITÉ

기쁨이 넘치는 「천사」여, 그대는 아는가 고뇌를,
수치심을, 회한을, 흐느낌을, 권태를,
그리고 종이 구기듯 가슴을 짓누르는
저 무서운 밤들의 막연한 공포를?
기쁨이 넘치는 「천사」여, 그대는 아는가 고뇌를[120]

그지없이 착한 「천사」여, 그대는 아는가 증오를,
「복수」의 악마가 지옥의 나팔 불고
우리의 능력을 멋대로 지배할 때,
어둠 속에서 불끈 쥐는 주먹을, 원한의 눈물을?
그지없이 착한 「천사」여, 그대는 아는가 증오를?[121]

건강이 넘치는 「천사」여, 그대는 아는가 「열병」을,
우중충한 양로원 높은 담을 따라
가느다란 햇볕 찾아 입술을 떨며,
유형자처럼 발을 질질 끌고 가는 사람들을?
건강이 넘치는 「천사」여, 그대는 아는가 「열병」을?

아름다움 넘치는 「천사」여, 그대는 아는가 주름살을,
늙는 것에 대한 두려움을, 그리고 우리의 탐욕스런 눈이

오랜 세월 빠져 있던 두 눈 속에서 헌신을 꺼리는
숨은 낌새 읽어내는 그 무서운 고통을?
아름다움 넘치는 「천사」여, 그대는 아는가 주름살을?[122]

행복과 기쁨과 빛이 넘치는 「천사」여,
죽어가는 「다윗」 왕이라면 매혹적인
그대 몸에서 발산되는 건강을 구했으리,[123]
그러나 천사여, 그대에게 내가 구하는 것은 오직 그대 기도뿐,
행복과 기쁨과 빛이 넘치는 「천사」여!

고백[124]
CONFESSION

한 번, 단 한 번, 사랑스럽고 다정한 사람,
    당신의 미끈한 팔이
내 팔에 기대었다(내 넋의 어두운 밑바닥에서
    이 추억은 바래지 않는다);

늦은 밤이었다; 새 메달처럼 보름달은
    하늘에 걸려 있었다,
그리고 엄숙한 밤은 잠든 파리 위로 강물처럼
    흥건히 넘치고 있었다.

그리고 집들을 따라 대문 아래로
    고양이들은 살금살금 빠져나와,
귀를 쫑긋 새우고, 또는 정다운 그림자처럼
    천천히 따라오고 있었다.

문득 창백한 달빛 아래 피어난
    거리낌없는 친밀감 속에서
쾌활한 소리만 울리는 소리나는
    풍요한 악기, 당신의 입에서

빛나는 아침 화려한 군악 소리 울리듯,
　　　밝고 즐거운 당신 입에서
흐느끼는 가락, 기이한 가락이
　　　비틀거리며 새어 나왔다.

가족들조차 부끄러워 사람들 눈을 피해
　　　남몰래 오랫동안 굴 속에
숨겨두었던 허약하고, 흉측하고, 어둡고,
　　　불결한 계집애처럼.

가엾은 천사여, 당신은 목청껏 노래불렀다:
　　　"이승에는 아무것도 확실한 게 없고
아무리 애써 꾸며본들 언제나
　　　사람의 이기심은 드러나는 법;

미인 역을 하기도 고된 일,
　　　그것은 억지 웃음 지으며
흥겨워하는 경박하고 쌀쌀한 무희가 부리는
　　　진부한 재주 같은 것;

사람들 마음 위에 집을 세우는 것은 어리석은 짓;
　　　사랑도 아름다움도 모두 부서져버린다,
마침내「망각」이「영원」에게 되돌려주려고 채롱 속에
　　　그것을 던져줄 때까지는!"

나는 때로 회상했다, 그 황홀한 달을,
그 적막, 그 번민을,
그리고 가슴속 고해실에서 속삭인
그 무서운 고백을.

영혼의 새벽[125]
L'AUBE SPIRITUELLE

방탕아의 방에 희뿌연 새벽이
마음을 괴롭히는 「이상」과 함께 비쳐들면,
신비한 응징자에 휘둘려
졸던 짐승 속에서 천사가 깨어난다.

다가갈 수 없는 「영혼의 푸른 하늘」은
아직 꿈속에서 고통받는 기진한 사나이 앞에
심연의 매혹으로 열리며 파고든다.
이처럼, 다정한 「여신」이여, 맑고 순수한 「사람」이여,

어리석은 향연의 연기 나는 잔해 위로
한결 또렷한 당신의 매혹적인 장밋빛 추억은
크게 뜬 내 두 눈 앞에 쉴새없이 나풀거린다.

햇빛은 이제 촛불을 흐려놓았다;
이처럼 언제나 승리에 찬 그대 모습은,
찬란한 넋이여, 불멸의 태양을 닮았구려!

저녁의 조화[126]
HARMONIE DU SOIR

이제 바야흐로 줄기 위에 떨며
꽃송이 하나하나 향로[127]처럼 향기를 뿜고;
소리와 향기 저녁 하늘 속에 감돈다;
우울한 왈츠, 나른한 어지러움!

꽃송이 하나하나 향로처럼 향기를 뿜고;
바이올린[128]은 상처받은 마음인 양 떤다;
우울한 왈츠, 나른한 어지러움!
하늘은 큰 제단[129]처럼 슬프고 아름답다.

바이올린은 상처받은 마음인 양 떨고,
어둡고 끝없는 허무를 미워하는 애틋한 이 마음!
하늘은 큰 제단처럼 슬프고 아름답고;
태양은 얼어붙은 제 피 속에 빠진다.[130]

어둡고 끝없는 허무를 미워하는 애틋한 이 마음,
빛나는 과거의 온갖 흔적을 긁어모은다!
태양은 얼어붙은 제 피 속에 빠지고······
당신의 추억은 내 맘속에 성체합[131]처럼 빛난다!

향수병[132]
LE FLACON

어떤 물질이라도 뚫고 스며 나오는 강한
향기가 있다, 그것은 유리라도 뚫으리라.
「동양」에서 건너온 작은 함, 오만상 찌푸리고
삐걱거리는 자물쇠 열면,

또는 버려둔 집에서 세월의 지독한 냄새 가득 밴
먼지 수북한 더러운 옷장 열면,
더러 옛 추억 간직한 오래된 향수병 눈에 띄는데,
되돌아온 넋 거기서 생생하게 떠오른다.

서글픈 번데기처럼 온갖 생각들 거기 잠들어,
무거운 어둠 속에서 조용히 떨고 있다가,
날개 펴고 힘껏 날아오른다,
창공의 빛으로 물들고 장밋빛으로 칠해지고 금박으로 장식되어.

이제 취한 추억이 흐린 대기 속에서
나풀거린다, 눈을 감는다; 「현기증」이
쓰러진 넋을 쥐어 잡고 두 손으로 밀어낸다,
인간의 악취로 어두워진 구렁 쪽으로;

우울과 이상

그리고 천 년 된 깊은 구렁 가로 넘어뜨린다,
거기서 제 수의 찢는 냄새나는 나사로처럼,
썩고 매혹적이고 음산한 옛사랑의
유령 같은 송장이 잠 깨어 꿈틀거린다.

그처럼 나도 사람들의 기억에서 잊혀
해묵은 향수병처럼 늙고, 먼지가 끼고, 더럽고,
천하고, 끈적거리고, 금이 가
음산한 옷장 구석에 내던져졌을 때,

나는 네 관이 되리, 사랑스런 악취여!
네 힘과 독기의 증인이 되리,
천사가 마련해준 사랑하는 독약이여! 나를
좀먹는 액체, 오 내 마음의 「생명」이자 「죽음」이여!

독*133
LE POISON

술은 아무리 누추한 오두막이라 해도
        기적같이 호화롭게 옷 입히고,
붉은 안개의 금빛 속에 한둘 아닌
        동화 같은 회랑을 솟아나게 한다,
흐린 하늘에 노을지는 태양처럼.

아편은 끝없는 것을 더욱 넓히고,
        무한을 더욱 늘이며,
시간을 키우고 쾌락을 더욱 파고들어,
        우울하고 서글픈 쾌락으로
내 넋을 채운다, 넘치도록 가득.

그러나 그 모든 것도 그대 눈에서 흘러내리는
        독만 못하다, 그대 초록색 눈,
내 넋이 떨며 거꾸로 비춰보는 호수……[134]
        내 꿈 떼 지어 가
그 호수의 쓰디쓴 심연에서 갈증을 푼다.

그 모든 것도 나를 깨무는 그대 침의
        무서운 위력만 못하다, 그대 침은

내 넋을 후회 없이 망각 속에 잠그고,
　　　　현기증을 실어,
죽음의 강가로 내 쇠잔한 넋을 굴리어 간다!

흐린 하늘[135]
CIEL BROUILLÉ

당신의 시선은 안개로 덮인 듯;
신비한 당신 눈은(푸른빛일까, 잿빛일까, 아니면 초록빛일까?)
다정하다가는 꿈꾸는 듯하고, 그러다가 매정해지며,
무심하고 파리한 하늘을 비추고 있다.

당신은 생각나게 한다, 저 따스하고 안개 낀 하얀 날들을,
홀린 마음을 눈물로 녹이는 날들을,
가슴을 쥐어짜는 알 수 없는 아픔에 흔들려
너무 곤두선 신경이 잠자는 정신을 비웃을 때에.

때로 당신은 안개 자욱한 계절,
태양이 비춰주는 저 아름다운 지평선 같다……
안개 낀 하늘에서 떨어지는 햇살이 불태우는
젖은 풍경처럼 당신은 얼마나 찬란한가!

오 위험한 여인이여, 오 매혹적인 기후여!
나는 또한 당신의 눈[雪]과 서리마저 사랑하여,
얼음보다 칼보다 더 날카로운 쾌락을
혹독한 겨울에서 끌어낼 수 있을까?

고양이[136]
LE CHAT

I

내 머릿속을 걸어다닌다, 예쁜 고양이
제 방 안 거닐 듯,
힘세고 온순하고 매혹적인 잘생긴 고양이.
야옹 하고 우는 소리 들릴까말까,

그토록 그 울림 부드럽고 은근하지만;
차분할 때나 으르렁거릴 때나
그 목소리 언제나 풍요하고 그윽하다.
바로 그게 그의 매력, 그의 비밀.

내 마음 가장 어두운 밑바닥까지
구슬처럼 스미는 그 목소리,
조화로운 시구처럼 나를 채우고,
미약媚藥처럼 나를 즐겁게 한다.

그 목소리는 지독한 고통도 가라앉히고
갖가지 황홀을 간직하고 있어;
긴긴 사연을 말할 때도

한마디의 말도 필요가 없다.

그렇다, 이 완벽한 악기, 내 마음 파고들어,
이보다 더 완전하게
내 마음의 가장 잘 울리는 줄을
노래하게 할 활이 이밖에 없다,

네 목소리밖엔, 신비한 고양이여,
천사 같은 고양이, 신기한 고양이여,
네 속에선, 천사처럼,
모든 것이 미묘하고 조화롭구나!

II

금빛과 갈색이 섞인 그의 털에서
풍기는 냄새 그토록 달콤해,
어느 날 저녁 한 번, 꼭 한 번
어루만졌는데, 그 냄새 내 몸에 배어들었다.

이거야말로 이곳을 지켜주는 수호신;
제 왕국에 있는 모든 것을
판결하고 다스리고 영감을 준다;
그것은 요정일까, 신神일까?

사랑하는 내 고양이 쪽으로

자석에 끌리듯 끌린 내 눈이,
순순히 내 몸으로 되돌아와,
내 마음속을 들여다보면,

나는 그만 깜짝 놀란다,
창백한 눈동자의 빛나는 불,
밝은 신호등, 살아 있는 오팔,
지그시 나를 응시하고 있는 눈.

아름다운 배[137]
LE BEAU NAVIRE

네게 들려주고 싶다, 오 나른한 매혹의 여인아!
네 젊음을 꾸며주는 갖가지 아름다움을;
        어린 티와 성숙함이 한데 어우러진
        네 아름다움 네게 그려 보이고 싶다.

네 폭넓은 치맛자락 펄럭이며 갈 때,
넌 흡사 난바다로 떠나는 아름다운 배,
        돛 달고 떠간다,
감미롭고 나른하고 느린 리듬을 타고.

포동포동 굵은 목, 통통한 어깨 위에서
네 머리는 야릇한 매혹 풍기며 건들거린다;
        조용조용, 그러나 의기양양하게,
위풍당당한 아이, 너는 네 길을 간다.

네게 들려주고 싶다, 오 나른한 매혹이여!
네 젊음을 꾸며주는 갖가지 아름다움을;
        어린 티와 성숙함이 한데 어우러진
네 아름다움 네게 그려 보이고 싶다.

물결무늬 옷을 밀고 불쑥 내민 네 젖가슴,
당당한 네 젖가슴은 아름다운 찬장,
        볼록하고 환한 그 널판은
방패처럼 번갯불을 맞부딪는다.

장밋빛 젖꼭지로 무장한 도전적인 방패여!
달콤한 비밀을 감춘 찬장, 술, 향료, 음료,
        갖가지 맛좋은 것 가득 차
사람들의 머리와 마음 열광시킬 찬장이여!

네 폭넓은 치맛자락 바람에 펄럭이며 갈 때,
넌 흡사 난바다로 떠나는 아름다운 배,
        돛 달고 떠간다,
감미롭고 나른하고 느린 리듬을 타고.

당당한 네 다리는 밀어내는 치맛자락 밑에서
컴컴한 욕정 돋우고 부추긴다,
        깊숙한 단지 속에 검은 미약을
휘젓는 두 마녀처럼.

어린 장사는 우습게 알 만도 한 네 팔은
번득이는 왕뱀의 강한 적수,
        가슴에 애인의 모습을 새기려는 듯,
단단하게 껴안도록 만들어진 것.

포동포동 굵은 목, 통통한 어깨 위에서
네 머리는 야릇한 매혹 풍기며 건들거린다;
   조용조용, 그러나 의기양양하게,
위풍당당한 아이, 너는 네 길을 간다.

여행으로의 초대[138]
L'INVITATION AU VOYAGE

아이야, 누이야,[139]
꿈꾸어보렴
거기[140] 가서 함께 살 감미로움을!
한가로이 사랑하고
사랑하다 죽으리,
그대 닮은[141] 그 고장에서!
그곳 흐린 하늘에
젖은 태양이
내 마음엔 그토록 신비로운
매력을 지녀,
눈물 통해 반짝이는
변덕스런 그대 눈 같아.

거기엔 모든 것이 질서와 아름다움,
호화와 고요, 그리고 쾌락뿐.

세월에 닦여
반들거리는 가구가
우리 방을 장식하리;[142]
진귀한 꽃들,

　　　　　향긋한 냄새,
용연향의 어렴풋한 냄새와 어울리고,
　　　　　호화로운 천장,
　　　　　깊은 거울,
동양의 찬란함,
　　　　　모든 것이 거기선
　　　　　넋에 은밀히
정다운 제 고장 말 들려주리.

거기엔 모든 것이 질서와 아름다움,
호화와 고요, 그리고 쾌락뿐.

　　　　　보라, 저 운하 위에
　　　　　잠자는 배들을,
떠도는 것이 그들의 기질;
　　　　　그대의 아무리 사소한 욕망도
　　　　　가득 채우기 위해
그들은 세상 끝으로부터 온다.
　　　　　—저무는 태양은
　　　　　옷 입힌다, 들과
운하와 도시를 온통
　　　　　보랏빛과 금빛으로;
　　　　　세상은 잠든다,
뜨거운 빛 속에서.

거기엔 모든 것이 질서와 아름다움.
호화와 고요, 그리고 쾌락뿐.

돌이킬 수 없는 일[143]
L'IRRÉPARABLE

저 오래된 지겨운 「회한」의 숨통을 끊을 수 있을까?
       그것은 살아 움직이고 꿈틀대며
우리를 먹으며 살아간다, 송장 파먹는 구더기처럼,
       떡갈나무의 송충이처럼.
저 끈덕진 「회한」의 숨통을 끊을 수 있을까?

무슨 미약, 무슨 술, 무슨 탕약으로
       이 오래된 원수 달랠 수 있을까?
창녀처럼 욕심 많고 우리 몸 파괴하고
       개미처럼 끈덕진 이 원수를.
무슨 미약, 무슨 술, 무슨 탕약으로?

말하오, 아름다운 마녀여, 오! 그대 알거든 말하오,
       부상병이 짓밟고
말발굽이 짓이긴 죽어가는 병사처럼
       고통에 허덕이는 이 마음에게
말하오, 아름다운 마녀여, 오! 그대 알거든 말하오.

늑대가 이미 냄새를 맡고
       까마귀가 감시하는 이 빈사자에게
말하오, 기진한 이 병사에게! 십자가도 무덤도 없이

우울과 이상

　　　　이대로 절망해야 하는지를;
늑대가 이미 냄새를 맡은 이 가엾은 빈사자에게!

진흙처럼 컴컴한 하늘을 가히 밝힐 수 있을까?
　　　　아침도 없고 저녁도 없고,
별도, 음산한 번개도 없이 송진보다 더 짙은
　　　　저 어둠을 찢어버릴 수 있을까?
진흙처럼 컴컴한 하늘을 가히 밝힐 수 있을까?

「주막집」 유리창에 반짝이는 「희망」의 불은
　　　　숨이 끊겨 영원히 꺼져버렸다!
달도 불빛도 없이 험한 길 찾는 순교자는
　　　　어디서 묵을 곳을 찾아내랴!
「주막집」 유리창 불을 「악마」가 모두 꺼버렸으니!

귀여운 마녀여, 그대는 천벌받은 자를 사랑하는가?
　　　　말하라, 용서받지 못할 것을 그대는 알고 있는가?
우리 심장을 겨누고 있는 독살스런
　　　　저 「회한」을 그대는 알고 있는가?
귀여운 마녀여, 그대는 천벌받은 자를 사랑하는가?

「돌이킬 수 없는 회한」은 고약한 이빨로 쏟아 먹는다,
　　　　가여운 기념비 우리의 넋을,
그리고 자주, 흰개미처럼, 먹어 들어간다,
　　　　건물의 기반에서부터

「돌이킬 수 없는 회한」은 고약한 이빨로 쏠아 먹는다!

─ 나는 언젠가 보았다, 어느 신통치 않은 극장 안에서
　　　　오케스트라 우렁차게 울려 퍼질 때,
선녀 하나 나타나 지옥처럼 캄캄한 하늘에
　　　　신기한 새벽의 불을 켜는 것을;
나는 언젠가 보았다, 어느 신통치 않은 극장 안에서

빛과 금과 망사로만 싸인 사람 하나
　　　　거대한 「마귀」를 때려눕히는 것을;
그러나 한 번도 황홀이라곤 찾아온 적 없는 내 가슴은
　　　　헛되이 기다리는 극장,
언제까지나, 언제까지나 망사 날개 돋친 그 「사람」을!

정담[144]
CAUSERIE

그대는 맑은 장밋빛 아름다운 가을 하늘![145]
그러나 슬픔은 바닷물처럼 내게 밀려와,
썰물 때는 실쭉한 내 입술에
씁쓸한 진흙 같은 쓰라린 추억을 남긴다.

— 허탈한 내 가슴 그대의 손이 쓸어주어도 헛일;
사랑하는 사람아, 그대 손이 찾는 건 이미
여자의 잔혹한 이빨과 손톱으로 헐린 곳.
내 가슴 찾지 마오, 짐승들이 이미 먹어치웠으니.

내 가슴은 군중들에 짓밟혀 망가진 궁전;
사람들 거기서 술 취하고 서로 죽이고 머리채 낚아챈다!
— 어떤 향기 감돈다, 당신의 벌거벗은 앞가슴 주위에서!……

오「아름다움」이여, 넋에 가하는 가혹한 벌이여, 그대는 그것을 원하겠지!
축제처럼 환히 빛나는 불 같은 그대 눈으로
모조리 태워버려라, 짐승들이 먹다 남긴 이 찌꺼기 조각들!

가을의 노래[146]
CHANT D'AUTOMNE

I

머지않아 우리는 차가운 어둠 속에 잠기리;
안녕, 너무 짧았던 우리 여름의 찬란한 빛이여!
내겐 벌써 들린다, 음산한 소리 울리며
안마당 돌바닥 위에 떨어지는 장작 소리.

분노, 미움, 떨림과 두려움, 그리고 강요된 고역,
이 모든 겨울이 이제 내 존재 속에 들어오면,
내 가슴은 지옥 같은 극지의 태양처럼
얼어붙은 붉은 덩어리에 지나지 않으리.

나는 듣는다, 몸을 떨며, 장작개비 떨어지는 소리 하나하나;
교수대 세우는 소리도 이보다 더 음산하지 않으리.
내 정신은 지칠 줄 모르고 쳐대는 육중한 망치질에
허물어지고 마는 탑과도 같아.

이 단조로운 울림 소리에 흔들려
나는 어디선가 급히 관에 못 박는 소리 듣는 것 같다.
누구를 위해서인가? — 어제만 해도 여름, 그러나 이제 가을!

저 신비한 소리는 출발을 알리는 신호처럼 울린다.

II

사랑하오, 그대 갸름한 눈에 감도는 푸르스름한 빛을,
다정한 미녀여, 하지만 오늘은 모든 것이 쓸쓸하오,
그 무엇도, 당신의 사랑도, 규방도, 난롯불도
내겐 바다 위에 빛나는 태양만 못하오.

그러나 사랑해주오, 다정한 님이여! 어머니가 되어주오,
은혜 모르는 사람, 심술궂은 사람일지라도;
애인이여, 또는 누이인 님이여, 찬란한 가을의,
아니면 지는 태양의 짧은 감미로움이나마 되어주오.

그것은 잠시 동안의 노고! 무덤은 기다린다, 굶주린 무덤은![147]
아! 제발 내 이마 그대 무릎에 파묻고,
작열하던 하얀 여름을 아쉬워하며,
만추의 노란 다사로운 빛을 맛보게 해주오!

어느 마돈나에게[148]
A UNE MADONE

스페인 취향의 봉헌물

내 사랑 「마돈나」여, 나 그대 위해 세우리,
내 슬픔 깊은 곳에 지하의 제단을,
그리고 내 마음 가장 어두운 구석에,
속세의 욕망과 조롱하는 시선에서 멀리
하늘빛과 금빛으로 온통 칠해진 둥지를 파고
그곳에 눈부신 그대의 「상像」을 세우리.
수정의 운韻으로 정성 들여 뒤덮은
순금의 그물, 다듬은 내 「시구」로
그대 머리 위에 커다란 왕관을 만들어주리;
그리고 죽음을 면할 수 없는 「마돈나」여, 내 「질투」로
그대에게 외투를 재단해주리라, 의심으로 안감을 넣고
딱딱하고 묵직하고 야만스럽게,
초소처럼 그대 매력을 거기에 가두리라;
「진주」 아닌 내 「눈물」 모두 모아 수를 놓아서!
그대의 「옷」은 떨며 물결치는 나의 「욕망」,
밀려왔다 밀려가는 나의 「욕망」,
봉우리에서 흔들거리고 계곡에서 휴식하며
장밋빛 띤 하얀 그대 온몸을 입맞춤으로 덮으리,

내「경건한 마음」으로 신성한 그대 발밑에 밟힐
고운 비단「구두」그대에게 만들어주리,
그것은 푹신하게 그대 발 조여주고,
정확한 거푸집처럼 그대의 발 모양을 간직하리라.
만일 내 정성 어린 온갖 기술에도
그대의「발판」위해 은빛「달」을 새기지 못한다면,
내 창자 물어뜯을「뱀」을 그대 짓밟고 비웃도록
그대 발꿈치 아래 갖다 놓으리,
속죄로 넘치는 승리의 여왕이여,
증오와 침으로 뒤덮인 이 괴물을.
그대는 보리라, 나의 모든「상념들」이 꽃으로 뒤덮인
「동정 여왕」의 제단 앞에 늘어선「촛불」처럼,
파랗게 칠한 천장을 별 모양으로 비추면서
불타는 눈으로 언제나 그대를 바라보고 있는 것을;
그리고 내 모든 것 다해 그대를 사랑하고 숭배하기에,
모든 것이「안식향」과「훈향」, 그리고「유향」과「몰약」이 되니,
백설이 덮인 봉우리, 그대를 향해
끊임없이 폭풍우 실은「정신」은「증기」되어 올라가리.

마침내 그대「마리아」의 역할을 완수하고,
또 사랑을 잔인함으로 뒤섞기 위해,
오 어두운 쾌락이여! 한 많은 사형집행관 나는
일곱 가지「중죄」로
일곱 자루 날이 잘 선「칼」을 만들어,
가차 없는 요술쟁이처럼 그대 사랑 깊은 곳을 과녁 삼아

팔딱이는 그대 「심장」에 모두 꽂으리라,
흐느끼는 그대 「심장」에, 피 흐르는 그대 「심장」에!

오후의 노래[149]
CHANSON D'APRÈS-MIDI

짓궂은 네 눈썹이
기이하게 보이지만
천사 같지는 않다,
매혹적인 눈을 가진 마녀여,

오 변덕스런 여인이여,
내 끔찍한 정열이여!
우상 섬기는 제관처럼
경건한 마음으로 난 너를 열렬히 사랑한다.

사막과 숲의 향기가
뻣뻣한 네 머리채에 풍기고,
네 머리는 비밀과
수수께끼 같은 모습.

향로 주위처럼
네 살결엔 향기 감돌고;
저녁처럼 사람을 홀리누나,
어둡고 뜨거운 요정이여.

아! 제아무리 강한 미약도
네 나태함과 견줄 수 없으리,
넌 죽은 자 되살려내는
애무를 알고 있다!

네 날씬한 허리는
등과 젖가슴을 원하는 듯하고,
나른한 네 자태는
방석마저 반하게 하누나.

때때로 알 수 없는 네 광란을
잠재우기 위해
넌 진지하게 아낌없이
깨물음과 입맞춤을 퍼붓는다.

갈색머리 여인이여,
넌 쌀쌀한 비웃음으로 내 마음 찢어놓고,
달빛 같은 다정한 시선을
내 가슴에 던지는구나.

네 비단 구두 밑에
네 귀여운 명주 발 아래,
나는 놓으리라, 내 큰 기쁨을,
내 재능과 내 운명을,

빛이며 색채인 너,
너로 인해 치유된 내 넋을!
어두운 내 마음의 시베리아 벌판에
폭발하는 정열이여!

시지나[150]
SISINA

상상해보라, 근사한 차림을 한 「디아나」가
숲을 가로지르고 가시덤불 헤치고 가는 모습을,
머리칼과 가슴은 바람에 맡기고 몰이꾼의 환성에 취한
그 늠름함, 최상의 기사들도 무색하리!

당신은 보았는가, 살육을 즐기는 테루아뉴[151]를,
맨발의 민중을 선동해 돌격하게 하고,
뺨과 눈은 불타오르고, 제 맡은 역도 충실하게,
주먹에 검을 쥐고 궁궐의 계단을 오르는 그녀를?

시지나 또한 그런 모습이다! 허나 다정한 이 여장부는
살육을 즐기는 만큼 따뜻한 마음도 지녀;
그녀의 용맹은 화약과 북소리에 끓어올라도

애원하는 자 앞에서는 무기를 내려놓을 줄 알고,
정열의 불꽃이 휩쓴 그녀 가슴은
그럴만한 사람에겐 언제나 눈물의 저수지 같다.

나의 프란시스카를 찬양하도다[152]
FRANCISCAE MEAE LAUDES

새 현악기로 그대를 노래하리,
오 고독한 내 마음속에
즐겁게 하늘대는 어린 나무여.

그대 꽃다발을 몸에 감으렴,
온갖 죄악 씻어주는
사랑스런 여인이여!

축복받은 「망각의 강」처럼
자력 감도는
그대의 입맞춤으로 목마름을 끄리라.

궂은 정열의 폭풍이
모든 길 위로 휘몰아칠 때,
그대는 나타났다, 여신이여,

고통스런 파선을 당했을 때
발견한 구원의 별처럼……
이 마음 그대 제단에 바치리!

덕으로 넘치는 연못이여,
영원한 청춘의 샘이여,
다문 입술 열어주렴!

그대는 추한 것을 불사르고
거친 것은 고르고
약한 것은 굳히었다!

굶주릴 땐 나의 안식처,
어둠 속에선 나의 등불,
항상 바른 길로 이끌어다오.

내게 힘을 북돋워다오,
향긋한 향기 풍기는
다사로운 목욕이여!

내 허리 둘레에서 빛나라,
오 성수에 적신
순수한 갑옷이여.

보석 박힌 잔,
짭짤한 빵, 맛좋은 음식,
오 신의 술, 프란시스카여!

식민지 태생의 한 백인 부인에게[153]
A UNE DAME CRÉOLE

태양이 애무하는 향기로운 나라에서
나는 만났다, 게으름이 비오듯이 사람들 눈 위로 내리는
종려나무와 새빨갛게 물든 나무 그늘 아래서
알려지지 않은 매력 지닌 식민지 태생의 한 백인 부인을.

얼굴 빛은 연하고 따뜻한 이 매혹적인 갈색의 여인,
목은 고상하게 교태부린 모습이고;
걸을 땐 사냥꾼처럼 훤칠하게 날씬하다,
미소 짓는 모습 잔잔하고 눈빛은 자신만만하다.

부인, 당신이 만일 진정한 영광의 나라,
센강 강변이나 루아르강 강변에 간다면,
고풍스런 저택에 알맞은 「미인」이여,

당신은 그늘진 은신처에 깊숙이 들어앉아
그 커다란 두 눈으로 시인을 검둥이들보다 더 온순하게 만들고,
시인의 가슴속에 수많은 소네트를 싹트게 하리.

슬프고 방황하여
MOESTA ET ERRABUNDA

말해봐요, 아가트여,[154] 그대 마음 때때로 날아가는지,
이 더러운 도시의 검은 대양에서 멀리 떠나,
처녀성처럼 푸르고 맑고 또 깊은
찬란하게 빛나는 또 하나의 대양을 향해?
말해봐요, 아가트여, 그대 마음 때때로 날아가는지?

바다, 망막한 바다는 우리네 노고를 달랜다![155]
요란한 바람의 거대한 풍금에 맞추어
노래하는 쉰 목소리의 여가수 바다에게 어떤 악마가
자장가라는 숭고한 재주를 부여했는가?
바다, 망막한 바다는 우리네 노고를 달랜다!

날 실어 가렴, 수레여! 날 데려가렴, 돛단배여!
멀리! 멀리! 여긴 우리 눈물로 만들어진 진창!
—진정 아가트의 슬픈 마음이 때때로 외치는가?
"뉘우침과 죄악과 고통에서 멀리
날 실어 가렴, 수레여! 날 데려가렴 돛단배여!"[156]라고

향기로운 낙원이여, 넌 멀기도 하다,
맑은 하늘 아래 모든 것이 사랑과 기쁨뿐인 그곳,

거기선 사랑하는 모든 것이 사랑받을 가치가 있고,
순수한 쾌락 속에 마음이 잠기는 곳!
향기로운 낙원이여, 넌 멀기도 하다!

그러나 앳된 사랑의 푸른 낙원은,
달음박질과 노래와 입맞춤과 꽃다발은,
저녁이면 숲속에서 술잔과 함께
언덕 저쪽에서 떨며 울리는 바이올린은,
— 그러나 앳된 사랑의 푸른 낙원은,

은밀한 기쁨 가득한 순결한 낙원은,
이미 인도나 중국보다 더 멀어졌는가?
흐느끼는 부르짖음으로 그걸 되불러와
은방울 같은 목소리로 되살릴 수는 없는가,
은밀한 기쁨 가득한 순결한 낙원을?

유령[157]
LE REVENANT

야수의 눈을 가진 천사들처럼
나는 그대 규방으로 되돌아와
밤의 어둠을 타고
소리 없이 그대를 향해 스며들어가리,

그리고 갈색머리의 여인이여, 그대에게 주리,
달빛처럼 차가운 입맞춤을,
웅덩이 주변을 기어 다니는
뱀의 애무를.

희뿌연 아침이 오면,
그대는 보게 되리, 내 자리 빈 것을,
그곳은 저녁까지 싸늘하리.

남들이 애정으로 그러하듯,
나는 공포로 군림하고 싶어라,
그대의 생명과 그대 젊음 위에.

가을의 소네트
SONNET D'AUTOMNE

수정처럼 맑은 그대의 눈이 내게 묻기를:
"야릇한 님이여, 당신에게 내가 무슨 매력 있나요?"
—그저 귀엽게 입 다물고 있어다오! 내 마음은,
태곳적 짐승의 순박함 빼놓고는 모든 것이 성나게 하는 내 마음은,

그대에게 보이고 싶지 않다, 내 마음의 끔찍한 비밀을,
또 불꽃으로 쓰인 그 슬픈 전설도,
부드러운 손으로 날 흔들어 오래오래 잠들게 하는 요람이여,
나는 정열을 증오하고, 정신은 날 아프게 한다!

우린 그저 조용히 사랑하자구나, 「사랑의 신」이
제 집에 몰래 숨어 운명의 활을 당긴다,
그 낡은 무기고 속의 무기를 난 알고 있다:

죄악, 공포, 광기를!—오 파리한 데이지꽃이여![158]
그대 또한 나처럼 가을의 태양이 아니던가?
오 그토록 새하얀, 그토록 차가운 나의 데이지꽃이여!

달의 슬픔
TRISTESSES DE LA LUNE

오늘 밤 달은 더욱 느긋하게 꿈에 잠긴다;
겹겹이 쌓아놓은 보료 위에서 잠들기 전에
가벼운 손길로 무심히 제 젖가슴 주변을
어루만지는 미인처럼,

부드러운 눈사태 같은 비단결에 등을 기대고,
죽어가듯 오랫동안 멍하게 몸을 맡긴 채
창공을 향해 피어오르는
하얀 허깨비들을 둘러본다.

때때로 한가로운 나태함에 지쳐,
남 몰래 이 지구 위로 눈물 흘려보내면,
잠과는 원수인 경건한 시인은

이 파리한 달의 눈물 손바닥에 옴폭 받아,
오팔 조각처럼 무지갯빛 아롱진 이 눈물을
태양의 눈이 못 미치는 먼 곳 가슴속에 간직한다.

고양이들
LES CHATS

열렬한 애인들도 근엄한 학자들도[159]
중년이 되면 하나같이 좋아한다,
집안의 자랑거리, 힘세고 다정한 고양이들을,
그들처럼 추위타며 움직이기 싫어하는 고양이들을.

학문과 쾌락의 친구 고양이들은
어둠의 정적과 공포를 찾아다닌다;[160]
「에레보스」[161]는 그것들을 상여말로 부렸겠지,
그것들이 자존심 굽히고 시중을 들 수만 있다면.

생각에 잠겨 의젓한 자태를 취할 때는
깊은 고독 속에 누워 있는 거대한 스핑크스를 닮아,[162]
끝없는 꿈속에 잠들어 있는 듯;

풍만한 허리에는 마법의 불꽃 가득해,
고운 모래알 같은 금 조각들이
그 신비한 눈동자에 어렴풋이 별을 뿌린다.

올빼미들[163]
LES HIBOUX

검은 주목나무 아래 몸을 숨기고,
올빼미들이 줄지어 앉아서,
이방의 신들처럼 붉은 눈으로
쏘아보며, 명상에 잠겨 있다.

비낀 태양 밀어내고
어둠이 깔릴
저 우수의 시간까지
꼼짝 않고 저렇게들 있으리라.

저들의 몸가짐이 현자를 가르치리,
이 세상에서 두려운 것은
법석과 움직임이라고,

지나가는 그림자에 취한 사람은
자리를 옮기고 싶어한 것에 대해
언제고 벌을 받는다고.

파이프[164]
LA PIPE

나는 어느 작가의 파이프지요;
아비시니아나 카프라리아 여자 같이
새까만 내 얼굴 유심히 들여다보면 알게 되죠,
우리 주인님이 굉장한 골초란 걸.

주인님이 괴로움에 잔뜩 휩싸일 때면,
나는 마구 연기를 뿜어대죠,
일터에서 돌아오는 농부 위해
저녁 준비하는 초가집처럼.

불붙은 내 입에서 솟아오르는
움직이는 파란 그물 속에다
그의 넋을 얼싸안고 달래주지요.

그리고 강한 향기 마구 감돌게 하여
그의 마음 홀리고
지친 그의 머리 식혀주죠.

음악[165]
LA MUSIQUE

음악은 흔히 나를 바다처럼 사로잡는다!
      창백한 내 별을 향해,
안개의 지붕 아래, 또는 망막한 창공 아래
      나는 돛을 올린다;

돛처럼 가슴을 앞으로 내밀고
      허파는 부풀어,
나는 기어오른다, 밤이 내게 가려준
      겹겹 물결의 등을;

나는 느낀다, 요동치는 배의 온갖 격정이
      내 안에서 진동함을;
순풍과 태풍, 그리고 그 진동이

      끝없는 심연 위에서
나를 어른다, 때로는 평온하고 잔잔한 바다,
      그것은 내 절망의 커다란 거울!

무덤[166]
SÉPULTURE

어느 어둡고 갑갑한 밤에
한 착한 기독교인이 자비심으로
어느 오래된 폐허 뒤에
으스대던 그대 몸 묻어준다면,

청초한 별들이
무거워진 눈꺼풀 감고,
거미가 그곳에 줄을 치고,
독사가 새끼 칠 시각

일 년 내내 그대는 듣게 되리,
벌 받은 그대 머리 위에서
늑대들 구슬픈 울음 소리,

그리고 굶주린 마녀들 울부짖음을,
음탕한 늙은이들 희롱도,
음흉한 야바위꾼들의 음모도.

환상적인 판화[167]
UNE GRAVURE FANTASTIQUE

이 별난 유령, 걸친 것이라곤
해골 이마 위에 괴기하게 올려놓은
사육제 냄새 나는 끔찍한 왕관 하나.
그는 박차도 채찍도 없이 말을 숨가쁘게 휘몰아간다,
이 황량한 늙다리 말도 그처럼 하나의 귀신,
간질병 걸린 듯이 콧구멍에서 거품을 내뿜는다.
그것들은 둘 다 허공을 가로질러 질주하며,
무모한 발굽으로 무한한 공간을 짓밟는다.
기사는 그의 말이 짓뭉개는 이름 없는 군중 위로
번득이는 칼을 휘두르며 두루 돌아다닌다,
제 궁궐 검열하는 왕자처럼,
지평도 없이 아득한 차가운 묘지,
거기 희뿌연 햇빛 받으며
고금의 역사 속의 온갖 사람들이 잠들어 있다.

쾌활한 사자死者[168]
LE MORT JOYEUX

달팽이 우글대는 기름진 땅에
내 손수 깊은 구덩이 파고,
거기 한가로이 내 늙은 뼈를 눕혀
물속의 상어처럼 망각 속에 잠들련다.

나는 유언도 싫고 무덤도 싫다;
죽어 남의 눈물을 빌기보다,
차라리 살아서 까마귀 떼 불러
내 더러운 해골 구석구석 쪼아 피 흘리게 하리.

오 구더기들아! 눈도 귀도 없는 더러운 친구들아,
보라, 자유롭고 쾌활한 사자가 너희들 찾아왔다;
방탕의 철학자, 부패의 아들들아,

주저 없이 내 송장 파고들어 가 내게 말해다오,
죽은 자들 사이에 끼어 있는 넋 없는 이 늙은 시체에게
아직 무슨 고통이 남아 있는가를!

증오의 물통
LE TONNEAU DE LA HAINE

「증오」는 창백한 「다나이데스」[169]의 물통;
필사적인 「복수」가 붉고 억센 두 팔로
사자의 피와 눈물 가득 길어
캄캄한 빈 통에 죽어라 부어도 소용없다,

「악마」가 그 깊은 통 밑바닥에 몰래 구멍을 뚫어,
그리로 수천 년의 땀과 노력이 새나간다,
아무리 「복수」가 제 희생물에 생기 불어넣고
피를 짜내기 위해 그들의 육신 되살려도.

「증오」는 선술집 깊숙한 곳에 도사린 주정뱅이,
마시면 마실수록 갈증이 난다,
자르면 자를수록 자라나는 레른의 칠두사[170]처럼.

— 그러나 행복한 술꾼은 취해 꼬부라질 줄 알지만,
「증오」는 절대로 식탁 아래
쓰러져 잘 수도 없는 비참한 운명을 타고 났다.

금간 종[171]
LA CLOCHE FÊLÉE

씁쓸하고 달콤하여라, 긴긴 겨울 밤,
탁탁 튀며 연기 내는 불 가에서
안개 속에 노래하는 종소리 듣고 있노라면,
머나먼 추억이 느긋이 솟아오르고,

행복도 하여라, 힘찬 목청 가진 종은
늙었어도 민첩하고 정정해,
경건한 외침 충실히 내지른다,
막사 아래서 밤샘하는 늙은 병사처럼!

허나 내 넋은 금이 갔다, 권태로울 때,
내 넋의 노래를 차가운 밤공기에 울려 퍼지게 하려 해도,
번번이 그 목소리 잦아들어,

그건 흡사 피의 호숫가 송장 더미 아래 버려져,
무진 애를 써도 꼼짝없이 죽어가는
버려진 부상병의 헐떡이는 숨결.

우울[172]
SPLEEN

「장맛달」은 온 도시에 화난 듯
항아리째 주룩주룩 퍼붓는다,
이웃 공동묘지 파리한 주민들에겐 음산한 냉기를,
또 안개 낀 변두리 지역엔 죽어야 할 운명의 냄새를.

내 고양이는 땅바닥에 깔고 잘 짚 찾으며
옴 오른 야윈 몸통을 쉴 새 없이 흔들고;
늙은 시인의 넋은 홈통 속을 헤매는
추위 타는 허깨비의 구슬픈 소리 지른다.

종은 흐느끼고, 연기 나는 장작불 튀기는 소리는
감기 걸린 추시계 소리에 반주하는데,
한쪽에선 수종병 걸려 죽은 노파의 유품,

역한 냄새 코를 찌르는 트럼프에서
멋쟁이 하트의 잭과 스페이드의 퀸은
그들의 사라진 옛사랑을 음침하게 속삭인다.

우울
SPLEEN

내겐 천 년을 산 것보다 더 많은 추억이 있다.[173]

계산서들, 시의 원고와 연애편지, 소송 서류, 연가들,
영수증에 돌돌 말린 무거운 머리타래로
가득 찬 서랍 달린 장롱도
내 서글픈 두뇌만큼 비밀을 감추지 못하리.
그것은 피라미드, 거대한 지하 매장소,
공동묘지보다 더 많은 시체를 간직하고 있는 곳.
— 나는 달빛마저 싫어하는 공동묘지,
거기 줄을 이은 구더기들은 회한처럼 우글거리며,
내 소중한 시체를 향해 언제나 악착같이 달라붙는다.
나는 또한 시든 장미꽃 가득한 오래된 규방,
거기 유행 지난 온갖 것들 널려 있고,
탄식하는 파스텔 그림들과 빛바랜 부셰의 그림들만
마개 빠진 향수병 냄새를 맡고 있다.[174]

눈 많이 내리는 해들의 무거운 눈송이 아래
우울한 무관심의 결과인 권태가[175]
불멸의 크기로까지 커질 때,
절뚝이며 가는 날들에 비길 지루한 것이 세상에 있으랴.

— 이제부터 너는, 오, 살아 있는 물질이여!
안개 낀 사하라 복판에 졸며
막연한 공포에 싸인 화강암에 지나지 않으리;
무심한 세상 사람들에게 잊히고 지도에도 버림받아,
그 사나운 울분을 석양빛에서만
노래하는 늙은 스핑크스에 지나지 않으리.

우울
SPLEEN

나는 비 많이 내리는 나라의 왕[176]같아,
부자이지만 무력하고 아직 젊지만 늙어버려,
스승들의 굽신거림도 거들떠보지 않고,
강아지에도 싫증나고 다른 짐승들에도 싫증이 났다.
사냥감도, 매도, 아무것도 그에게 즐거움 되지 못한다,
발코니 앞에서 죽어가는 자기 백성마저도.
총애받던 광대의 우스꽝스런 노랫가락도
이 견디기 어려운 병자의 이맛살을 펴지 못한다;
나리꽃으로 수놓은 그의 침상은 무덤으로 바뀌고,
왕이라면 아무나 반해버리는 치장 담당 시녀들이
제 아무리 음란한 치장술을 만들어내도
이 젊은 해골로부터 미소를 끌어내지 못한다.
그에게 금을 만들어주는 학자마저도
그의 몸에서 썩은 독소를 뽑아내지 못한다,
권력자들이 말년에 갈망하는
로마인들이 전해준 피의 목욕도
그 속에 피 대신 푸른「망각의 강」이 흐르는
이 마비된 송장을 데울 수 없다.

우울[177]
SPLEEN

낮고 무거운 하늘이 뚜껑처럼
오랜 권태에 시달려 신음하는 정신을 내리누르고,
지평선 사방을 감싸며
밤보다 더 음침한 검은빛을 퍼붓는다;

땅은 축축한 토굴로 바뀌고,
거기서 「희망」은 박쥐처럼
겁먹은 날개를 이 벽 저 벽에 부딪치고,
썩은 천장에 제 머리 박아대며 날아간다;

끝없이 쏟아지는 빗발은
거대한 감옥의 쇠창살을 닮고,
소리 없는 더러운 거미 떼가
우리 머릿속 깊은 곳에 그물을 친다,

그때 갑자기 종들 성나 펄쩍 뛰며
하늘을 향해 무섭게 울부짖는다,
악착같이 불평하기 시작하는
정처 없이 떠도는 망령들처럼.

―그리고 북도, 음악도 없는 길고 긴 영구차들이
내 넋 속에서 서서히 줄지어 가고,
「희망」은 패하여 눈물짓고, 포악한 「고뇌」가
숙인 내 머리통에 검은 기를 꽂는다.

집념[178]
OBSESSION

울창한 숲이여, 너는 대성당처럼 나를 두렵게 한다;
너는 성당의 풍금처럼 우렁차게 진동하는 오랜 단말마의
헐떡임이 으르렁대는 영원한 초상방,
저주받은 우리 마음속에서 네「애도가」는 메아리친다.

나는 네가 싫다, 대양이여! 네 날뜀과 네 법석을
내 정신은 내 속에서 찾아내기에,
흐느낌과 모욕 가득한 패배자의 쓰디쓴 웃음을
나는 듣는다, 바다의 엄청난 웃음 속에서.

오 밤이여![179] 그 빛이 귀에 익은 말 속삭여주는
저 별들만 없다면 나는 너만을 좋아했으리!
내가 찾고 있는 것은 허공과 어둠과 헐벗음이기에!

그러나 어둠마저도 화포이거늘,
거기엔 정다운 시선 가진 사라진 존재들이
내 눈에서 수없이 솟아나 살고 있다.

허무의 맛[180]
LE GOÛT DU NÉANT

우울한 정신이여, 전에는 싸움도 좋아하더니,
박차로 네 정열 부추기던 「희망」도 이제
네 위에 올라타려 하지 않는구나! 부끄러워 말고 드러누워라,
장애물마다 발이 비틀거리는 늙은 말이여.

단념하여라 내 마음이여, 짐승 같은 잠에 빠지려무나.

패배하여 지쳐버린 정신이여! 늙은 약탈자 너에겐
사랑도 이제 맛없고, 다툴 힘도 없다;
그러니 잘 가거라, 나팔의 노래도 피리의 한숨도!
쾌락이여, 툭하면 토라지는 이 침울한 마음 이제 유혹하지 말라!

찬란한 봄도 제 향기를 잃었다!

그리고 「시간」이 시시각각 나를 삼킨다,
끝없이 내린 눈이 빳빳하게 굳은 몸뚱이를 삼키듯;
나는 하늘 높은 곳에서 둥근 땅덩이를 굽어보건만
내 몸 숨길 오두막집 한 채도 찾지 못한다.

눈사태여, 나도 너와 함께 휩쓸어 가주지 않으련?

고통의 연금술[181]
ALCHIMIE DE LA DOULEUR

어떤 이는 제 정열로 너를 밝게 해주고,
어떤 이는 제 슬픔을 네 속에 쏟아놓는다,「자연」이여!
어떤 이에게「무덤!」이라고 말하는 것이
다른 이에겐「삶과 빛!」하고 말한다.

나를 보살피면서 늘 나를 위압하는
알 수 없는「헤르메스」여,
그대는 나를 세상에서 제일 슬픈
연금술사 미다스[182] 같은 사람으로 만들어;

그대로 인해 나는
수의 같은 구름 속에서
금을 쇠로, 천국을 지옥으로 바꾼다;

나는 소중한 이의 시체 찾아내
천상의 강 언덕에
거대한 석관을 세운다.

공감이 가는 공포[183]
HORREUR SYMPATHIQUE

네 운명처럼 파란 많은[184]
납빛의 기이한 저 하늘 아래서
어떤 생각이 네 텅 빈 마음으로 내려오는가?
대답하라, 바람둥이여.

― 모호함과 확실치 않은 것을
끝없이 탐내는 나는
로마의 낙원에서 쫓겨난
오비디우스처럼 신음하진 않으리.[185]

모래밭처럼 긁힌 하늘,
그 속에 내 오만함을 비추고,
검은 거대한 네 먹구름은

내 꿈을 실어가는 영구차,[186]
네 희미한 빛은
내 마음이 즐기는 「지옥」의 그림자.

자신을 벌하는 사람[187]
L'HÉAUTONTIMOROUMÉNOS

J. G. F.에게[188]

노여움도 없고 미움도 없지만
백정처럼 너를 치련다,
모세가 바위를 친 것처럼!
그리고 네 눈시울에서

내 사하라 사막 적실 만큼
고통의 물을 솟아나게 하리.
희망에 부푼 내 욕망은
짭짤한 네 눈물 위에서

난바다로 나가는 배처럼 헤엄치고,
눈물에 취한 내 가슴속에선
애처로운 네 흐느낌이 울려 퍼지리,
돌격을 알리는 북소리처럼!

나는 성스러운 교향곡 속에
잘못 끼어든 불협화음이 아닌가,
나를 뒤흔들고 물어뜯는

걸신들린 「빈정거림」 덕분에?

저 요란한 소리, 그것이 내 목소리 속에 있구나!
저 검은 독은 바로 내 온 피 속에 있다!
나는 복수의 여신이 거기에 제 얼굴을
비춰 보는 불길한 거울.

나는 상처이며 칼!¹⁸⁹
나는 따귀 때리기이자 뺨!
나는 깔리는 팔다리이자 짓누르는 바퀴,
또 사형수이자 사형집행관!

나는 내 심장의 흡혈귀,
— 영원한 웃음의 선고를 받고도
미소 짓지도 못하는
버림받은 중죄인!¹⁹⁰

돌이킬 수 없는 것[191]
L'IRRÉMÉDIABLE

I

하늘에서 쫓겨나 「천국」의 어떤 눈도
미치지 않는 진흙의 납빛
「지옥」에 떨어진[192]
하나의 「관념」, 하나의 「형태」, 하나의 「존재」;

무모한 나그네, 한 「천사」,
기형적인 것에의 사랑에 홀려
엄청난 악몽 밑바닥에서
수영하는 사람처럼 버둥거리고,

어둠 속에서 빙빙 돌며
미친 사람처럼 노래하고,
거대한 소용돌이 거슬러
분투한다, 침울한 번뇌여!

파충류 가득 찬 곳을 빠져나오려고
빛을 찾고 열쇠 찾으며
쓸데없는 암중모색에

빠진 불행한 자;

음습한 깊은 바다 냄새 고약한
심연의 가장자리에서
인광 번뜩이는 커다란 두 눈으로
밤을 더욱 어둡게 하고,

저희들만 비추는
끈적끈적한 괴물들이 망보고 있는
난간도 없는 영원한 계단을
등불도 없이 내려가는 천벌받은 자;

수정의 덫에 걸리듯
극지에 갇혀,
어떤 숙명의 해협에서 이런 지옥에
떨어졌는지 알아내려고 애쓰는 한 척의 배;

— 그것은 돌이킬 수 없는 운명의
분명한 상징, 완벽한 그림,
그것들만 보아도 생각난다,
「악마」[193]가 하는 짓은 언제나 모두 완벽하다는 것이!

II

제 모습 비치는 마음의 거울은

흐림과 맑음의 대담!
파리한 별 하나 떨고 있는
밝고 어두운 「진리」의 우물,

빈정거리는[194] 지옥의 등대,
악마의 은총이 타오르는 횃불,
유일한 위안과 영광,[195]
―「악」[196]의 의식이여!

시계[197]
L'HORLOGE

시계! 무섭고 냉정한 불길한 신,
그 손가락이 우리를 위협하며 말한다: "잊지 마라!.
진동하는 「고통」이 두려움 가득한 네 심장에
머지않아 과녁처럼 꽂히고,

「쾌락」은 안개처럼 지평선 너머로 스러지리라,
무대 뒤로 사라지는 공기의 요정처럼.
누구에게나 제 계절마다 허락된 향락을
순간은 네게서도 일각 일각 한 쪽씩 집어삼킨다,

한 시간에도 삼천육백 번 「초」는 속삭인다,
잊지 마라! 고―벌레 같은 목소리로 재빨리
「지금」은 말한다, 나는 이미 「지나간 시간」이다,
더러운 내 대롱으로 네 생명 빨아올렸다![198]

리멤버! 수비앵 투아! 낭비자여! 에스토 메모르![199]
(내 금속성 목청은 온갖 언어로 말한다)
까부는 인간이여, 촌음은 모암母巖,
거기서 금을 뽑아내기 전에 놓쳐서는 안 돼!

잊지 마라, 「시간」은 탐욕스런 노름꾼임을,
속임수 안 써도 매번 이긴다는 것을! 그건 철칙이니.
낮은 줄어들고 밤은 늘어난다, *잊지 마라!*
심연은 언제나 목마르고, 물시계엔 물이 떨어진다.

머지않아 시간은 울리리라, 그땐 거룩한 「우연」도
아직 처녀인 네 아내, 존엄한 「정조」도
그리고 「회한」마저도 (오! 마지막 주막이여!)
모든 것이 네게 말하리, 죽어라, 비겁한 늙은이! 이미 너무 늦었다!라고"

옮긴이 주

1 이 시에 대해 보들레르 주석자들은 서로 엇갈리는 해석을 했다. 시인 자신의 자서전적인 이야기라는 주장과 그렇지 않다는 주장이 있다. 대부분의 주석자들이 이곳에 등장하는 어머니와 여자에 대해 보들레르 자신의 이야기라고 보는 데 반해, 뤼프는 정반대의 입장을 취한다.

　　이 시에서 자서전적인 고백을 보는데 우리는 이를 전적으로 거부한다. 가장 뛰어나고 가장 존경스런 주석자들의 견해와 그처럼 부딪치는 것은 괴롭다. 우선 자신의 사생활에 관해 그토록 수줍어하고 조심하는 보들레르가 어떻게 그토록 은밀한 개인적인 불만을 난폭하게 드러내 보였다고 가정할 수 있는가?
　　(M. A. Ruff, L'Esprit du Mal et L'Esthétique baudelairienne, Armand Colin, 1955, p. 287)

　이 시를 시인 자신의 이야기로 읽어야 하는가, 그렇지 않은가 하는 문제는 끝없는 논쟁을 낳을 뿐이며, 주석자들의 주장은 궁극적으로 하나의 가정에 지나지 않는다. 그보다 시의 주제에 관심을 기울이는 것이 바람직하다.
　이 시는 뛰어난 인간이 지상에서 당해야 하는 박해와 신이 그에게 내린 특별한 소명이라는 낭만주의적인 테마를 다루고 있다. 신의 특별한 은총을 받고 태어났지만 속인들에게 이해받지 못하고 불행한 시인은 이곳이 아닌 다른 세계에 속하는 인간이다. 「알바트로스」(Œ C., p. 9 참조)에 그려진 '구름의 왕자'처럼 그에게 지상의 삶은 잔인한 '유형자'l'exilé 그것이다. 유형자의 삶은 고통스런 시련이되, 이 고통은 영원한 것이 아니다. 고통은 '강자에게 거룩한 쾌락을 준비시켜 주는' 것이기에 그렇다. 이 시는 이처럼 시인의 박해가 동시에 신의 '축복'이라는 믿음을 강하게 확인시킨다.
　그러나 표현 방법에서 효과를 얻으려는 의도가 강해 과장된 수사학을 펴보이고 있다. 시가 시작되면 시인의 탄생이 그리스도의 탄생처럼 초자연적인 분위기에 둘러싸여 있다. 마치 신이 인간을 구하기 위해 당신의 아들을 지상에 보냈듯이, 시인은 희생된 신의 화신으로 그려진다. 그리하여 그의 출현은 인간에게 내린 축복이다. 그러나 신의 뜻을 알지 못하는 인간들의 저주가 시작된다. 첫 시절의 신을 향해 불경의 욕을 퍼붓는 어머니의 이미지는 지나치게 비극적이고, 시인의 아내의 말투는 어머니의 저주보다 더욱 과장되어 있다. 시인이 자신의 수난에 취해, 희생자의 포즈를 일부러 과장하여 취하고 있다고 해야 할까.

고대 그리스, 로마 작가들 역시 영혼의 비밀스런 드라마를 합창대의 노래 또는 신화의 비극을 통해 과장된 문체로 표현했다. 시인은 이곳에서 신화를 만들고, 마스크로 무장한 인물들을 등장시키고, 비극의 언어로 과장하고 있다. 오레스트Oreste와 매우 유사한 시인은 어렸을 적에 경험한 어머니에 대한 배신감과 사랑의 모욕감을 상식적인 언어로 표현할 수 없었는지 모른다.

시인의 어린 시절은 신화나 전설 속의 영웅들의 삶처럼 진행된다. 눈에 보이지 않는 천사의 가호 밑에 아이는 태양에 취하고 먹고 마시는 것에서 신들의 양식과 신주를 발견하고, 바람과 놀고 구름과 이야기한다. 그러나 행복해 보이는 이 아이의 길은 십자가의 길처럼 순례의 길이다.

그러나 고통은 인간 악을 정화시키고, 인간 의지를 강하게 하기 위한 신의 뜻이라는 믿음과 함께 표현은 엄숙함과 감정의 과격함을 갖춘 의식의 언어가 되고, 고대 비극의 종결처럼 힘찬 찬가로 끝난다.

2 앞의 시, 「독자에게」에서의 '권태'에 이어 형용사, '따분한ennuyeux,' 그리고 12번째 시절에서의 동사 '싫증나다s'ennuyer' 등, '권태'와 권태의 파생어가 『악의 꽃』에 자주 나온다.
3 게헨나Géhenne는 옛 예루살렘의 계곡 이름이다. 이곳에서 유대인들이 아이를 우상에게 바치는 풍습이 있었고, 이로부터 변형되어 지옥을 의미하는 말이 되었다.
4 올림푸스의 신들이 먹고 마셨던 신의 양식과 술.
5 구름은 보들레르가 특별히 사랑한 이미지이다. 『악의 꽃』과 미술 비평 여러 곳에서 그는 구름을 찬미한다.

> 세상에서 제아무리 호화로운 도시도 가장 웅대한 풍경도
> 우연이 구름과 함께 만들어낸
> 신비로운 매력에는 비길 수 없고
> (「여행」, Œ C., p. 124)

> 나는 구름을 사랑하오……저기……저기……저쪽으로 지나가는 구름을……저 찬란한 구름을
> (「이방인L'Etranger」, 『파리의 우울』, Œ C., p. 231)

이처럼 '이방인'이나 '여행자'가 사랑했던 '저 찬란한 구름'을 시인도 사랑했기에 '우연이 만들어낸 신비한 건축 구조,' 구름을 풍경 속에 훌륭하게 그려낸 화가

들(들라크루아Delacroix, 부댕Boudin, 루벤스Rubens 등)을 찬미한다.

환상적이며 빛나는 형태의 이 모든 구름들이 [......] 이 모든 깊이가 사람을 도취시키는 술이나 아편처럼 내 뇌 속으로 떠오른다.
(『1859년 미술전』 Salon de 1859』, Œ C., p. 1082)

구름의 움직이는 경쾌함은 지상의 무거움으로부터 달아나고 싶은 시인의 갈망(이에 대해서는 세번째 시 「상승」에서 다시 언급)을 충족시켜준다. 구름의 이미지는 르네가 부러워했던 새의 이미지처럼, 불행한 이곳으로부터 달아나고 싶은 욕구와 다른 삶에의 향수와, 상승에의 꿈을 상징한다. 구름이 무한한 공간 하늘에 만들어주는 환상적인 움직임은 그것을 관조하는 시인에게 '무덤 저쪽에 존재하는 찬란함'(포E. A. Poe의 『이상한 이야기 Histoires Extraordinaires』 번역 서문)을 꿈꾸게 해줄 것이다. 바슐라르G. Bachelard 역시 『공기와 꿈 L'Air et Les Songes』에서 구름의 시적 몽상을 훌륭하게 그린다.

6 보들레르는 시인을 '꽃들과 말없는 사물들의 언어를' 듣는 자로 정의한다(「상승」 참조).
7 시인이 가야 할 길은 십자가의 길처럼 고행의 길이다.
8 비니A. de Vigny 역시 시인의 뛰어난 능력을 이해할 수 없는 대중들이 시인에게 보인 혐오감을 말했다(「모세Moïse」 참조).
9 미르myrrhe는 향기가 있는 수지樹脂.
10 우화에 나오는 날개 달린 괴물로 여자의 얼굴을 하고 몸과 발톱은 독수리의 모습을 하고 있다.
11 보들레르는 시인을 시험하고 시련을 겪게 하는 신을 저주하는 대신 신을 찬양한다. 고통은 인간의 마음을 정화시키고, 정신을 강하게 하기 때문이다.
　　고통에 대한 이 같은 기독교적인 개념은 정신적인 측면에서 미학적인 영역으로 확대된다. 그리스도가 최상의 선을 상징하는 신의 경지에 이르기 위해 고통을 감내했듯이, 시인은 최상의 미에 이르기 위해 고통을 인내하고, 찬미한다. 이것이 보들레르가 다른 낭만주의 시인들과 구별되는 점이다. 이어지는 시절부터 마지막까지 '고뇌가 고귀한 것'임을 계속해서 강조하고 있다.
12 「독자에게」에서 언급했듯이, 'plaintif'(애처러운, 흐느끼는)는 영혼의 우수를 나타내기 위해 보들레르가 자주 쓰고 있으며, 그의 시의 분위기와 매우 잘 어울리는 단어이다. 이 시에서의 순수 빛의 일시적 거울에 지나지 않는 인간의 눈의 '애처로움,' 「우울」(LXXVI)에서의 잊힌 '애처로운 파스텔화,' 어린 시절의 '녹색 낙원'을 불러내는 '흐느끼는' 외침 소리(「슬프고 방황하여」) 등이 그것이다.
　　보들레르는 포의 시와 베버Weber의 음악, 들라크루아의 색채를 말할 때에도 이 형용사를 사용한다.
13 플라톤 학파의 순수 정신에의 레미니선스가 엿보이는 시절詩節이다. 아름다운 이상의 왕관은 최초의 신성의 근원에서 퍼낸 순수 빛으로 만들어진 것이기에, 그리고 인간의 눈은 인간의 부족함에 대한 고통스런 인식 때문에, '애처로운' 거울이다.
14 알바트로스는 거대한 바닷새이며, 포르투갈 이름이라고 한다. 큰 날개와 몸통 때문에 높은 공간에서만 날 수 있다. 시에 묘사된 것처럼 폭풍 속을 넘나들고 사수의 화살 따위는 우습게 알던 새 중의 새, '창공의 왕자'이며, 또한 그의 흰 날개는 순수함의 상징처럼 보인다. 시인은 흰 날개 달린 알바트로스를 정신주의와 신비주의의 표상으로 삼고 있다.
15 2연과 3연, 4연에서는 추락한 알바트로스의 불구가 된 비참한 모습이 그려진다. "갑판 위에 일단 잡아놓기만 하면," 날개를 "질질 끄는," "땅 위, 야유 속에 내몰리니" "얼마나 서툴고 기가 죽었는가!" 등의 표현에 의해 그의 추락이 제시된다.
 "창공의 왕자"에서의 '창공l'azur'은 단순히 푸른 하늘이라는 물질적인 공간 이외에도, 인간들의 세속적인 욕망이 이를 수 없는 상징적인 공간으로서의 의미도 있다. 마지막 시절에서의 "구름의 왕자"도 초월적인 세계에 군림하고 싶은 시인의 내적인 욕망을 대변한다.
16 천박한 뱃놈들에게 갖은 수난을 당하고 있는 추락한 알바트로스는 높은 이상과 뜻을 가지고 있으면서도 무식한 대중들로부터 이해받지 못하고 조롱당하고 박해받는 불행한 시인의 알레고리이다.
17 "땅 위, 야유 속에 내몰리니exilé sur le sol au milieu des huées"에서 이 표현('exilé'은 『악의 꽃』의 주요 테마를 담고 있다. 『악의 꽃』에는 이곳에 유배되어온 영혼들의 아픔과 이곳을 벗어나 고향으로 돌아가기를 바라는 갈망이 큰 자리를 차지한다. 아무 곳에도 안주하지 못하고 끝없이 방랑의 길을 떠나는 '보헤미안들'(「길 떠난 보헤미안들」참조),「여행」에 그려진 '떠나기 위해 떠나는' 영원한 여행자들, 파리의 거리에서 시선을 하늘로 향한 채 하염없이 무엇인가를 찾고 있는 듯한 장님들(「장님들」), 그들의 고향 아름다운 호수에서 도시에 붙들려온 백조(「백조」), 그 밖에도 이 시에 등장하는 헥토르 장군의 불행한 미망인 앙드로마크, 부모를 여위고 꽃잎처럼 시들고 있는 고아, 무인도에 표류된 수부들…… 이들의 이미지를 통해 시인이 그리고 있는 것은 유형자들의 회한이다.
 『악의 꽃』의 첫번째 시 「축복」과 소산문시집 『파리의 우울』을 여는 「이방인」에도 동일한 유형자의 목소리가 있다.
 지상에 유배되어 자신의 고향 하늘을 그리워하는 알바트로스 역시 이들 유배된 존재들과 동일한 고통을 앓고 있는 시인의 정신적인 형제이다. 이 불행으로부터 어느 날 큰 날개를 펴고 푸른 창공을 향해 비상하는 알바트로스의 모습이

다음 시에 그려진 시인의 정신의 비상이다.
18 높은 공간을 향한 비상과 사물들의 내적인 의미를 포착하는 정신의 환희를 주제로 하고 있다.

시가 시작되면 시인의 정신이 지상의 존재의 끝없는 슬픔과 권태를 뒤로 하고 높은 공간을 향해 마음껏 날아오르며 누리는 '정신l'sprit'의 힘찬 쾌락이 그려진다.

앞 시 「알바트로스」에서 '지상에 유배되어' 고통스런 삶을 견디고 있던 알바트로스가 마침내 웅대한 날개를 펴고 드높은 공간을 향해 힘차게 비상하듯, 정신의 비상은 이 같은 도취 속에 실현된다. 그것은 파도 속에서 관능적 쾌락에 취해 있는 능숙한 헤엄꾼의 도취에 비유되어 있다.

19 상승이 새('종달새')의 이미지에 의해 표현된다. 비상하는 시인의 '생각'은 아침에 자유로운 비상을 취하는 종달새에 비유된다. 바슐라르에 의하면 종달새는 가장 완벽한 순수 문학 이미지이다.

"지상으로부터의 벗어남이며, 그것은 곧 승리로 이어진다."
(G. Bachelard, *L'Air et Les Songes*, José Corti, 1943, pp. 99~101 참조.)

20 초자연적인 현실("꽃들과 말없는 사물들의 언어")을 포착하는데 먼저 관능적 쾌락을 통해서이다. 공기와 물과 불의 몽상에 의한 쾌락과 인식의 환희를 주목할 수 있다. 2, 3연에서 높은 대기(공기의 꿈) 속에서 누리는 남성적이고 자신만만한 몽상에 이어 물속에서 파도에 흔들리며 누리는 여성적인 감미로움의 꿈(2연)이 이어지고, 마지막에서 "맑은 공간을 채우는 저 밝은 불"(3연)은 빛과 인식의 이미지이다.

이 시에 노래된 관능의 쾌락volupté과 인식connaissance의 만남을 시인은 바그너 음악을 들으면서 경험한다.

나는 모든 무거움의 관계로부터 벗어남을 느꼈다 [……] 빛이 가득한 공간 속을 떠도는 영혼과, 관능과 인식으로 이루어진 도취를 충분히 이해할 수 있었다.
(『파리에 온 바그너와 탄호이저*Richard Wagner et Tannhäuser à Paris*』, *Œ C.*, p. 1213)

21 오스틴L. J. Austin이 그의 책 『보들레르의 시 세계*L'Univers Poétique de Baudelaire*』에서 지적했듯이, 이 시는 야심에 찬 젊은 시인이 미학적 원칙과 미의 위력에 대한 확신을 절제된 환희로 노래한다(Mercure de France, 1956, p. 86).

「우울과 이상」편에서 특히 후반부에 많이 보이는 어둡고 우울한 절망은 보이지 않고 시가 시작되면서부터 시적 모험에 대한 시인의 확신이 엄숙한 리듬을 타고 심포니의 서곡처럼 울리며, 마침내 '정신과 관능의 환희les transports de

l'sprit et de sens'를 노래하는 희망찬 찬가로 끝난다.
22 '자연'을 '어렴풋한 말'들이 새어 나오는 '신전Temple'으로 정의하고 있다. 지상의 모든 가시적 세계와 사물들은 겉으로 의미 없어 보이지만 엄연히 존재하는 초자연의 언어를 어렴풋하게 흘려보내는 '상징의 숲forêts de symbole'이다. 현실 세계는 그 자체로 충족된 의미가 없으며 그 뒤에 내포되어 있는 더욱 진실된 '눈에 보이지 않는 현실réalité invisible'의 상징에 지나지 않는다. 보들레르가 '초자연le surnaturel,' 또는 '삶의 신비mystère de la vie' 등으로 부른 이 신비한 세계와의 만남이 '교감'에 의해서 이루어진다. 감각들 사이의 교류와 감각과 정신과의 만남, 그것이 어떻게 이루어지는가를 2, 3, 4연을 통해 따라가는 것이 이 시를 이해하는 길이다.

보들레르는 초자연의 신비에 이를 수 있는 이 언어를 풀어내는 '암호 해독자 déchiffreur'로서의 시인의 역할을 문학 평론에서 언급한다.

"모든 것은 암호이다. [……] 그런데 시인은 번역가, 암호 해독자가 아니고 무엇이겠는가?"(*Œ C.*, p. 705)
23 보들레르는 시각, 청각, 후각 등 감각들의 교감의 이론을 작품 여러 곳에서 전개시킨다. 『1846년 미술전』에서는 호프만의 글을 인용하여 이렇게 쓰고 있다.

내가 색깔과 소리와 냄새 사이의 유사 관계와 긴밀한 결합을 느끼는 것은 꿈속이나 잠들기 전에 빠져드는 가벼운 혼미 속에서만은 아니다. 깨어 있을 때도, 음악을 들으면서도 그것을 느낀다. 모든 사물들은 어떤 동일한 빛에 의해 생성되기 때문에, 내게는 그것들이 초자연적인 조화 속에서 서로 결합되어야 하는 것같이 생각된다. 갈색과 붉은빛을 띠는 금잔화의 냄새는 나의 자아에 마술 같은 효과를 발휘한다. 그리하여 나를 깊은 몽상 속에 빠트리고, 그때 나는 멀리서 들리는 듯한 오보에의 깊고 그윽한 소리를 듣는다.

금잔화의 냄새를 통해 오보에의 소리가 멀리서 들리는 듯한 경험을 예로 후각과 청각 사이의 교감을 설명하고 있는데, 이런 유의 교감은 미술, 음악, 문학 비평을 통해서 그 이론을 전개시키고, 여러 시에서 실제로 그려보이고 있다. 「이국향기」, 「머리타래」 등 참조.
24 보들레르는 감각들 중에서도 특히 후각에 민감했다. 3·4연에서 볼 수 있듯이, 후각은 감각 사이의 교류인 교감으로 그치지 않고 정신으로까지 확산되어, 시는 감각과 정신과의 만남 속에서 벅찬 찬가로 끝난다.
25 이 시의 테마는 근원이 독일 낭만주의, 또는 그 너머 빈켈만Winckelman으로까지 거슬러 올라간다고 아당은 주석을 붙이고 있다(A. Adam, *Les Fleurs du Mal*,

Classique Garnier, 1990, p. 277). 조화롭고 순수한 원시 시대와 병든 현대의 대조가 이들 낭만주의 작가들의 작품 속에 있었다. 고대의 시가 영원하고 조화롭고 평화로운 목소리였다면, 현대의 시는 잃어버린 세계에 대한 노스탤지어와 우울하고 절망적인 영혼의 표현이다.

프랑스의 낭만주의 역시 이 두 시대의 대조를 모르지 않았고, 그들도 때묻지 않은 고대를 그리워하고, 그 시대의 순수한 미를 찬양한다.

이 같은 낭만주의의 문학적 배경 아래서 이 시를 조명해볼 필요가 있다. 보들레르가 이곳에서 노래하고 있는 것은 보들레르 특유의 새로운 테마가 아니다. 그 시대의 문학 테마를 자신의 스타일로 전개시킨 것에 지나지 않는다. 왜냐하면 그는 『1845년 미술전』 『1846년 미술전』에서 '현대성'과 현대의 미를 찬양하는 이율배반을 보이기 때문이다. 현대 회화가 여인의 얼굴에 강조해서 그렸던(특히 들라크루아) 현대의 우수와 정열의 흔적에서 그는 정신성을 발견했고, 이 현대의 미가 그에게 감동을 준다. 이것은 그의 미학의 변화를 말해준다.

26 예술가의 역할을 '등대들'에 비유하고 있다. 제시된 하나하나의 예술가들이 어떤 의미에서 등대의 역할을 하는지 시는 제시하고 있지 않다. 그러나 그 대답은 마지막 세 개의 시절 속에 시사되어 있다.

예술은 인간의 숙명적 한계를 벗어나 영원함에 이르려는 인간의 끈질긴 욕구를 증명해준다. 완벽함과 절대적인 미美를 갈망하는 이 뜨거운 욕구는 인간의 정신성의 증거이며, 예술은 이 욕구를 인간의 마음속에 간직하도록 유도한다.

시에서 지상의 삶은 '미로' '깊은 숲' '위험한 바다'에 비유되어 있고, '메아리' '외침 소리' '명령' 등으로 그려진 예술은 인간이 가야 할 목표를 제시해준다.

시인이 선택한 예술가들은 그들의 독특한 방법으로 안내자로서 역할을 완수한다. "이 모든 저주, 이 모독, 이 탄식들, / 이 황홀, 이 외침, 이 눈물, 이 찬가들"의 공통적인 의미는 인간이 가진 초자연적 갈망의 표시이며, 인간의 한계를 벗어나려는 꺼지지 않는 목마름의 증거이다.

27 Te Deum은 라틴어로 감사의 찬가.
28 미의 관조는 인간을 세속적인 근심으로부터 구해준다. 그리고 예술은 인간의 고통에 위안을 준다. 시인은 그것을 '성스러운 아편'이라고 정의하고 있다.
29 「저 벌거숭이 시대의 추억을 나는 좋아한다」에 그려진 원시 시대의 건강하고 강한 뮤즈와 대조되는 현대의 뮤즈를 노래하고 있다. 현대의 뮤즈는 '광기와 공포'로 전락한 우울한 뮤즈이며 병든 뮤즈이다.
30 '비치니réfléchis'에서 시인은 부주의로 어법상의 오류를 범하고 있다. 'réfléchis'는 '광기와 공포la folie et l'orreur'(여성 명사)에 연결되어 있기 때문에 여성 복수 réfléchies로 써야 한다.
31 '음몽마녀succube'는 남자에게 몸을 내맡기기 위해 여자로 변신한 악마이고, 분

홍 '꼬마요정lutin'은 맵시 있는 외양과는 달리 못된 연극을 꾸미기 좋아하는 악랄한 장난꾸러기 요정이다.

32 앞의 시 「병든 뮤즈」와 같은 시기에 씌어진 시다. 저녁마다 밥벌이를 위해 내키지 않는 성가를 불러야 하는 성가대의 아이나, 눈물에 젖은 웃음을 팔아야 하는 광대에 뮤즈를 비유하고 있는데, 그것은 시인 자신을 생각하게 한다. 보들레르 역시 빚과 가난에 시달리며 이런 유의 어려움에서 벗어나기 위해 잡지 신문 등에 글을 쓰지 않으면 안 되었다.

33 시인은 '사치luxe'를 좋아하고, 아름다움을 찬미한다. 그러나 잔인한 운명은 시인에게 옹색하고 비참한 존재를 주었다.

34 이런 리얼리즘에는 보들레르 특유의 경멸과 야유가 보인다.

35 시인은 작업에 임하는 예술가의 용기와 인내심을 옛 명수도사와 초라한 수도사를 표본으로 비유하고 있다. 소네트 형식의 이 시의 앞 두 4행 절에서 명수도사에 대해 찬양하고, 이에 이어 마지막 두 3행 절에서는 게으름뱅이 수도사를 제시하여 대조를 부각시킨다. 옛 수도원에 살던 명수도사는 신앙의 힘으로 그들의 운명을 아름답게 치장하고, 죽음조차 미화할 줄 알았다. 그들은 '장례 마당을 아틀리에 삼아' 죽음으로부터 미美를 만들어냈다. 그러나 게으른 수도사에게는 그의 넋이 더러운 수도원이 되고, 죽음의 장소인 무덤이 되어 그곳에서 신심은 살아나지 않고, 어떤 꽃도 피어나지 않는다

　이들 수도사들의 이미지를 빌려 시인은 자신의 게으름을 한탄한다. 이 무덤, 또는 이 못난 수도사를 '나'라고 분명히 가리키고 있다. 옛 화가들이 죽음으로부터 아름다운 작품을 만들어냈건만, 그는 비참한 삶으로부터 미美를 추출해내지 못하는 자신을 부끄럽게 생각한다. 실제로 자신의 게으름을 탓하는 구절들이 그의 『내면 일기』의 많은 부분에서 발견된다. 그러나 시가 의문문으로 끝나면서 손에 일감을 들고 비참한 광경으로부터 '눈의 즐거움'을 만들 수 있는 가능성이 시사되어 있다.

36 '원수'의 정체는 이 시의 마지막에 제시되어 있다. 그것은 우리 생명을 좀먹는 '시간'이다. 시간이 우리를 괴롭히는 원수라는 생각은 여러 곳에서 발견된다. 다음은 『파리의 우울』의 다섯번째 시 「이중의 방」에 나오는 시간에 관한 묘사이다:

　오! 그렇다! 시간이 다시 나타났다. 시간은 이제 폭군으로 등장했다. 이 무서운 늙은이, 시간과 함께 추억, 회한, 경련, 공포, 고통, 악몽, 분노, 신경증 등 시간의 모든 악마 같은 행렬이 되돌아온 것이다. 시간은 마치 황소를 부리듯 두 개의 바늘로 나를 채찍질하며 "자, 바보야, 소리를 질러! 노예놈아, 땀을 흘려! 저주받은 자야, 살아라" 하고 나를 재촉한다.

시인은 우주를 삼켜버리는 거대한 동물의 이미지를 빌려 시간을 그리고 있다. 인간이 경작한 대지를 휩쓸어버리는 캄캄한 천둥과 뇌우, 또한 식물의 죽음을 가져오는 가을……, 그러나 이 저주의 힘에 대조되는 '찬란한 햇살' '새빨간 열매' 등은 저주에 맞서기에는 매우 나약해 보인다. 그러나 시적 상상력은 파괴적 이미지인 홍수를 풍요함을 가져다주는 물의 이미지로 바꾼다. 고통으로부터 소생과 창조로의 전환은 의문문의 형태로 매우 조심스럽게 암시되어 있다.

37 시는 인간에게 주어진 불행한 운명과 이에 대한 시적 상상력의 역할로 구성되어 있다. '불운'은 처음 두 사행 절에 그려져 있다. 우리는 짓누르는 요지부동한 자연의 법칙처럼 '불운'의 무게에서 벗어날 수 없다. 시지푸스는 피할 수 없는 운명에 맞서는 영웅적이고 끈질긴, 그러나 무모한 투쟁을 구현하고 있다. 두번째 사행 절에서 불운의 힘은 우리를 죽음으로 이끌어가는 시간-죽음으로 구체화되고, 우리 심장의 고동은 우리를 죽음으로 데려가는 장송곡 소리처럼 들린다.

마지막 두 삼행 절은 이 절망 속에서의 시적 몽상을 그리고 있다. 그것은 무덤같이 깊은 곳에 잠들어 있는 보석에 비유되는 은밀한 몽상이다. 형용사 '깊은 profondes'은 꽃들이 마지못해 향기를 발산하는 외딴 곳의 고독을, 어둠과 망각은 은폐의 공포를 말해주는 듯하다.

38 이 소네트는 아마도 '전생'에 누렸던, 혹은 순전히 행복했던 어린 시절에 맛본 잃어버린 지상의 낙원에 대한 향수와, 그 낙원을 다시 찾고 싶어하는 바람을 그리고 있다. 그러나 옛날의 행복에도 근심이 없었던 것은 아니다. 시의 마지막에서의 '고통스런 비밀'이 행복의 순수함을 망치고 있다.

39 시인은 자신이 누렸던 신비한 행복을 모든 감각이 하나로 교류하는 '공감각 synesthésie'으로 그리고 있다. 바다의 물결들이 만들어내는 "풍부한 음악의 전능한 화음"(소리)과 석양빛(색채)이 자아내는 신비로움, 이에 이어 다음 연에서 '발가벗은 노예들'의 향기라는 후각 이미지까지 합세하여, 「교감」에서 노래한 "향기와 색채와 소리 서로 화답"하는 풍요한 조화가 이루어진다.

40 보들레르는 '쾌락'에 대한 향수를 간직하고 있다. 「여행으로의 초대」의 반복되는 후렴에서도 시인이 여인과 함께 가고 싶은 나라의 성격으로 '쾌락'을 놓고 있다.

거기엔 모든 것이 질서와 아름다움
호화와 고요, 그리고 쾌락뿐

41 시인은 쾌락과 신비로움이 지배적인 이 상상의 나라의 왕이다.
42 칼로Callot의 판화 '길 떠난 보헤미안'의 이미지와 매우 유사한 시의 풍경으로 인해 주석자들은 이 판화에서 영감을 얻은 것으로 추측한다. 실제로 『악의 꽃』에는 회화와 조형예술에서 이미지를 빌려온 시들이 적지 않다. 그만큼 조형예술의 세계는 보들레르의 삶과 작품에 깊숙이 파고들어 있다. 그의 '조형미술에 대한 어

린 시절부터의 끊임없는 취미'는 일찍이 그의 아버지에게서 일깨워졌고, 단순히 취미로 끝나지 않고 그의 말대로 그의 '유일한 정열'이 된다.

> 그림 숭배를 찬양할 것.
> 나의 위대한 유일한 원초적인 정열
> (「마음을 털어놓고Mon Coeur Mis À Nu」, 『내면 일기』 Œ C., p. 1259)

이미지는 화가의 예술 작품에서 빌려왔다 해도 이에 대한 시인의 해석은 자유롭다. 그는 보헤미안이라는 이미지를 눈을 하늘에 두고 이상을 향해 끊임없이 길을 떠나는 예술가, 또는 시인의 상징으로 삼고 있다.

43 키벨레Cybèle은 제우스의 어머니, 대지의 여신이다. 이 여신은 『악의 꽃』(「저 벌거숭이 시대의 추억을 나는 좋아한다」와 이 시)에 두 번 등장한다.
44 사막을 횡단하며 바위에서 물을 솟게 했던 모세의 능력과 기적의 암시이다.
45 시인은 인간의 무의식을 바다의 심연에 비유하여 그리고 있다. 깊이를 헤아릴 수 없는 인간 마음은 바다의 깊이처럼 씁쓸하고 어둡다. 그러나 동시에 그 깊이는 악착같이 간직한 귀중한 보물의 원천이다. 바다가 '은밀한 보물'을 간직하고 있듯이, 무의식도 심연 속에 비밀을 끈질기게 간직하고 있다. 또한 무의식은 바다처럼 모든 법과 통제를 거부하며 거친 자유의 정신을 상징한다.
　시의 마지막에서의 영원한 투쟁은 인간과 바다의 투쟁이 아니다. 그것은 인간 마음 깊은 곳에서의 의식과 무의식의 대조이며, 남성적인 지성과 여성적인 무의식의 대조이다.
46 끝이 없어 보이는 무한한 바다의 광경은 구속을 싫어하고 자유를 한없이 사랑하는 인간의 마음에 부합된다. 그리하여 다음 행에서 바다는 그곳에 마음을 비추어보는 인간의 거울이다.
47 정열로 인한 격한 동요.
48 시인이 동 쥐앙을 고전에 나오는 지옥으로 보내는 이유가 어디 있는가? 아당이 주석에서 자세한 설명을 붙여 주장하고 있는 것처럼, 회화(들라크루아의 「Le Dante et Virgile aux Enfers」와 「Le Naufrage de Don Juan」)에서 영감을 받았기 때문만은 아니다. 보들레르는 동 쥐앙을 '자연과 창조자 신에 대한 반항의 상징'(Les Fleurs du Mal, éd. par J. Crépet et G. Blin, José corti, 1942, pp. 321~22)으로 삼고 있다. 그는 신의 변덕에서 태어난 가련한 인간을 가지고 장난을 치는 이 악랄한 괴물, 신神에 도전한다. 동 쥐앙은 우리 운명을 좌우하는 이 절대적인 지배자, 이미지의 존재 앞에 우뚝 서서 야유적 도발을 선언하는 거친 '자아'의 살아 있는 상징으로 그려져 있다. 그는 자신이 유혹했던 여인들을 '제물에 바쳐진 짐승떼'로, 그녀들의 긴 아우성은 고대의 대살육의 아우성으로 보았다. 그는 아무것에도

자신을 속박하지 않는다. 갑옷을 입고 우뚝 서 있는 이 돌 같은 사나이는 거부와 반항을 대변하고 있다.
49 신화에 나오는 삼도내의 나루지기.
50 고대 그리스 철학자.
51 몰리에르의 『동 쥐앙 Don Juan』에 나오는 동 쥐앙의 종.
52 같은 작품에 나오는 동 쥐앙의 아버지.
53 같은 작품에서 동 쥐앙의 아내.
54 신화에는 교만함과 야심에 찬 신들이 징벌을 받는 이야기들이 허다하다. 가장 표본적인 인물은 아마도 오이디푸스일 것이다. 그는 왕위를 물려받지 않고, 찬탈에 의해 왕이 된 인물이다. 그것만으로도 이미 그는 자신의 한계를 벗어난 인물이다. 그러나 그는 승리에 취해 자신의 교만을 극도로 밀고 가 마침내 실명이라는 징벌을 받는다. 육체적인 실명은 그의 정신적인 맹목성의 이미지이다. 그러나 눈이 멀게 되면서 오이디푸스는 초자연적인 진리를 얻게 된다.

보들레르는 이 시에서 오이디푸스의 '교만의 징벌'을 역으로 전개시키고 있다. '박학한 어느 박사'는 오이디푸스와는 반대로 처음에는 초자연적 시선을 가지고 있다. 그러나 그의 과오는 신의 자리까지 우습게 보는 교만이다. 교만으로 인해 인간에게 금지된 한계까지 갔기 때문에 그는 정신적인 실명이라는 벌을 받는다.
55 시인이 추구하는 미美는 영원히 접근할 수 없는 이상이며, 미를 향한 끊임없는 갈망은 그에게 엄청난 고통의 근원이다. 인간은 이 미의 근원을 알지 못한다. 인간은 이 신성 같은 미지의 이상에 '영원한 사랑'을 바친다. 그러나 인간은 결코 이 수수께끼 같은 존재에 다가갈 수 없다. 시 전체가 이런 주제 위에 전개된다. 산문시 「예술가의 고해의 기도 Le Confiteor de l'artiste」(『파리의 우울』)에서도 동일한 주제가 전개된다.

"미의 탐구는 예술가가 패하기 전에 공포의 외마디 소리를 지르는 결투와 같다." (「예술가의 고해의 기도」, Œ C., p. 232)
56 미는 물질적인 형태(돌 pierre)와 정신적인 형태(꿈 rêve)로 그려져 있다. 석상의 모습을 띤 꿈의 조각, 그러나 꿈이 상상할 수 있는 조각은 비물질적인 형태로 간직되어 있다.
57 스핑크스 sphinx와 백조 cygne는 보들레르가 즐겨 사용하는 동물 이미지이다. 스핑크스는 접근할 수도 표현할 수도 없는 미의 신비를, 백조는 돌의 꿈의 순수함과 차가움을 상징한다.
58 미를 추구하는 그들의 노력이 헛된 결과로 끝날지라도, 시인은 미의 추구에 평생을 바칠 것이다.
59 처음 두 시절은 「저 벌거숭이 시대의 추억을 나는 좋아한다」에서 제시한 '공포로

가득한 어두운 그림'을 생각하게 한다. '부패한 민족이' 좋아하는 '허약함의 미,' 그러나 시인이 찾고 있는 것은 마지막 두 시절에서 그린 힘이 넘쳐흐르는 건강한 미이다.

60 위황병 chlorose은 「파리 풍경」편 「태양」에서도 나온다.
61 이 시를 쓰던 시기(1842~46) 보들레르는 현대성을 논하기 시작했고, 현대의 데생 화가로 도미에Domier와 가바르니Gavarni를 언급한다. 이들은 모두 풍자화를 그렸다. 보들레르는 도미에를 찬양하는 반면, 가바르니에 대해서는 부정적인 시각을 보였다. 이곳에서도 화가를 '위황병'에 걸린 시인이라고 비하하고 있다.
62 시인은 아름다운 거대한 육체에서 미켈란젤로의 석상을 비틀게 하는 비극적 고통을 본다.
63 그리스의 비극 시인 아이스킬로스. 시인은 맥베스 부인에게서 아이스킬로스가 노래한 비극적인 인물들의 위대성을 본다.
64 「밤」은 그리스 신화에서 「거인」들의 어머니.
65 '거녀'는 어머니-대지의 이미지로 그려져 있다. 시인은 그녀-대지 위에서 한가로이 노닌다. 그녀의 무릎을 비탈인 양 기어오르고, 여름 뙤약볕에서는 그녀 젖가슴의 그늘에서 한가로이 자고 싶다.
66 시는 시작 부분과 다음 부분이 의미의 대조로 구성되어 있다.

처음 부분에서 크리스토프의 조상의 여인은 여성적인 매력의 절정이다. 그녀에 대한 묘사는 초자연적인 성격의 에로티시즘의 극치이다. 그녀에게서는 최고의 매력의 대명사인 '우아함'과 '힘'이 흘러넘친다. 그녀는 호사스런 잠자리에 군림하고 주교나 군주의 여가를 즐겁게 하기에 안성맞춤이며, 관능이 그녀를 부르고 사랑이 그녀에게 왕관을 씌운다.

그러나 시의 다음 부분에서 그녀의 절대적인 위력은 전복된다. '예술의 모독'은 신성한 여인이 약속해준 행복을 사라지게 한다. 여신은 기만의 여신에 불과했다. 그녀의 완벽한 미는 하나의 가면에 불과했고, 그녀의 튼튼한 겨드랑이를 알 수 없는 병이 갉아먹고 있다. 이 병의 성격은 무엇인가? 시의 마지막에서 그 대답이 주어진다. 보들레르는 그것을 잘 알고 있다. 삶을 갉아먹고, '가슴을 좀먹는 음흉한 적,' 그것은 인간이 피할 수 없는 '시간'이라는 것을.

67 『악의 꽃』 주석에서 아당은 '이 시에서 단순히 낭만주의의 한 모습인 악마주의의 메아리나, 공포와 살인이 특징지어주는 미美의 환기만을 보는 것은 이 훌륭한 시의 진정한 의미를 모르는 것'이라고 쓴다(A. Adam, 같은 책, p. 300).

보들레르에게 중요한 것은 미가 정신에 '무한의 문'을 열어줄 수 있다는 데 있다. 보들레르가 이 시를 쓴 것은 그의 생애의 말기이며(1860년), 이때 시인은 자신의 비극과 모든 정신적인 존재의 비극이 일상의 삶으로부터 '무한L'infini'을 갈망하는 넋의 욕구 때문이라고 생각했다. 인간이 지옥 같은 현실에서 벗어나 그가 꿈꾸는 신비의 영역에 파고들 수 있는 것은 미에 대한 찬미에 의해서이다. 그러나 인간은 자신의 한계를 벗어나 삶의 저편, 무한의 문에 접근하면서 추락할 위험을 무릅쓴다. 시인은 미에 두 가지 상반되는 성격을 주고 있다. 신성한 하늘과 그 반대의 지옥, 별들과 심연, 소멸의 상징인 석양과 여명의 탄생, 용기와 비겁함, 기쁨과 재앙 등.

중요한 것은 우리가 살도록 운명지어진 이 악惡의 세상에서 존재의 비극과 시간의 무게를 덜 느끼게 해주는 것이다. 그것을 가능하게 해준다면, 그것만으로 미는 충분히 시인의 찬미를 받을 가치가 있다. 그것이 이 시의 마지막 부분의 결론이다. '악마'로부터 왔건 '하느님'에게서 왔건 그것은 중요치 않다. 그것이 "그가(내가) 갈망하나 만나보지 못한 무한을 열어줄 수만 있다면" "세계를 덜 추악하게 하고 시간의 무게를 덜어만 준다면."

68 이 시를 쓰던 시기 보들레르는 『내면 일기』에 미美에 대한 새로운 시각의 글을 남겼다. 그것이 이 시에 그려진 미에 대한 적절한 주석이다.

　　나는 미에 대한 —나의 미의 개념을 발견했다. 그것은 뭔가 강렬하고 서글픈 것이며, 추측의 여지를 남겨두는 막연한 어떤 것이다. 나는 내 생각을 민감한 대상에, 이를테면 사회에서 가장 흥미있는 대상인 여인의 얼굴에 적응시키고 싶다. 유혹적이고 아름다운 얼굴, 말하자면 여인의 얼굴, 그것은 동시에 관능과 슬픔을 꿈꾸게 하는 얼굴이다. [……] 신비와 회한 역시 「미」의 성격에 속한다. (*Œ C.*, p. 1255)

이미 1843~45년 보들레르는 들라크루아의 회화에 끌렸으며, 이 그림들에 나타나는 불안과 인간 고통의 미를 찬양했다.

69 미와 공포를 연결시키는 것은 낭만주의 시인들에게 흔히 있었던 개념이다.
70 그리스 신화에 나오는 반녀반어半女半魚의 괴물. 아름다운 목소리로 항해자들을 홀렸다 한다.

　　위에 인용된 『내면 일기』에서 시인은 악마Satan를 '남성미의 가장 완벽한 전형'으로 정의한다(*Œ C.*, p. 1255 참고). 실러Schiller, 셸리Shelly, 바이런Byron 등 낭만주의 작가들은 대천사Archange의 반항을 낭만주의의 신화로 삼았고, 이 추락한 천사인 악마의 미가 넋에 행사하는 매혹을 노래했다. 이 낭만주의의 테마가 이 시의 배경에 있다.

* 1857년 초판에는 이 자리에 「보석들」이 놓여 있었다. 그러나 『악의 꽃』이 소송에 걸려, 「보석들」은 삭제 명령을 받은 6편의 시 중의 하나가 된다.

「이국 향기」로부터 시작되는 22편의 시는 시인의 애인 잔 뒤발Jeanne Duval로부터 영감을 받은 Jeanne Duval 시편이다.

이 여인은 한때 포르트 생탕투안la Porte Saint-Antoine 극장 소속 단역 배우였다. 이 점을 제외하고는 출생지, 나이 등 신분이 명확하게 확인되지 않았다.
1842년경 보들레르가 그녀를 처음 만났을 때(시인보다 몇 살 위인 것으로 알려져 있다) 그녀는 미의 절정을 누렸던 모양이다. 큰 키에 검푸른 빛을 띤 아름다운 곱슬머리, 수프 그릇처럼 깊숙하고 큰 눈, 기막힌 목, 투명하고 검은 색 피부(그녀는 혼혈아였다), 이것이 그 당시 시인 주변의 친구들이 전하는 그녀의 모습이다. 시인의 친구이자 화가인 나다르Nadar는 그녀를 이렇게 그린다.

"그녀에게서는 모든 것이 진지하고 자존심이 강하고 약간 거만하기조차 했다."

그러나 그녀는 급속히 노쇠해진다. 병과 알코올 중독, 방탕 등이 그녀의 이른 노쇠를 가져왔을 것이라고들 말한다. 그녀는 오래지 않아 걷지도 못할 정도로 건강이 나빠졌고, 미인의 흔적은 찾아볼 수도 없는 폐인이 된다.
그녀와 시인과의 관계는 최초의 몇 년을 제외하고는 순탄치 못했다. 만남과 헤어짐의 연속이었다. 그러나 시인은 그녀와 심하게 다투고 원망하며 헤어지고 난 후 1년이 채 안 돼 곧 자신을 책망하고 그녀를 돌보기 위해 다시 동거로 돌아가곤 하면서 끝까지 그녀를 버리지 않는다.
보들레르 전기들은 시인의 생애와 작품에 큰 자리를 차지한 여인치고는 이 여인이 특별히 내세울 만한 점을 갖지 못했다고 평가한다. 그녀가 시인을 괴롭혔고, 악랄하고 시인을 속였으며 시인으로부터 끝까지 돈을 뜯어냈다고, 그녀를 '타락한 천사, 검은 비너스'라고 부르기를 서슴지 않았다.
그러나 작품 속에서 그려진 그녀는 풍요한 몽상을 열어주는 뮤즈이다. 그녀는 묵직한 머리타래와 그녀 특유의 '이국 향기,' 때로 춤추는 뱀에 비유되기도 하고 때로 망망대해를 떠가는 배를 연상시키는 몸의 움직임 등으로 시인에게 풍요한 시적 몽상의 길을 열어주었다.

71 시는 여인의 독특한 이국적 내음에 취한 시인의 도취를 노래하고 있다. 그러나 그것은 단순히 육체적인 사랑의 노래만은 아니다. 시가 시작되면 그녀의 젖가슴의 내음으로 인한 도취가 그려지고, 이에 이어 곧 그 후각은 시각 이미지를 전개시킨다("단조로운 태양 볕 눈부신/행복한 해안이 내 눈앞에 펼쳐진다"). 후각과 시각의 '교감correspondance'이 이루어지면서 시인의 꿈은 이곳이 아닌 저 먼 곳, 행복한 낙원을 연상시키는 나라, '나태한 섬'으로 떠난다. "진귀한 나무들과 맛있

는 과일들"이 풍요하고, 남자들은 건강하고, 여인들도 죄악을 모르고 순진한 그 곳은 행복한 낙원을 연상시킨다.

여인으로부터 시작된 상상의 나라로의 여행은 세번째 시절의 '바다'와 "파도에 흔들려 아직도 몹시 지쳐 있는/돛과 돛대 가득한 어느 항구"에 의해 구체화되고 강조된다.

72 'une île paresseuse'는 게을러지기 십상인 섬이다.
73 이곳에서 다시 후각에 의한 시각으로의 '교감'이 반복되고, 다음 시절에서("내 마음속에서 수부들의 노래와 뒤섞이누나") 청각 이미지로 확산된다.
74 여인의 체취에 의한 상상 세계로의 여행이라는 앞 시(「이국 향기」)의 테마가 이 시에서 반복된다. 보들레르는 감각 중에서 특별히 후각에 예민했던 모양이다. 그 한 예로 그의 소산문시집 『파리의 우울』 중 「천직들Les Vocations」에 그려진 다음의 구절을 들 수 있다.

"나는 등뒤에까지 내려오는 사자의 갈기같이 숱 많은 그녀의 머리 속에 내 머리를 묻었지. 그녀의 머리는 — 내가 너희들에게 맹세하지만 — 이 시간쯤의 정원의 꽃들처럼 좋은 냄새가 나더라." (Œ C., pp. 282~83)

75 이 시에서도 냄새는 처음 시인에게 황홀한 도취를 가져오지만, 곧 다음의 '추억' 과 공중에 흔드는 손수건이라는 출발의 이미지에 의해 현재와 여인의 육체로부터 이미 사라진 추억의 세계로 이어진다. 그리하여 다음 시절에서 "나른한 아시아, 타오르는 아프리카"와 "거의 사라져버린 이곳에 없는 아득한 전 세계"가 그녀의 냄새에 의해 환기된다.
76 후각에 의한 강력한 도취와 이 감각이 유도하는 정신적인 움직임이 이곳에서 구체적으로 제시된다. "다른 사람들이 음악에 따라 노를 젓듯," 시인의 마음이 "내 음 따라 헤엄친다"가 의미하는 것은 "노를 젓는다"와 다음 행의 "나는 가련다" 가 시사하고 있는 것처럼, 상상 세계로의 여행이다. 그것은 이어지는 행의 "거센 머리채여, 나를 데려갈 물결이 되어다오"에서 더욱 분명해진다.

이처럼 여인에의 사랑을 노래한 이 시는 단순히 관능의 기쁨만을 노래하고 있지 않다. 시의 마지막에서 볼 수 있듯이, 여인은 시인이 그곳에서 갈증을 해소할 수 있는 '오아시스'이며, 잃어버린 과거의 소중한 추억을 열어주는 '표주박'이다.

77 보들레르의 친구, 프라롱Prarond은 이 시가 1843년경 시인이 잔 뒤발을 만난 직후에 쓰여진 것이라고 언급한다. 아당은 이 프라롱의 주장을 인용하며, 그들의 관계가 막 시작될 무렵 "이 아름다운 배우가 대담한 젊은 친구에게 거리를 두고 있던" 시기에 이 시가 쓰였다고 주석을 붙인다(A. Adam, 같은 책, p. 306).

마지막 부분의 "그대의 냉담함"이나, "그럴수록 내게는 더 아름답기에"에서 아직 그녀가 시인에게 마음을 허락하지 않고 있는 것이 확인된다.

78 이 시의 주인공은 잔 뒤발이 아니고, 루셰트Louchette라는 이름의 유대인 창녀라고 주장하는 주석자도 있고, 잔에게서 영감을 받고 쓴 것이 분명하다는 주석자도 있다.

그보다는 1840~45년경의 문학의 유행과 관련짓는 것이 좋을 듯하다. 고티에 역시『클레오파트라의 밤Nuit de Cléopâtre』에서 권태의 포로가 된 냉혈 여인 이집트 여왕의 잔인함을 그린다.

79 그녀 자신은 의식하고 있지 않지만 그녀는 유익한 '자연의 도구'이다. 왜냐면 그녀는 '천재를 빚어내는' 기능을 부여받고 있기 때문이다.

80 라틴어로 된 시제(SED NON SATIATA)는 로마 풍자 시인 유베날리스의 말에서 따온 것이다.

"메사린은 지쳐 그들의 팔에서 나왔다, 그러나 흡족하지 않았다."

아당은 보들레르의 노르망디 학파 친구 쿠쟁Charles Cousin의 증언을 상기시키며, 이 시는 잔 뒤발에게서 영감을 받았고, 잔이 동성 연애에 빠져 있었을 것이라는 가정에 의해서 시를 설명한다(A. Adam, 같은 책, p. 308).

그 이외에도 그 당시 프랑스나 이탈리아 등에서 검은 비너스의 테마가 유행했으며, 보들레르는 1842~43년 사이 바로크 스타일의 작품들을 읽고, 이 주제를 현대적인 자신의 독특한 스타일로 다루고 있다.

81 콩스탕스constance는 케이프타운 근처에서 생산되는 술이며, 그 당시 프랑스에서 흔히 마셨다고 한다. 이에 대해 보들레르가 20세 때 이 지역으로 여행했던 사실과 연결시킬 필요는 없다고 주석을 붙인다.

82 삼도내Styx는 지옥을 아홉 겹으로 둘러싸고 있는 지옥의 강.

83 메가이라Mégère는 지옥에 있는 세 복수의 여신 중 하나.

84 프로세르피나Proserpine는 지옥의 여왕이며, 아당은 마지막 부분인 이 시절은 잔의 동성애적 성향으로만 이해가 가능하다고 주석을 붙이고 있다.

85 '물결치는 진줏빛' 의상, 춤추는 듯한 그녀 걸음걸이의 리듬, 요술쟁이의 막대기 끝에서 박자에 맞추어 춤추는 뱀에 비유되는 그녀의 움직임……, 이 규칙적인 움직임의 지속성이『내면 일기』에 그려져 있는 움직이는 선박처럼(Œ C., p. 1261 참조), 시인의 상상력을 자극하여 풍요한 몽상을 펼쳐준다.

시인은 그녀가 "걸을 때도 춤을 추는 듯"하다고 말한다. 그녀의 모습과 거동은 온통 움직이는 박자이며 리듬이며, 요컨대 음악(음악의 본질이 리듬이기 때문에.「음악」참조)이다. 다음 절에서 그녀의 무심한 자태는 '바다 물결의 긴 얽힘'에 비유된다. 이처럼 여인은 영원한 바다의 움직임과 연결되어 끊어지지 않는 우주적 순환을 연상시키고, 이로써 시인의 상상력은 시간과 공간의 제한에서 벗어날 수 있다.
86 인간의 고뇌에 무관심한 그녀의 성격과 금과 강철, 빛과 금강석에 비유되는 빛나는 두 눈 등, 시인은 그녀를 자연스런 인간의 속성을 벗어난 신비한 존재로 만든다. 순결한 천사와 고대의 스핑크스를 섞어놓은 듯한 상징적인 성격은 「아름다움」(XVII)에서의 싸늘하고 수수께끼 같은 여인을 생각하게 한다. 시의 마지막에서의 "아이를 낳지 못하는 여인"의 싸늘한 아름다움도 「아름다움」에서의 "결코 웃지도 울지도 않는" "창공에 군림하는" 여인의 속성을 닮고 있다.
87 눈부시게 빛나는 살갗, 금속에 비유되는 눈, 인간적인 감동의 부재, 물결치는 듯 '춤추는 뱀'에 비유되는 움직임 등, 앞의 시와 긴밀하게 연결되어 동일한 테마가 이어지고 있다.
88 바다와 배는 행복한 출발과 여행의 이미지이다. 또한 시의 마지막에서 그녀의 침은 마술적인 보헤미아의 술에 비유되어 시인이 갈망하는 행복한 낙원으로의 떠남을 약속해준다.
89 그녀의 나태한 느린 움직임은 코끼리 새끼를 연상시키고, 코끼리 새끼의 이미지를 통해 행복한 몽상을 확보해준다.
90 들 한가운데 누운 시체는 묘사에서 대자연을 떠올리게 한다. 자연에 백 배로 되돌려준다는 표현을 통해 시체의 해체로부터 풍요한 탄생이 암시된다. 이 증가의 성격은 이어지는 시절에서 교차되는 리듬, 물결의 오르락내리락하는 움직임, 반짝이는 불의 분출, 흐르는 물과 바람이 만드는 기이한 음악으로 이어진다.
91 '해골carcasse'에 붙여진 대조적인 의미의 형용사 '눈부신superbe'에 의해 시를 지배하는 사실주의적인 묘사가 사실주의의 천박함을 벗어나고 있다. 시의 도입부에서부터 충격적으로 부각되는 사실주의적인 표현들도("음탕한 계집처럼 두 다리를 쳐들고" "썩은 냄새 가득 풍기는 배때기를 벌리고 있었다") 시가 진행되면서 점차적으로 이상주의적인 표현과 테마로 전개된다. 이처럼 사실주의로부터 시작하여 강한 정신주의적인 초자연주의로 끝나는 시의 진행을 주목할 수 있다.
92 시체를 피어나는 꽃의 이미지에 비유하여, 죽음으로부터 생성과 삶의 분출을 예고한다. 그리하여 계속되는 시절에서 시체는 '살아 있는 누더기'가 되고, 그곳으로부터 걸쭉한 액체가 흘러나오며, 모든 것이 살아 움직이기 시작한다. 밀려왔다 밀려가는 물결처럼 움직이고, 불꽃처럼 타오르며, 시체는 살아 불어나는 듯하다. 그리고 마침내 세상은 기이한 음악 소리를 낸다.
93 썩고 있는 시체는 신의 뜻을 최선을 다해 이행하고 있는 듯하다. 그러나 자연도 썩어문드러진 사랑의 형태와 정수를 간직할 수 없다. 그리하여 시인 자신이 기억 속에 사랑을 고스란히 간직하겠노라고 다짐한다. 이는 사라진 사랑을 영원히 간직하겠다고 맹세하는 라마르틴Lamartine의 「호수Le Lac」를 생각하게 한다.

시인은 자연에 의한 부패와 해체의 과정을 예술가의 창조와 대치시킨다. 자연이 형태를 지워버리면 예술가는 그것을 간직한다. 예술은 시간에 의해 파괴되는 것의 영원성을 약속한다.

시체가 부패된 후에도 살아남게 될 '형태'에 관해 『내면 일기』의 다음 구절을 참고.

> "인간에 의해 창조된 모든 형태는 불멸이다. 왜냐면 형태는 물질과 무관하며 형태를 구성하는 것은 분자가 아니다." (Œ C., p. 1298)

94 Jeanne Duval 편에 있는 이 시는 사랑의 시처럼 보이지 않는다.

그보다는 시인이 빠져 있는 우울의 세계가 그려져 있다. 시의 풍경은 앞의 시 「시체」와는 대조적으로 지옥 같은 불임의 세계이다. "납빛 지평선이 둘러싸고 있는 어두운 세상" "열기 없는 태양" "극지보다 더한 불모의 세계" "짐승도 없고 냇물도, 풀밭도, 숲도 없는" 오직 "얼어붙은 태양의 차가운 냉혹함"만이 있는 이곳에서 자연의 풍요함은 찾을 길이 없다.

이 끔찍한 풍경을 통해 시인이 말하고 있는 것은 시인의 의식이 겪어야 하는 고통이다. 시인에게는 '천박한 짐승'의 '미련한 잠'조차 허락되지 않는다. 「해변의 묘지 Le Cimetière Marin」에서 시인 발레리Valéry가 너무나도 잘 그린 의식의 끊임없는 공격을 시인은 피할 수 없다. '생명으로 살고 있는il vit de vie' 벌레의 '숨은 이빨dent secret'(「해변의 묘지」)이 결코 의식을 놓아주지 않기 때문이다.

95 라틴어 시제 De Profundis Clamavi는 「시편詩篇」제130편 모두冒頭에서 따온 것이며, 교회에서 망자들을 위한 기도로 낭송된다.

96 1행의 '그대toi'를 애인으로 보는 주석자도 있고, 신으로 보는 주석자도 있다. 그러나 잔 뒤발 시편에 있기 때문에 형식으로는 애인에게 호소하는 것으로 되어 있다. 고통 속에서 사랑하는 님에게 애원하지만 구원의 가능성은 보이지 않는다.

97 흡혈귀의 테마는 1820년경 이후 낭만주의 시기에 유행되었다고 한다. 노디에Nodier와 메리메Mérimée의 작품 속에도 있었고, 호프만Hoffmann의 콩트에도 흡혈귀의 이야기가 나온다. 방빌Banville도 『여신상주Cariatides』에서 흡혈귀를 믿는 미신의 이야기를 전개시킨다.

98 시인은 자신과 정부가 오랫동안 서로 찢기고 갈등을 겪던 지난 장면들을 이곳에서 회상하고 있지만, 흡혈귀는 어느 특정한 여인을 가리키는 것이 아니다. 시에 그리고 있는 비극은 보들레르 개인 특유의 것도 아니다. 시는 다른 존재와 얽혀 있는 삶의 공포와 방해받는 고독과 작업, 점점 잃어가는 용기 등, 지상의 지옥을 만드는 인간 관계의 비극을 그리고 있다. 그가 이곳에서 강조하고 있는 인간 관계의 어려움은 오늘날 현대 문학에서 널리 다루어지고 있는 주제이다.

인간이 흡혈귀에게 저항한다 해도 그 저항은 무기력하다. 악은 외부에서 오는 것이 아니며, 마음 밑바닥에 자신을 지배하는 폭군에 대한 경외감이 남아 있기 때문이다.
99 시인이 잔 뒤발과 헤어져 사라Sarah라고 불리는 거리의 여인 곁에서 초라한 위안을 구하던 시기에 쓴 것으로 주석자들은 추측한다. 보들레르는 그 당시 자주 만나던 '노르망디파École normande' 친구들에게 이 관계의 역겨움을 고백했고, 그녀의 사팔뜨기 눈과 벗겨진 이마 등, 그녀의 초라함을 부인하지 않았다고 한다. 그럼에도 불구하고 시인은 따뜻한 마음으로 그의 마음을 달래주던 그녀에게서 위안을 얻었던 모양이다. 그녀 곁에 누워 다른 여인을 생각하는 한 고독한 남자의 모습이 그려져 있다.
100 고양이는 매혹적이며 동시에 위험한 여성적 특징을 구현하고 있다. 다른 곳에서도 여인을 고양이에 비유하여 노래한다. 마리 도브렁Marie Daubrun 시편의 「고양이」 참조
101 시제는 라틴어 DUELLUM으로 되어 있다. 아당은 이 시가 고야Goya의 판화에서 시상을 얻은 것이라고 주석을 붙였다(A. Adam, 같은 책, p. 318).
    그러나 보들레르는 이 테마를 자신의 독특한 해석으로 확대하여 전개시킨다. 우여곡절을 겪는 두 남녀의 갈등과 절망을 두 전사의 결투에 비유하여 그리고 있다.
102 첫 4행 절은 남녀 관계의 초창기 연인들 사이의 다툼을 말한다. 젊음과 건강이 가득 차 있을 때 그것은 일개 놀이에 불과하다.
103 매정한 전사와의 가치 없는 전투는 끝이 없다. 그리하여 장검과 부러진 단검, 이빨과 부러진 손톱이 계속되고, 사랑의 포로가 된 청춘의 소요에 이어 상처난 사랑의 분노가 이어진다.
104 사랑의 전쟁터는 "살쾡이와 표범이 넘나드는 골짜기"이며, 그곳에서 메마른 가시덤불이 피어난다.
105 잔 뒤발과 14년 간의 관계를 끊고 보들레르가 그의 어머니에게 보낸 편지에서 이 시의 모티프를 찾을 수 있다고 아당은 주석을 붙이고 있다(A. Adam, 같은 책, p. 319).

"나에게 어떤 즐거운 연애 사건, 쾌락, 돈, 자랑거리가 생긴다 해도 나는 여전히 이 여인을 그리워할 것입니다 [……] 그녀는 내 유일한 소일거리, 내 유일한 기쁨, 내 유일한 동무였어요."

이렇게 그리움을 남긴 여인과의 추억에서 출발한 이 시는 시인에게 영감을 준 특별한 대상을 떠나 행복했던 사랑의 환기를 주제로 하고 있다. 창가에서 바라보는 붉게 물든 저녁놀, 떠나가버린 여인과 함께 누렸던 행복했던 시간들…… 시인이 이곳에서 떠올리고 있는 것은 죽은 추억이 아니다. 과거의 '행복했던 순

간'의 풍요한 색채와 생생한 감동을 아름답게 환기시키고 있다. 이는 『잃어버린 시간을 찾아서』에서의 잃어버린 시간의 되찾기라는 프루스트의 테마를 떠올리게 한다. 보들레르는 프루스트 이전에 이미 여러 곳에서 같은 주제를 전개시켰다. 미술 비평에서 예술 작품과 추억과의 긴밀한 관계를 특별히 강조했고, 『악의 꽃』에서는 「향수병」과 「환영」이라는 주제 아래 4개의 연작시로 구성된 작품의 두 번째 시 「향기」에서 이 주제를 다루고 있다.

106 시는 각기 5행 시절로 되어 있고, 각 시절에서 1행의 시구가 5행에서 되살아나는 특별한 형태를 취하며 추억이 되살아나는 분위기를 조성하고 있다.

107 이 시는 초판(1857년판)에는 없었다. 1858년 보들레르는 알랑송 출신 출판주 말라시에게 이 시를 알랑송 신문에 실어줄 것을 부탁한다. 그리고 1858년은 헤어졌던 잔 뒤발과 다시 동거에 들어간 해이다. 시인은 병으로 인해 너무도 빨리 늙고 허약해진 그녀를 발견한다. 폐인처럼 변해버린 그녀는 시인 곁에서 담배만 피우며 입을 다물고 우울증 속에서 살고 있었다. 그러나 어느 날 저녁 그녀는 번화가로 외출하여 환락 속에 섞이고 싶어한다. 시에 그려진 여인은 그 시기의 잔 뒤발이다. 쾌락과 거리가 먼 단념과 헌신으로 이루어진 두 연인 관계가 이 시의 분위기와 잘 어울린다.

108 4개의 연작시로 된 이 시를 쓰던 시기 보들레르는 애인 잔과 재결합하여 다시 동거에 들어간다. 그녀는 이미 옛날의 건강하고 아름다운 여인이 아니다. 그녀는 이제 시인이 돌보아야 할 병자, 불구자에 불과하다. 과음과 무절제한 삶이 그녀를 그렇게 만들었다고 한다. 우울과 침묵 속에 침몰되어 있는 그녀를 시인은 '내 사랑하는 딸'이라고 부르며, 어린아이 비위를 맞추듯이, 기분을 바꾸어주려고 무진 애를 쓴다. 기쁨도 희망도 없는 이 결합에 끈질기게 남아 있는 유일한 빛은 추억이다. 지난 찬란한 순간들의 추억, 그 '환영'은 실패한 삶의 종말을 기다리는 어두운 지하실을 아직도 밝히고 있다.

109 시인의 삶처럼 이 시를 지배하고 있는 것은 '어둠'이다. 시인이 처해 있는 것은 "장밋빛 즐거운 햇살"조차 들어온 적 없고, "한없는 슬픔의 굴 속," 시인은 자신을 어둠의 화폭 위에 그림 그리도록 선고받은 화가에 비유한다. 그러나 마지막 두 4행 절에서 시인의 상상력은 이 어둠을 극복하고 아름답고 찬란한 유령을, 검고 동시에 빛을 발하는 여인을 만난다.

110 불행한 현재 속에서 몽상에 의해 되살아난 과거, 잃어버린 시간의 되찾기라는 이 프루스트적인 테마는 「환영」이라는 이름 아래 묶여진 이 4개의 연작시의 중심 테마이다.

　다음 행의 사랑하는 육체에서 애인이 겪는 '절묘한 꽃'은 현존하는 육체가 아니다. 그것은 몽상에 의한 추억의 힘이며, 프루스트처럼 말한다면, '되찾은 시간'이다.

111 연필로 그려진 이 초상화는 잔의 것이다. 그러나 이 초상화는 점점 퇴색되어가는 옛사랑의 이미지에 부응하는 일종의 상징이다. 인간은 옛사랑을 간직하려 애쓰지만 시간은 기억에서 그것을 서서히 지워버린다. 다음 연에서의 "몹쓸 늙은 이 시간"이 "날마다 그 거친 날개로 문지르기" 때문이다. 그러나 마지막 연에서 이 극복할 수 없는 망각과 시간의 승리를 인정하는 순간 시인의 정신은 소스라치며 분발한다. 이 패배를 부인하고 자신의 젊은 시절의 추억은 결코 죽지 않을 것이라고 다짐한다.

112 잔 시편을 닫는 이 시는 시인이 때로 찬미했고 때로는 저주했던 여인을 시에 의해 망각으로부터 구하려는 시인의 의지를 보인다. 앞의 시에서 시간은 삶과 예술을 죽이는 '어두운 살육자'로 그려져 있다. 이 소네트는 반대로 시인이 예술에 대해 가지고 있는 긍정적인 믿음을 확인시킨다. 시인은 그의 작품에 의해 인간들의 기억 속에 남게 될 것이다. 이곳에서 보들레르는 망자들의 넋을 운반하는 신화의 배의 이미지를 삽입한다. 망자들의 여행은 북풍이 부는 바다에서 이뤄진다. 시인의 이름은 망령의 섬 대신 '먼 후세에까지' 전해져 불멸성을 누리게 되리라. 시인뿐 아니라 시인이 사랑했던 여인도 시에 의해 망각으로부터 구출된다. "우정 어린 신비한 사슬"이 그녀를 그녀에게서 영감을 얻은 시에 연결시켜줄 것이다. 시는 신화와 '희미한 전설' 같은 위력을 갖는다. 시는 기억의 심연으로부터 '저주받은 존재'를 구하는 유일한 밧줄이다. 그녀가 "어리석은 인간들을 가벼운 발걸음"으로 밟고 지나가는 신화적 존재로 커지는 것은 시인의 작품에 의해서이다.

113 이 시로부터 사비티에 시편이 시작된다. 아폴로니 사바티에Apollonie Sabatier라는 이름을 가진 미모가 뛰어난 이 여인은 그 당시 프랑스 금융계의 거물이며 거대한 광산주의 아들인 모셀만Hippolite Alfred Mosselman의 정부였으며, 모셀만은 프로코Frochot 거리(지금의 피갈Pigalle 광장)에 호화로운 아파트를 얻어 그녀를 그곳에 살게 했다.

이 여인은 일요일 저녁이면 프로코 거리에 살롱을 열고 시인, 예술가, 미술가, 조각가 등 예술계의 유명인사를 초대했다. 그녀는 이들 예술인들 사이에서 여의장Présidente으로 통했다. 그녀는 성격이 활달하고 개방적이며 이성 관계도 자유분방한 편이었으며, 숙녀인 척하는 새침데기는 아니었다고 한다. 우정 관계도 신의가 있었고, 착하고 남 돌봐주기를 좋아하는 이 여인을 플로베르는 '성품이 뛰어나고 특히 건강한 여인이며, 무엇이든 말할 수 있고 무엇이든 할 수 있는 여인'이라고 평했다 한다.

보들레르는 1851년부터 그녀의 저녁 만찬에 드나들었다. 그녀를 처음 본 것은 1847년 피모당관hôtel Pimodan 체류 시절이었다. 그는 1852년부터 그녀에게 익명으로 시와 편지를 보내기 시작하여 1854년까지 일곱 편의 시를 보낸다. 1857

년 『악의 꽃』 출판과 소송 사건을 계기로 사바티에 부인은 마침내 익명의 주인공을 알게 되고, 이 청년 시인의 순수한 열정에 감동을 받는다. 그리고 시인에게 모든 것을 허락할 의사를 비친 모양인데, 오히려 이때부터 그녀를 향한 시인의 열정은 시들어버린다. 그러나 그 후에도 시인은 그녀에게 때로 선물도 보내고 관심을 보이며 두 사람은 계속 친구로 남게 된다.

114 그녀가 "언제나 기쁨에 차" 있는 것은 "산다는 것은 고통"이라는 시인의 고통을 모르기 때문이다. 그리하여 "천진한 웃음 짓는 입" "아무것도 모르는 사람" 등으로 그녀를 표현한다.

115 '미망mensonge'이란 시인이 열렬한 사랑으로 인해 오래전부터 갇혀 있는 감옥 같은 고통에서 달아날 수 있다고 믿었던 것이 환상에 불과하다는 자각이다.

116 이 여인에 대한 시인의 찬미는 너무도 절묘한 매력의 조화에 있다. 그러기에 서툰 분석으로 그녀의 미美를 말할 수 없다. 그러나 마지막 시절에서 그녀의 매력이 어디에 있는지 암시하고 있다. 이곳에서 환기하고 있는 소리와 향기 사이의 조화는 단순히 감각들 사이의 '공감각' 현상이 아니다. 그녀 곁에서 시인의 "모든 감각이 하나로 녹아든다." 그녀는 보들레르가 그토록 원하는 양극 사이의 조화의 꿈을 구현한다. 그녀는 "새벽처럼 눈부시고/밤처럼 위안을 준다." 시인이 그녀에게서 사랑한 것은 어느 한 부분의 유혹이 아니라, 영혼과 육체, 정신과 감각이 하나로 만나는 총체적 통일이다. 그리하여 '그녀는 고스란히' 다 매력이 된다.

117 이곳에서 찬미하는 여인의 매력은 기독교의 상징인 성모 마리아의 이미지로 그려져 있다. 너무 일찍 시든 외로운 시인의 넋은 너무 아름답고 너무 착하고 너무 다정한 그녀의 성스런 눈길 하나로 다시 피어나고, 그녀는 어느 곳에서이든 시인의 길을 밝혀주는 횃불이 된다. 그리하여 시인은 그녀에게 최고의 찬미를 바친다. 그녀는 시인에게 "수호 천사, 시의 여신, 그리고 마돈나"이다.

118 앞 시와 동일한 테마가 이어진다. 사랑하는 여인의 두 눈은 시인의 길을 밝혀주고 온갖 함정과 온갖 죄로부터 시인을 구해 미의 길로 안내해주는 살아 있는 횃불이다. 시인의 몽상에 의해 여인의 눈은 별이 되어 초자연적인 빛으로 빛난다. 밝아오는 어떤 햇빛도 그 빛을 사그라뜨리지 못한다.

119 1853년 사바티에 부인에게 보낸 작품이다. 이 시를 보내며 자신의 이름도 다른 어떤 글도 넣지 않았다. 시제 '공덕'은 가톨릭교의 신학에서 빌려온 말로, 성자나 순교자의 공덕功德이 죄인을 구해낸다는 믿음에서 비롯된다. 이곳에서 여인은 그녀가 가진 쾌활함, 착함, 아름다움, 건강, 행복에 의해 시인을 공포와 증오심, 주름살, 열병에서 구해줄 수 있는 숭고한 여신의 모습이며, 이로부터 시제의 '공덕'이 설명된다. 여인을 향한 반복되는 호소는 불행의 밑바닥으로부터 구원을 청하는 기도를 생각하게 한다.

120 이 시를 쓰던 시기 잔과는 헤어져 있었고, 시에 그리고 있는 고통은 그들의 결별

후 1852~53년 사이 그가 겪고 있던 심한 위기를 반영한다.
121 이 위기의 기간 동안 그녀에 대한 복수의 감정은 집념처럼 시인을 따라다녔다.
122 이 시를 쓰던 시기 보들레르는 서른한 살밖에 되지 않았다. 그러나 이미 그의 마음에는 노쇠해간다는 의식이 강하게 자리잡는다.
123 절망 속에서 여인은 그를 구할 수 있는 천사이며 동시에 풍요와 생명력을 상징하는 신화의 여신을 구현한다. 그녀는 빈사의 환자 시인에게 죽음을 극복시켜주고 젊음과 생명을 되돌려주는 능력을 가지고 있다. 죽어가는 다윗 왕의 이야기를 삽입하여 그 점을 상기시킨다.
124 1853년 보들레르는 이 시를 편지와 함께 사바티에 부인에게 보낸다. 편지에는 자신의 이름을 밝히지 않고 있지만, 시에 그들이 나누었던 대화를 상기시키고 있기 때문에 그녀가 익명의 주인공을 짐작했을 것이라고 아당은 주석을 붙인다 (A. Adam, 같은 책, p. 329).

또 계속해서 아당은 이 시가 앞의 시(「공덕」)의 반박이며, 「가면」과 유사한 주제를 가지고 있다고 설명한다. 실제로 이 시에서 두 남녀가 나누는 사랑이 미망에 불과한 것으로 그려져 있다. 그녀의 빛나는 기쁨과 아침 힘차게 울리는 군악대의 찬가같이 밝고 즐거운 소리는 가면에 불과하다. 「공덕」에서의 승리에 찬 천사가 여기서는 '가엾은 천사'가 된다. 또한 화려한 군악에 비유되는 그녀의 목소리가 감추고 있는 것은 '흐느끼는 노래'에 불과하다. 인간의 마음에 집을 세우는 것은 바보짓, 아름다움도 사랑도, 집이 그러하듯, 언제인가는 모두 부서져버린다.
125 인간의 마음속에 있는 어둠과 빛, 밤과 낮, 지옥과 천국……이라는 양극에의 투쟁을 그리고 있다. 희끄무레한 새벽이 마음 괴롭히는 이상의 돌아옴을 알리고, 어둠을 흐려놓는 태양의 승리는 졸고 있는 짐승 속에서 천사의 깨어남을 예고한다. 꿈속에서 고통받고 쓰러진 인간의 이미지를 통해 짐승 같은 욕구 속에 맥을 못 추는 정신성을 암시한다. 이 속에서 여인은 어둠과 동물성을 쫓아내는 '다가갈 수 없는 창공'이 되어 타락한 인간을 구해주는 여신으로 그려져 있다.
126 바야흐로 시적인 시간, 저녁이 다가오면 하늘의 색채가 만드는 심포니가 시작된다. 자연의 소리, 꽃들과 풀들이 풍기는 향내…… 이 자연의 소리와 향기, 색채의 하모니는 시인의 마음에 특별한 메시지를 전달한다. 잔 시편처럼 사바티에 시편도 가장 아름다운 시는 시인이 과거에 몸을 굽히고 아름다운 지난 시간을 되찾는 순간에 있다.

이를 위해 시는 특별한 형태를 취한다. 각 시절의 2행이 다음 시행의 1행이 되고, 4행은 다음 시절의 3행에서 반복되며 형식에서부터 강한 환기력을 준다.
127 교회에서 향을 피우는 그릇으로, 이 어휘는 사바티에 부인을 향한 사랑의 신비한 성격을 강조한다.
128 바이올린은 애조를 띤 우수를 나타낸다.

129 '제단 reposoir'은 첫 시절의 '향로'처럼 종교적인 어휘이다.
130 사랑의 고통을 나타내는 우울한 환영이다.
131 '제단' '향로'처럼 종교적인 어휘이다.
132 시의 주제는 추억의 환기이다.

시간과 죽음에 대항하여 시인의 몽상은 일련의 보루를 구축한다. 열기도 힘든 오래된 상자가 있다. 열려고 하면 상자는 삐걱거리는 소리를 내고 "오만상을 찌푸린다." 또는 오래된 집 한 구석에 버려진 장롱이 눈에 띄는 수도 있다. 장롱 속에서는 시간의 퀴퀴한 냄새 코를 찌른다. 장롱 속에 간혹 잊혀진 향수병이 발견된다. 향수병 속에 고스란히 간직된 이 강한 냄새가 추억의 시발점이 된다. 이 "오래된 향수병에서 되돌아온 넋이 생생하게" 떠오른다. 이곳에 삽입된 번데기의 이미지는 잠들어 있던 추억의 깨어남을 말해준다.

* 「향수병」과 함께 사바티에 시편이 끝나고 이 시 「독」으로부터 '초록색 눈의 여인 femme aux yeux verts'의 시편이 열린다. 이 여인은 마리 도브룅이라는 이름을 가진 여배우이다. 1846년경에 몽마르트르 극장에서 그녀가 공연한 「금발머리의 미녀」는 큰 성공을 거두었고, 이를 계기로 그녀의 미모는 세인들의 주목을 끌기 시작한다. 흰 피부에 초록색 눈, 그리고 어딘지 우수에 차 있는 듯한 그녀는 관객을 사로잡았고, 그 당시 연예란 기자들은 그녀를 마돈나의 모습으로 소개했다. 보들레르는 이 여배우에게 반해 이 시로부터 「어느 마돈나에게」에 이르기까지 9편의 시를 그녀에게 바친다. 보들레르의 친구들은 오데옹 극장이나 포르트-생-마르탱 극장 로비에서 그녀에게 경의를 표하는 보들레르와 부딪치곤 했다고 증언한다. 그러나 경의의 대상인 그녀는 자유분방했고 보들레르에게는 관심도 없었다. 또한 그녀에게 정열을 바치는 문인은 한둘이 아니었고, 그 시기 그녀가 방빌과 동거 중이었다는 얘기도 있다. 그녀에게 바치는 9편의 시에 그려진 사랑은 뜨거운 열정이나 관능적인 사랑이 아니다. "내 아이, 내 누이……," 또는 "어머니가 되어다오……" 등에서 볼 수 있듯이, 그녀는 순결한 사랑과 다정한 애정의 대상으로 그려져 있다. 신비한 매력과 우수에 젖은 듯한 아름다운 눈을 가진 여인, 여름보다는 가을을 생각나게 하고, 격렬한 사랑보다는 '가을의 사랑'이라는 표현으로 떠올릴 수 있는 여인, 그녀는 소유의 대상이 아니며 시인의 정신 속에서 시인을 지켜주는 여신이며 영원한 마돈나로 그려져 있다.

133 이 시에서의 그녀의 이미지 역시 시인을 죽음의 공포로부터 구해주는 구원의 여인이다.

술과 아편과 사랑에 의해 인간이 인간의 한계를 벗어나 깊은 심연과 무한의 강가에까지 안내된다는 착상은 낭만주의적인 테마이다. 술과 아편은 시간과 공간의 한계를 극복할 수 있으리라는 환상을 가져다준다. 그러나 그것이 확보해주는 것은 「가면」에서 노래한 '유혹적인 장식'에 불과하다. '동화 같은 희락'은 '누추한 오두막'에 불과하고, 아편이 주는 쾌락은 '우울하고 서글픈' 쾌락일 뿐이다. 사랑하는 님이 주는 환상은 더욱 매혹적이다. 그 모든 매혹에도 불구하고 그것들은 종국에는 영원한 삶이 아닌 죽음으로 시인의 넋을 안내할 뿐이다.

134 이 시절의 이미지는 나르시스가 자신을 비추어보는 숙명의 강을 생각하게 한다. 여인의 눈을 자신을 비추는 강에, 그리고 다음 시행에서 여인의 침을 고통을 씻어주는 망각의 강에 비유하고 있다.

　　아편과 술처럼 사랑도 인간을 죽음으로부터 보호해주지 못한다. 그러나 사랑이 운명으로부터 인간을 해방시킬 수 없다 해도 죽음과 파멸에의 고통을 완화해 준다.

135 젖은 듯한 눈, 안개에 덮여 있는 듯한 시선, 파리한 하늘을 생각나게 하는 여인 …… 이 시는 마리 도브렁의 특징을 잘 그리고 있다.

136 시인은 사랑하는 여인을 고양이에 비유하여 노래한다. 고양이는 시인의 머리 속에서 살면서 온갖 위력을 행사한다. 특별히 그의 목소리는 시인에게 마술 같은 매력을 선사한다. 미약 같고 주문 같고 또한 잘 울리는 악기 같은 목소리는 온갖 황홀을 간직하고 있어, 아무리 큰 고통이라도 달래주며 시인을 매혹시킨다. 시인은 이 '천사 같은 고양이'의 초자연적인 속성을 강조한다. 그것은 모든 것을 판단하고 다스리고 영감을 준다. 이처럼 사랑하는 여인은 시인의 상상력에 의해 동화 속의 초자연적 존재로 변모된다. 천사, 신, 빛, 미약, 음악, 향기, 귀금속 등 모든 귀중한 속성을 지니며 여인은 시인에 의해 새롭게 태어난다.

137 이 시는 특별한 형태를 취하고 있다. 먼저 세 개의 시절(a, b, c)을 전개시키고 4번째에 a를, 그리고 두 개의 새로운 시절을, 다음 7번째 시절에는 b를, 또다시 두 개의 시절을, 그리고 c를 반복시키는 형태이다.

　　사랑하는 여인의 매력을 움직이는 배에 비유하고 있다. 이는 『내면 일기』의 다음 구절을 생각하게 한다.

　　"나는 배, 특히 움직이는 배를 보면서 얻는 끝없고 신비한 매력이 첫째, 규칙성과 대칭에 있고 [……] 둘째, 물체의 현실적인 요소가 공간에 만들어내는 모든 상상의 곡선과 형태의 생성과 연속적인 증가에 있다고 생각한다." (*Œ C.*, p. 1261)

138 앞의 시 「아름다운 배」의 "난바다로 떠나는 아름다운 배"로부터 사랑하는 여인을 닮은 고장으로의 여행의 몽상이 자연스럽게 이어진다.

　　시인이 애인과 함께 가고 싶은 고장은 행복한 이상의 나라이다. 시간의 흐름과 죽음조차 두렵게 보이지 않는다. 한가로이 사랑하고, 사랑하다 행복하게 죽어갈 수 있는 나라, 후렴처럼 반복되는 시절에서 노래하듯이 "거기엔 모든 것이 질서와 아름다움, / 호화와 고요, 그리고 쾌락뿐"이다.
139 애인을 '아이' '누이'라고 부르고 있다. 보들레르는 이곳뿐 아니라 다른 시에서도 애인을 누이, 아이, 또는 어머니라고 부른다. 매우 보들레르적인 이 호칭은 시의 전반적인 색조와 잘 어울린다(「가을의 노래」 참조). 이는 정신적인 성격의 사랑을 확인시켜주며, 연인들을 결합시켜주는 영혼의 유사성을 암시하는 어휘이다. 이에 대해서는 p. 199 * 마리 도브룅에 관한 주석을 참고.
140 '거기là-bas'라는 모호한 공간에 의해 시인이 가려는 곳이 꿈의 고장이며, 여행은 몽상 속에서 이루어지는 상상의 여행이라는 것을 알 수 있다.
141 이 여행은 현실의 도피가 아니다. 색깔이 시시각각 변하며 눈물에 젖어 있는 듯한 그녀의 신비한 눈동자의 매력 등, 여인의 '교감'이 안내하는 고장으로의 회귀이다. 이어지는 시절에서도 눈물 사이로 비치며 바뀌는 눈의 신비함이 강조되어 있다. '젖은 태양' '흐린 하늘'도 복수로 표현되어 몽상 속의 풍경임을 확인시켜준다.
142 세월에 의해 반들반들하게 닦여진 가구들, 깊은 거울, 진귀한 꽃들, 동양의 풍요로움…… 모든 것이 은밀한 행복으로 가득하다.

 보들레르의 시에서 방의 테마는 특별한 의미를 가진다. 그의 시 여러 곳에서 호화롭게 꾸며진 방에 대한 묘사를 읽을 수 있다[「연인들의 죽음」「이중의 방」(『파리의 우울』), 그의 유일한 중편소설 「라 팡파를로」 참고].

 아름다운 공간에 대한 그의 취향이 그로 하여금 에드거 앨런 포의 「가구의 철학」의 열렬한 독자가 되게 하였다. 아름답게 꾸며진 방이나 가구들이 그의 시에 빈번히 등장하는 것은 그의 '안락함의 미학'이 '정신성spiritualité과 긴밀하게 연결되어 있기 때문이다. 가구가 일단 시에 등장하면 일상의 사물로서의 성격을 벗어나 몽상의 세계에서 제2의 삶을 가진다:

 "가구들은 꿈꾸는 모습을 하고 있다; 그것들은 식물이나 금속처럼 몽유병의 생명을 띠고 있는 듯하다."(소산문시집 『파리의 우울』 중 「이중의 방」, Œ C., pp. 233~34)

143 돌이킬 수 없는 후회로 고통받는 시인의 절망을 여러 불길한 이미지를 빌려 그리고 있다. '송장 파먹는 구더기' '떡갈나무의 송충이' 쏟아 먹는 끈질긴 흰개미, 송장을 노리는 늑대, 까마귀 등은 불길한 동물성의 이미지이다. 그 밖에도 진흙처럼 컴컴한 하늘, 송진보다 더 진한 어둠 등이 시인을 짓누르고 있는 고뇌의 무게를 나타낸다. 이 고통으로부터 벗어날 희망이 보이지 않는다. '희망의 불'은 영원히 꺼져버렸고, 돌이킬 수 없는 후회는 고약한 이빨로 시인의 넋을 쏟아 먹는다. 시인은 부상병과 말발굽이 짓이긴 '죽어가는 병사'이다. 그에게 구원은 기적처럼 보인다. 지옥처럼 캄캄한 하늘에 나타나 신기한 새벽의 불을 붙이는 기적

같은 존재, '선녀'를 시인은 언제까지나 기다린다.
144 보들레르는 다시 폐허의 이미지를 빌려 치유될 수 없는 마음의 상처를 상기시킨다. 이 시는 사랑의 시가 아니다. 자신에게는 이제 사랑의 가능성이 없다는 서글픈 고백이다.
145 아당은 시인이 시의 주인공 마리 도브렁을 '아름다운 가을 하늘'이라고 부르고 있는 것이 의아스럽게 보일 수 있다고 주석을 붙인다(A. Adam, 같은 책, p. 346). 1857년 『악의 꽃』이 발표될 때 그녀는 서른 살이었고, 이 시가 씌어진 것으로 추측되는 시기 그녀는 스물여섯 살밖에 되지 않았기 때문이다. 그러나 인생의 가을에 이른 것은 여인이 아니라 시인 그 자신이다. 그런 생각을 가지고 있는 시인에게 사랑은 서글픈 우수만을 준다. 여인도 그녀의 나이와 관계없이 서글픈 가을 하늘이 되고, 시인의 가슴에 밀려와 썰물 때 쓰라림만 남기는 바다에 비유된다.
146 보들레르의 가을은 낭만주의 시인들이 즐겨 노래하던 우수의 가을이 아니다. 이곳에서의 가을은 냉혹한 시간의 진행과, 그와 함께 사라져야 하는 인간의 운명의 알레고리이다. 우리의 젊음도 행복도 강렬한 여름 햇살의 너무도 짧은 한순간의 반짝임에 불과하다. 가을은 또한 겨울과 함께 다가오는 죽음의 그림자를 예감하게 한다.

　19세기 프랑스에서도 가을이 되면 겨울을 위해 땔감을 준비한다. 죽음의 두려움에 사로잡혀 있는 시인에게는 안뜰에서 들리는 장작 패는 소리도 다가오는 겨울과 어둠과 추위와 그리고 마침내 다가올 죽음을 알리는 환각을 가져다줄 뿐이다. 가을의 소리는 그것으로 그치지 않고 악마적인 위력을 발휘하여 인간의 정신적인 열망마저 시들게 한다. 그리하여 우리의 존재에는 추위, 증오, 분노가 말해주는 절망이 자리잡고, 마음은 극지에 얼어붙어 타지 않는 태양에 비유된다.
147 죽음의 강박관념에 사로잡혀 있는 시인은 여인의 다사로운 애정과, 그 당시 옹플뢰르에 가 있던 어머니를 생각하며 고통을 잊으려 한다. 그러나 겨울의 문턱에서 아무것도 시인의 서글픔을 달래주지 못한다. 사랑도 규방도 따스한 난롯불도 시인에게는 바다 위로 비추는 태양만 못하다.
148 『악의 꽃』 주석자들은 이 시를 훌륭한 바로크 색채의 전형으로 평가한다. 스페인 취향과 바로크적 색채는 보들레르의 초기 시에서 발견된다. 시인은 여인에 대한 존경과 분노를 말하기 위해 "광적인 신앙심에서 어휘를 빌려오고, 가장 사치스럽고 가장 세련된 이미지에 호소하고 있다. 군데군데 두드러지는 잔인하고 천박한 표현은 스페인 스타일의 독특한 성격을 드러내기 위해 신비주의와 관능을 격렬함을 뒤섞고 있는 능숙함과 함께 전혀 흠이 되지 않는다"고 아당은 해설하고 있다(A. Adam, 같은 책, p. 349).
149 이 시와 함께 확인되지 않은 다양한 여러 여인들의 시편이 시작된다. 시인은 불

행했던 자신의 삶에 한순간 위안을 주었던 여인들의 추억을 그리고 있다.

크레페Jacques Crépet는 이 시가 잔 뒤발을 위해 쓴 시라고 생각하는 한편, 페이유라A. Feuillerat는 1860년 5월 2일 보들레르가 말라시에게 보낸 편지에 언급한 어느 미지의 소녀에게 주는 시라고 주장한다. 보들레르가 그 소녀를 만난 시기가 이때쯤이고, 시는 같은 해 10월 15일에 발표되었기 때문에 그럴 가능성도 있어 보인다. 그러나 이 모든 것은 추측일 뿐, 아무것도 확인되지 않았다.

비밀스럽고 수수께끼 같은 야릇한 모습을 하고 있는 여인, 저녁처럼 어둡고 깊고 뜨거운 매력을 가진 여인, 달빛같이 다정한 시선을 가진 여인…… 이 시에 그려진 여인은 소산문시「그리고 싶은 욕망Le Désir de Peindre」(『파리의 우울』)에 나오는 여인과 매우 흡사하다.

150 시지나Sisina는 게리Elisa Guerri라는 어느 아가씨의 별명이다. 보들레르는 그녀에게 이 시가 실려 있는 잡지 *Revue Française*의 별책을 보냈다고 한다. 그녀는 사바티에 부인의 친구였고, 보들레르가 그녀를 만난 것은 사바티에 부인의 사교모임 살롱에서였다.

151 테루아뉴Théroigne de Méricourt는 대혁명 때 활약한 여성 투사이다. 폭도들 중 앞장서서 베르사유 궁전 계단을 오르는 테루아뉴를 연상하는 것은 엘리자 게리가 매우 급진적인 사상을 가지고 있었기 때문일 것이라고 아당은 쓰고 있다(A. Adam, 같은 책, p. 352).

152 시의 제목과 시어 모두가 라틴어로 되어 있다.

153 이 시는 1841년 보들레르가 스무 살에 부모의 강요로 떠났던 인도양 여행에서 돌아온 직후, 여행 중에 만난 식민지 출신 프랑스인에게 보내는 편지 속에 들어 있었다. 그를 태운 배는 항해 중에 심한 풍랑을 만나게 되고, 부서진 배를 수리하기 위해 선원과 승객들은 모리스 섬에 얼마 동안 정박한다. 이곳에서 보들레르는 프랑스인 오타르 드 브라가르Autard De Bragard 가족의 정중한 환대를 받는다. 그 역시 그들의 환대에 경의를 표시하기 위함인지 오타르 드 브라가르 부인의 아름다움을 찬미하는 시를 직접 부인에게 보내지 않고 그녀의 남편에게 보내는 편지에 동봉한다.

한 젊은이가 부인에게 보내는 시는 남편의 손을 거치는 것이 적절하고 예의 바른 것이기에 당신에게 보냅니다. 원하신다면 직접 전하시도록……

154「머리타래」「춤추는 뱀」「아름다운 배」처럼 이 시에서도 여인(아가트)은 낙원을 향한 몽상의 중심에 있다. 시인의 마음이 끊임없이 날아가는 그곳은 이곳과 대조적인 곳이다. 시인이 살고 있는 이곳은 "더러운 도시의 검은 대양"이며 그곳은 "처녀성처럼 푸르고 맑고 또 깊은 / 찬란하게 빛나는" 또 하나의 대양이다.

155 몽상의 공간인 바다는 우리의 노고를 달래는 어머니의 요람같이 위안자의 역할

을 한다.
156 바다는 이처럼 '뉘우침과 죄악과 고통'으로부터 잃어버린 먼 낙원을 되찾는 몽상을 펼쳐준다. 그곳은 타락을 모르는 곳, 쾌락도 죄의식과 연결되지 않는다.

달음박질, 노래와 입맞춤, 꽃다발, 저녁이면 숲속에서 술잔과 함께 언덕 저쪽에서 떨며 올리는 바이올린…… 이렇게 상기되는 낙원의 이미지는 내세가 아닌 지상의 기쁨으로 가득한 낙원이다. 또한 어린 시절의 향수는 더욱 깊은 시간, 즉 황금 시대나 실낙원에의 향수로까지 확대된다.
157 이 시는 어떤 특정 여인으로부터 영감을 받은 작품이 아니다. 전체적인 분위기가 그 당시(1830년경) 유행하던 낭만주의의 어떤 경향을 떠올리게 한다. 이성이나 도덕률에서 벗어나 열광, 환상, 공포, 죽음의 취향, 악마주의 등을 찬양하던 낭만주의의 '열광 문학'에 영향을 받고 쓴 작품이다.
158 보들레르는 『내면 일기』에 데이지꽃Marguerite을 두 번이나 적어두고 있다. 벨가르드Marguerite Bellegarde라는 이름을 가진 여인이다.

이 시가 그녀로 인해 쓰였는지는 확인할 수 없지만, 적어도 상상의 여인을 위해 쓰여진 것이 아니라는 것만은 확실한 모양이다. 이 꽃 이름을 가진 여인에게는 꽃처럼 '파리한pâle'이라는 형용사가 잘 어울린다. 그녀는 보들레르처럼 이미 인생의 가을에 접어들었다. 그리하여 다음 행에서 그녀에게 상처를 주지 않고도 자연스럽게 그 점을 말할 수 있는 듯하다.
159 고양이는 왜 열렬한 애인들과 근엄한 학자들의 사랑의 대상이 되는가? 이에 대해 갈랑은 이렇게 주석을 붙인다.

그들은 공통적으로 중년의 나이에 접어들었고, 다같이 청년기의 행동의 유혹을 극복했기 때문이다. 집안의 자랑거리 고양이의 힘과 다정함은 애인들의 성적인 에너지와 동시에 학자의 지적인 힘을 시사한다. 추위를 타며 움직이기 싫어하는 고양이의 이미지 역시 중년의 학자와 열렬한 애인의 모습이다. 또한 열렬한 애인들에게 쾌락은 일종의 학문이며, 반대로 근엄한 학자들에게는 학문이 쾌락이다(René Galand, *Baudelaire Poétique et Poésie*, 1969, p. 323 참조).
160 밤의 정적과 은밀함의 몽상이라는 점에서 고양이와 학자와 애인은 동류이다. 고양이처럼 애인들과 학자들은 어둠의 침묵과 공포를 찾는다.
161 그리스 신화에 나오는 암흑의 신.
162 고양이들의 의젓한 자태는 깊은 고독 속에 잠긴 스핑크스를 닮았고, 풍만한 허리에 가득한 불꽃은 영원한 쾌락의 상징이며, 어렴풋이 빛이 반짝이는 듯한 신비한 눈동자는 비밀과 신비함의 최상의 표상이다.
163 1851년 보들레르는 문학 친구들과 함께 『올빼미 철학자 *Hibou Philosophe*』라는 잡지를 출간할 계획을 가지고 있었다. 움직임을 싫어하는 올빼미는 속인들의 어리

석은 소란과 광기와 폭력 등을 거부하는 현자의 모습이다.

164 아당은 이 시에서 어떤 깊은 의미를 찾는 것은 바람직하지 않다고 주석을 붙인다. 시를 지배하는 가벼운 리듬과 선택된 단어들, 어떤 부분에서의 기묘하고 우스꽝스런 디테일 등 보들레르는 친구들에게 낭송하며 그들을 미소짓게 하기 위해 이 시를 쓴 모양이다(A. Adam, 같은 책, p. 358).

시인은 파이프를 아비시니아나 카프라리아의 여인에 비유하며 여성화하고 있다. 파이프가 뿜어대는 연기는 저녁 일터에서 돌아오는 농부를 위해 저녁밥을 준비하는 오두막에 비유되기도 하고, 고뇌에 찬 시인을 달래주고 머리를 식혀주며 위로해주는 모성적 이미지를 보여준다.

165 시의 리듬은 음악의 리듬을 일깨우고, 음악의 리듬은 바다의 리듬에 비유된다. 그리하여 "음악은 흔히 시인을(나를) 사로잡는다."

또한 음악은 맑은 하늘, 바람, 폭풍 등 기후에 비유되고, 진동, 나아가기, 흔들림 등, 배의 움직임에 비유된다. 그리고 리듬은 희망, 절망, 힘찬 충동, 정열의 격렬함 등 마음의 움직임에 연결된다. 음악은 희망과 동시에 끝없는 심연 사이에 걸려 있는 인간 운명의 이미지로도 그려져 있다.

시인이 요동치는 배처럼 자신의 내부에서 으르렁거리는 소리를 느끼는 정열은 그의 고통의 원천이다. 그러나 그것은 동시에 생명의 움직임이다.

보들레르는 음악이 펼쳐주는 몽상을 여러 곳에 그려두었다.
1860년 바그너에게 보낸 편지에서는 다음의 표현이 발견된다.

당신의 작품 도처에서 자연의 엄청난 소리와 엄숙함을 발견합니다…… 저는 특히 매우 기이한 느낌을 경험합니다. 그것은 진정 감각적인 쾌락을 이해하고 그것이 저를 파고들고 휩싸게 저를 내맡기는 데서 오는 기쁨과 자부심과 같습니다. 그것은 공기 속으로 올라가거나 바다 위로 굴러가는 것과 유사한 느낌입니다.

또한 『내면 일기』의 「마음을 털어놓고」에서도 바다의 광경이 불러일으키는 몽상과 음악에 관한 노트가 발견된다.

바다의 광경은 왜 그토록 끝없이, 그토록 영원히 즐거운가? 바다는 무한과 움직임에 관한 생각을 주기 때문이다. (Œ C., p. 1290)

음악은 공간의 개념을 준다. (Œ C., p. 1296)

166 이 시는 「증오의 물통」 「유령」 등과 함께 그림의 소재가 될 만한 생생한 묘사, 환

상주의, 괴기 취미 등 낭만주의의 문학적 전통을 반영하고 있다. 위 두 시에서도 환상적이고 음산한 분위기가 지배적이며, 이 시에 그려진 독사, 굶주린 마녀, 음탕한 늙은이 등도 이 시기에 흔한 이미지이다.

167 리키M. W. Leakey는 1953년 4월 잡지(*French Studies*)에 발표한 글에서 시인에게 영감을 준 환상적인 판화를 밝혔다. 1784년에 발표된「창백한 말 위에 탄 사자Death on a pale horse」이다. 이 작품은 모티머J. Mortimer의 데생에 헤인스J. Haynes가 판화로 조각하여 완성한 것이다. 이 작품과 이 시에 묘사된 사자는 매우 유사하다. 그러나 시의 마지막에서 시인은 이 주제에 그 판화에는 없는 이미지를 준다.

168 이 소네트에서 시인의 깊은 사상을 찾으려고 하거나 시의 내용을 진지하게 받아들이려 하면 오히려 이 시를 이해할 수 없게 된다고 아당은 주석을 붙인다(A. Adam, 같은 책, p. 360).

이 소네트는 순수하게 문학 테마에 지나지 않는 낭만주의의 괴기 취미가 그 흔적을 남긴 몇몇 작품 중의 하나이기 때문이다. 음산한 분위기를 띠는 낭만주의의 어떤 유희와 『악의 꽃』의 가장 아름다운 시에서 두드러지는 절망의 부르짖음과의 차이를 혼동한다면 보들레르 시의 진정한 의미를 그르치게 될 것이다.

1830년경 그 같은 낭만주의의 경향을 가장 잘 그린 시인은 고티에이다. 특히 그의 『죽음의 코미디 *La Comédie de la Mort*』가 그런 경향의 대표로 꼽힌다.

169 그리스 신화에서 다나이데스는 다나노스의 딸들로 그녀들은 모두 결혼 첫날밤 남편을 죽였기 때문에 지옥에서 밑 빠진 물통에 물을 붓는 형벌을 받는다. 이처럼 이 창백한 다나이데스들은 죽음과 연결되어 있다. 원하지 않는 남편과의 결혼의 거부는 삶의 거부이기 때문이다. 그녀들은 첫날밤 칼로 남편을 죽이고 자신들의 생명도 끊는다. 시인은 이곳에서 이 신화의 전통적인 의미를 묘하게 수정하여 신화가 갖는 깊은 의미를 부각시킨다. 이 시에서는 다나이데스가 신화에서와 같은 벌을 받지 않고, 반대로 그녀들의 복수의 행위를 끝없이 반복하고 있다. 그렇게 해서 그녀들의 증오심을 만족시키려는 듯.

이 증오는 상식의 범위를 훨씬 넘어 그녀들은 희생물을 다시 죽이기 위해 그들을 살려낸다. 그것이 이 시에 그려진 증오의 모습이다. 그녀들은「원수」에 그려져 있는, 끊임없이 우리의 생명을 먹고 우리의 피를 마시는 증오의 화신과 같다.

170 헤라클레스가 무찔렀다는 괴물로, 일곱 개의 머리가 있어서 한꺼번에 자르지 않으면 자를수록 돋아났다고 한다.

171 겨울 밤, 밖은 안개 가득하다. 그러나 안개는 연기 내며 타고 있는 장작을 끄지도 못하고 노래하는 종소리를 죽이지도 못한다. 또 먼 추억 서서히 떠오르는 것을 막지도 못한다. 이처럼 시의 시작 부분에서 노래된 씁쓸함과 감미로움이 후반으로 가면서 절망 속에서 괴로워하는 시인의 넋과 금간 종의 비유로 바뀐다.

기운찬 목청을 가진 행복한 종과 금간 종을 대조시켜 시인의 병든 넋을 부각시킨다.

172 의기소침한 시간의 우울과 보들레르적 시적 분위기를 잘 나타내고 있는 시이다.
　　장맛달이 온 세상에 화난 듯 주룩주룩 항아리째 비를 퍼부으며 공동묘지의 사자들에게 음산한 냉기를, 변두리 지역에는 죽음의 입김을 보낸다. 권태의 방에서는 유리에 와서 부딪히는 세찬 빗소리, 신음하는 듯한 바람 소리, 멀리서 울리는 종소리가 들리고 아궁이에서 타고 있는 장작에선 연기가 난다. 싸구려 숯집에서 사온 건조가 안 된 장작이기 때문이다. 늙은 시인의 넋은 '추위타는 허깨비'의 구슬픈 소리를 지른다. 허깨비도 추위를 타고, 시계 역시 감기에 걸려 있다. 집안의 고양이도 주인처럼 병들고 야위었다. 주인처럼 야위고 옴에 걸려 고통받는 고양이, 그것은 고통받는 시인의 은유이다.

173 「발코니」에서 시인은 "나는 행복한 순간을 불러일으키는 기술을 안다"라고 자신 있게 외친다. 그리고 이곳에서는 "천 년을 산 것보다 더 많은 추억을 갖고 있다"라고 과거와 추억의 무게 밑에 신음하는 시인의 우울을 그린다. 추억으로 가득 찬 시인의 머리 속은 계산서, 시, 연애편지, 소송서류 등 한 개인의 온갖 역사를 담고 있는 장롱 서랍에 비유되거나, 또는 수많은 시체들이 쌓인 공동묘지, 또는 빛바랜 시든 장미만 가득한 오래된 규방이 된다. 공동묘지의 시체들은 지나간 시인의 삶의 잔해이며 추억이다. 이 시체들에는 회한처럼 구더기들 우글거리고……
　　우울의 포로가 된 시인에게 시간은 죽음처럼 느리게 흘러간다. '사하라에 졸고 있는 스핑크스'는 우울의 무게 아래 화강암처럼 굳어진 마비된 시인의 넋이다.

174 「향수병」의 테마를 떠오르게 한다. 「향수병」참고.

175 권태의 포로가 된 시인과 느리게 흘러가는 시간의 테마는 『악의 꽃』의 권두어와 같은 「독자에게」에서부터 『악의 꽃』 전체를 통해 끈질기게 나온다.

176 권태의 포로가 된 젊은 왕의 테마는 「영웅적인 죽음 Une Mort Héroïque」(『파리의 우울』)에 다시 나온다.

177 시의 테마는 시제에서 드러나 있듯이 권태로 신음하는 시인의 고통이다. 처음 세 개의 시절에서는 권태의 양상을 그리고 있다. 권태의 포로가 된 시인에게 세상은 온통 시인을 압박하는 무게이며 어둠이다. 시인이 살고 있는 우주는 폐쇄된 공간으로 보인다. 하늘은 무거운 뚜껑처럼 시인의 정신을 짓누르고, 밤보다 더 슬픈 어둠을 사방에 퍼붓는다. 시인이 발을 디디고 있는 땅은 축축한 굴이 된다. 그곳에 갇힌 박쥐처럼 그곳을 빠져나오려 하지만, 희망은 없어 보인다. 감옥의 쇠창살을 닮은 비와, 소리 없는 더러운 거미떼 역시 폐쇄와 갇힘의 이미지이다.
　　세번째 4행 절에서 폐쇄된 토굴 감옥의 이미지와 거대한 감옥-우주의 창살에 비유되는 수직으로 내리는 비의 이미지가 겹쳐지면서 갇힘의 고통이 더욱 조여든다.

앞 시구에서 썩은 천장과 벽에 의해 비상을 방해받는 박쥐의 갇힘이 부각되었던 것에 이어, 이번에는 갇힘이 거미줄에 의해 더욱 강조된다. 더러운 거미줄이 주는 혐오감과 거미의 수많은 그물에 의해, 또는 거미가 지니고 있는 원형적인 속성에 의해 거미는 불길한 운명의 표상으로 보인다.

마침내 이 폐쇄와 갇힘의 고통은 한계에 이르고, 이 탈출구 없는 영원한 권태 속에 신음하는 시인에게 발광 상태의 환각이 일어난다. 이 고통의 폭발이 마지막 두 시절에서 전개된다. 갑자기 "펄쩍 뛰며 / 하늘을 향해 무섭게 울부짖는" 종들은 극점에 달해 폭발하는 시인의 절규이다.

178 오스틴은 『악의 꽃』의 「우울과 이상」 편 「교감」을 중심으로 희망과 야심에 찬 이상주의와 다른 한쪽의 추락과 패배라는 대층적 구도에 대해 언급한다. 그리고 이 시가 「교감」에 대응하는 비관주의 정점을 나타낸다고 지적한다(*Univers Poétique de Baudelaire*, Mercure de France, 1956, pp. 92~93).

이미 앞의 시 「우울」(LXXVIII)에서 반항의 울부짖음은 폭발한다. 그곳에서 존재의 고통과 권태를 환기시킨 후 이제 다른 형태의 존재의 형벌을 들려준다. 형벌은 피할 수 없이 강요된다.

인간에게 내려진 이 정당화할 수 없는 저주, 그것은 풍금이 우렁차게 울리는 대성당-숲의 이미지이며, 흐느낌과 모욕으로 가득한 바다의 엄청난 웃음소리이다.

179 시의 마지막에서 어둠을 등장시켜 시인은 위안을 구하는 듯하다. 어둠 한가운데서 시인의 정신은 오히려 활발하게 움직인다. 이 속에서 추억이 말을 하고, 사라진 친구들이 나타나고, 여러 친근한 얼굴들이 캄캄한 밤에 더욱 빛나는 별들처럼 어둠의 바탕 위에 투사되어 부각된다. 검정과 어둠의 장막을 배경으로 떠오르는 영상들은 보들레르 작품에 매우 친근한 이미지이다.

180 이 시는 「상승」에서의 정신의 승리에 찬 상승과 대조되는 심연 속으로의 추락을 그리고 있다. 상승과 추락의 대조를 오스틴은 언급한다(J. Austin, 같은 책, p. 94).

시간과 함께 인간의 힘과 희망이 서서히 쇠진해지고, 추락은 피할 수 없는 운명이라는 의식은 인간 모두에게 해당된다. 이 피할 수 없는 운명에 대항하는 것은 덧없다는 생각이 시인을 추락과 체념으로 몰고 간다. 시인의 정신은 옛날 '투쟁을 좋아하던' 전투의 말에 비유되어 있다. 옛날 싸움을 좋아하던 말이 이제 싸움을 두려워하는 우울한 말이 되었다. 이 말의 기사인 「희망」도 무기를 내려놓았다. 옛날 정열에 박차를 가하던 「희망」도 말 위에 올라타려 하지 않는다. 이처럼 영광스런 과거와 현재의 추락이 대조되어 부각된다. 젊은이의 열정적인 충동에 늙은이의 무력감이, 전투를 두려워하지 않는 자부심에 비겁한 체념이, 깨어 있는 정신에 짐승의 잠이……

오랜 투쟁이 정신을 소모시켰다. 그리하여 그는 이제 늙은 '약탈자'에 불과하다. 투사에 따르는 전쟁의 여러 기쁨들이, 전투와 사랑과 나팔 소리와 피리의 한숨 소리가 이 침울한 늙은이를 유혹하지 못한다. "찬란한 봄도 제 향기를 잃었다!" 그를 패배자로 만든 것은 시간이다. 시간이 한순간 한순간 우리를 삼키고, 우리는 마침내 이 늙은이처럼 패배자가 되고 만다.

181 연금술사라는 단어는 보들레르에게 친근한 단어이다. 그에 의하면 시인들은 사물들에 변모를 가져오기 때문에 연금술사와 같다. 시인은 『악의 꽃』의 헌사 형식의 에필로그에서 연금술사로서의 시인의 역할을 분명히하고 있다.

오, 그대 완벽한 화학자처럼, 또 거룩한 영혼처럼,
내가 내 의무 다했노라 증언해주오
[……]
왜냐면 하잘것없는 것에서 정수를 빼내듯이,

그대 내게 진흙을 주었지만, 난 거기서 금을 끌어내었소.

이처럼 그는 진흙에서 금을 추출하려 했고, '지상에 흩어져 있는 미의 조각들'을 주우려 했고, '최초의 광선의 거룩한 광선에서 퍼낸 순수한 빛'을 끌어내는 연금술사가 되려 했다.

그러나 이곳에서의 연금술사는 이 같은 신성의 초자연적 연금술사가 아니다. 그는 가장 슬픈 연금술사이다. 반대로 금에서 쇠를 추출하는 연금술사이기 때문이다.

182 프리기아Phrygie의 왕 미다스는 디오니소스로부터 그가 만지는 모든 것을 금으로 변하게 하는 능력을 부여받는다. 그러나 그가 고기를 먹으려 하자 입 속에서 고기마저 금으로 변한다. 그는 리디아의 강에서 목욕을 하고 이 불행에서 해방된다. 시인이 헤르메스로부터 받은 능력 역시 미다스에게 허락되었던 능력처럼 불행한 것이다. 「독자에게」에서 그린 능숙한 화학자 악마 트리스메기스토스가 "의지라는 우리의 귀금속"을 증발시켜버린 것이다.

183 시제는 시인과 풍경 사이에 공감이 있음을 시사한다. 즉 공포를 자아내는 풍경이 시인의 넋에 부합하는 풍경이라는 데서 유래한 시제이다.

184 이 시는 들라크루아의 「스키타이에 온 오비디우스Ovide chez les Scythes」에서 시작되었다고 아당은 주석을 붙인다(A. Adam, 같은 책, p. 367). 납빛의 괴상한 하늘 역시 이 그림의 하늘이다. 고통받는 운명이란 그림에 그려진 추방당한 오비디우스의 운명을 가리킨다. 그는 신을 모독한 죄로 라틴의 낙원에서 추방당해 먼 귀양지에서 삶을 마감해야 하는 추방당한 자의 파란만장한 삶을 살 수밖에 없다.

185 이 부분에서 시는 오비디우스와 대조되는 시인의 태도를 강조한다. 납빛의 하늘은 '나'로 표현된 시인의 넋이며, 동시에 폭풍우 같은 정열 속에 살기를 결심한 만족을 모르는 시인의 넋의 이미지이다. 이것이 자유롭고 반항적인 인간의 자부심이며, 오비디우스 같은 운명에 처해 있으되 신음하지 않겠다는 자부심이다. 그리하여 자신의 마음속에서 신을 죽게 하고, 지옥에서 살기로 선택한다.

186 '영구차corbillards'는 「우울」(LXXVIII)에도 나온다.

187 시제 L'HÉAUTONTIMOROUMÉNOS는 보들레르가 테렌티우스Térence의 희극에서 빌려온 그리스어로, '자신을 벌하는 사람'이라는 의미를 가지고 있다.

188 이 시를 바친 J. G. F.가 누구인가에 대해서 보들레르 연구가들은 그럴듯한 증거와 함께 엇갈리는 주장들을 하고 있다. 잔 뒤발이라고 추측하는 연구가도 있고, 마리 도브렁이라고 주장하는 사람도 있다. 또 1860년에 발표된 『인공 낙원 Paradis Artificiels』의 헌사에도 동일한 이름이 나오는데, J.는 Juliette이고, G.는 Gex, F.는 Fagon, 즉 Juliette Gex Fagon이라는 주장도 있다. 그러나 이 주인공이 누구인지 확실하게 증명되지 않아 아직도 수수께끼로 남아 있다.

189 시의 도입 부분에서는 애인을 고문하는 데서 얻는 쾌락을 전개하면서 자신의 괴상한 정신 상태를 그리고 있다. 그러나 그가 애인을 고문하는 집행인이라면, 그보다 앞서 그는 자신을 벌하는 사형 집행인이며, 동시에 벌을 받는 희생자이다. 시의 이 부분에서부터 시인의 의도가 분명해진다.

190 (네번째 시절에서 그려진) 그를 "뒤흔들고 물어뜯는/걸신들린 빈정거림"은 치료할 수 없는 이율배반에 대한 빈정거림이며, 성스러운 교향곡 속에 잘못 끼어든 자신의 떠들썩한 목소리는 추락한 자신을 상기시킨다. 검은 독은 그를 파먹고, 음침한 거울은 그 자신의 악마적인 속성의 이미지이다.

191 돌이킬 수 없는 것, 그것은 존재이다. 시인은 그의 정신을 끊임없이 괴롭히는 일련의 악몽의 이미지들을 제시하고 있다. 추락과 추락 속에서의 정체, 그것들은 존재의 상징들이다.

시는 두 부분으로 나뉘어 있다. 첫번째 부분에서는 존재의 상징들과 의미들이다. 그리고 두번째 부분의 마지막 시절에서 다른 주제가 나온다. 존재의 저주, 그리고 그에 대한 의식이 불행을 끝없이 확대시킨다. 그 의식이 지옥을 낳는다. 그러나 의식은 저주이면서, 동시에 인간만이 가질 수 있는 인간의 '영광'이다.

192 존재가 죄악이며 추락이라는 생각은 보들레르의 머리에서 줄곧 떠나지 않는 생각이다.

193 악마Diable, 또는 사탄Satan이 보들레르의 시와 『내면 일기』에 자주 나온다는 이유로 보들레르를 정통 기독교와 연결시킬 수는 없다. 그렇다고 악마가 단순히 문학적인 상징에 불과하다고 말할 수도 없다.

194 '빈정거리는ironique'이라는 단어는 앞의 시, 「자신을 벌하는 사람」을 떠올리게

한다. 창조의 양면성, 이에 대한 아이러니와 의식, 의식의 저주와 위대함 등이 시의 중심에 있다.

195 앞의 시에서도 같은 사상이 전개된다. 악의 의식은 저주이다. 그것이 존재의 형벌을 격화시킨다. 그러나 의식은 인간만이 가질 수 있는 인간의 특권이다. 시인은 의식의 지옥 같은 성격과 동시에 의식의 영광을 강조하고 있다.

196 '악Mal'을 대문자로 쓰고 있다. 그것은 존재가 악이라는 것을 시의 마지막에서 분명히 하기 위해서인 듯하다. 그 자체가 추락이며 어둠이며 악인 인간의 존재에서 유일하게 빛을 발하는 것은 '의식conscience'이다. 즉 인간은 존재의 조건 속에 있을 뿐만 아니라, 자신이 존재하고 있는 양상을 보고 있다. 존재는 인간의 조건이다. 그러나 또한 존재는 인간의 의식의 대상이다. 여기에 시인이 말하고 있는 '대담tête-à-tête'(33행)의 의미가 있다. 이는 20세기 실존주의의 존재에 대한 인식과 다르지 않다.

197 『내면 일기』의 다음 구절이 이 시의 주석이라고 할 수 있다.

매 순간 우리는 시간에 대한 생각과 느낌으로 짓눌린다. 이 악몽을 피할 수 있는 방법은 두 가지, 쾌락과 일이 있을 뿐이다. 쾌락은 우리를 소진시키고, 일은 우리를 강하게 만든다. (*Œ C.*, p. 1266)

그 밖에 그의 편지들에서도 이와 유사한 표현들이 발견된다. 이를테면 다음의 구절:

달아나는 시간, 그런데 시간은 얼마나 잘못 쓰였는가…… (1857년 12월 26일 편지)

아, 내가 젊었을 때 시간의 가치를 알았더라면……(1858년 2월 19일 편지)

시간을 가리키는 '시계'는 우리 생명을 갉아먹는 "무섭고 냉정한 불길한 신"의 모습으로 등장한다. 시간은 우리의 가슴에 '떨리는 고통'을 꽂고, 모든 인간에게 부여된 향락을 베어 삼키는 원수처럼, 또는 더러운 대롱으로 우리의 생명을 빨아올리는 흡혈귀, 우리를 집어삼키려고 탐욕스런 입을 벌리고 있는 심연, 그리고 결코 패배를 모르는 욕심쟁이 노름꾼으로 그려져 있다.

198 시간의 파괴적 성격을 말하는 이와 유사한 표현이 「원수」에도 나온다:

오 이 괴로움! 시간이 생명을 좀먹는다.

199 이 시행에서 "잊지 마라"를 여러 나라 말로 하고 있다.

파리 풍경

TABLEAUX PARISIENS

『악의 꽃』의 두번째 시편인「파리 풍경」은 1857년 초판에는 없었고, 1861년 제 2판에서 처음으로 나온다.

보들레르는 『악의 꽃』의 한 단원을 대도시의 테마를 위해 따로 배정하고, 초판의「우울과 이상」편에 있던 8편의 시와 새로운 시들을 모아「파리 풍경」이라 이름붙였다. 그것은 도시 삶의 시적인 암시에 매우 민감했던 보들레르에게 자연스러운 발상이었다. 그 당시 보들레르는 도시를 주제로 한 새로운 회화에 매우 깊은 관심을 보이며, 화가들이 다른 무엇보다 관심을 보여야 할 도시의 주제를 외면하는 것이 놀랍다고 지적한다. 파리의 풍경을 동판부식으로 재현한 화가 메리옹Méryon에게 찬사를 보내고, 한편으로는 그가 '현대 생활의 화가'라고 이름 붙인 또 한 사람의 화가 가이스Guys에 대해 13장에 걸친 긴 미술 비평을 바치며 열렬한 찬사를 보낸다.
시인 사후에야 출판된 소 산문시집『파리의 우울』의 헌사 형식의 서언에서는 이렇게 자신의 집착을 설명하고 있다.

이 같은 집요한 이상이 태어난 것은 일찍이 대도시를 자주 드나들며 무수한 관계에 부딪히면서부터입니다.

대도시에 관한 이 같은 집착은 보들레르 시와 미학의 주요 테마 중의 하나였다. 그리고 이보다 앞선 1846년부터 이미 그는 미술 비평을 통해 대도시에 관한 관심을 거듭 강조했다. 『1846년 미술전』에서는 대도시에 특별한 미가 살아 있음을 보이기 위해 '대도시의 지하를 떠도는 수많은 부랑하는 존재들'을 상기시킨다. 또한 시적 주제가 풍요한 파리의 삶을 역설한다.

파리의 삶은 경이로운 시적 주제가 풍부하다. 경이로움이 우리를 감싸고, 분위기처럼 우리를 적시건만 우리는 그것을 알지 못한다. (*Œ C.*, p. 952)

『악의 꽃』제2판 출간을 위한 에필로그의 초고에서 시인은 파리를 연인이라 부르고 있으며, 애인-파리를 향해 자신의 의도를 다짐한다.

오 내 예쁜, 매혹적인 그대,
[······]
오 그대, 완벽한 화학자처럼, 오 거룩한 영혼처럼

내가 내 의무를 다했노라 증언해주오.

[……]

왜냐하면 하잘것없는 것에서 정수를 빼내듯,

그대 내게 진흙을 주었지만, 난 거기서 금을 끌어내었소.

* 「우울과 이상」편은 처음에는 상승하는 움직임이 그려지고, 후반부에는 하강하는 움직임을 따라간다. 오스틴은 그의 책에서(J. Austin, 같은 책, pp. 91~101) 초반의 시들에서 보이는 초월적인 세계로의 힘찬 도약이 후반부로 가면서 지옥 같은 심연으로의 추락으로 이어지고, 하늘로의 상승에 이어 지옥으로의 하강으로, 도취의 절정에서 공포로, 신성과의 교류로부터 악마와의 교류로 추락하는 움직임을 설명한다.

「파리 풍경」도 이와 유사한 움직임을 보인다. 이 그룹의 두번째 시 「태양」은 「파리 풍경」편을 밝혀주지만, 머지않아 곧 도시의 삶의 어두운 성격이 드러난다. 뤼프는 이 시편에 대해 '비록 매우 상대적인 낙관주의가 소망이나 환상처럼 초두에 놓여 있지만 고통을 남기지 않는 세 개의 시가 있을 뿐'이라고 주석을 붙인다(Baudelaire, Hatier, 1957, p. 114).

'군중들이 우글거리는 도시'의 광경 속에서 시인의 시선은 회한과 패배와 공포, 어둠, 죽음의 이미지들을 발견한다. 갖가지 모습 밑에 드러나는 파리는 보들레르에게 끝없는 상징과 알레고리의 원천이다. 파리는 삶의 불안과 거짓, 어디에나 존재하는 악, 특히 달아나는 시간과 함께 사라져야 하는 덧없는 삶과 피할 수 없는 죽음에 대한 풍요한 몽상과 명상의 자료이다.

그는 또한 대도시의 인간들 사이에서 느끼는 개인의 고독을, 그리고 '인생의 패배자들'에 대한 민감한 자애심이라는 보물을 매우 새롭고 현대적인 감각으로 제시했다.

그는 도시의 악을, 도시의 추함을, 도시의 매음을, 또는 도박을, 기술 문명이 개인을 짓누르게 될 새로운 위협을, 병원들을, 그리고 도시의 괴물들을 언급했다. 그러나 이 같은 도시 생활의 고통이 유독 파리에만 있는 것은 아니며, 보들레르 특유의 경험이라고 할 수도 없다. 그것은 모든 대도시의 결함이기 때문이다. 여기서 주목할 수 있는 점은 도시 생활의 평범한 일상으로부터 그가 어떻게 서정적인 테마를 새롭게 했으며, 어떻게 도시의 불행한 현실로부터 영원하고 무한한 시적인 요소를 끌어낼 수 있는가 하는 것이다.

풍경[1]
PAYSAGE

나의 목가를 단아하게 짓기 위해
나는 점성가처럼 하늘 가까이 누워
종루 곁에서 꿈꾸며[2] 들으련다,[3]
바람에 실려 오는 엄숙한 성가를.
두 손으로 턱을 괴고 높이 내 다락방에서
나는 바라보리라,[4] 노래하고 수다 떠는 작업장을;
굴뚝이며 종루며 저 도시의 돛대들,
그리고 영원을 꿈꾸게 하는 저 끝없는 하늘을.

안개 사이로 보이는 풍경은 즐겁다,
창공에 별 나타나고, 창마다 불이 켜지고,
철철 넘치는 매연이 창공으로 솟아오르고,
달은 파리한 매혹을 쏟아붓는다.
나는 해마다 지켜보리라, 봄과 여름, 가을을;
그리고 단조로운 눈 내리는 겨울이 오면,
사방 덧문을 닫고 휘장을 내려,
밤 속에 꿈의 궁전[5]을 세우리.
그리고 꿈꾸리, 푸르스름한 지평선,
정원, 대리석 석상들 속에서 눈물 흘리는 분수,
입맞춤, 아침저녁 재잘대는 새들,

그리고 「목가」에서나 노래할 더없이 천진난만한 것들을.
「소요」가 제아무리 내 유리창에 폭풍을 몰고 와도, 헛일
책상에서 내 이마를 들게 하진 못하리;
왜냐면 나는 내 의지로 「봄」을 불러일으키고,
가슴속에서 태양을 끌어내어 타오르는
생각들로 따스한 분위기를 만들어내는
그런 황홀경에 빠져 있을 테니까.

태양[6]
LE SOLEIL

도시와 들판, 지붕과 밀밭 위로
혹독한 태양이 맹렬하게 내리쬘 때,
은밀한 음욕을 가리는 덧창들이
누추한 집집마다 달려 있는 옛 성문 밖 거리를 따라
나는 홀로 간다, 환상의 검술을 닦으러,
거리 구석구석에서 우연의 운율을 맡아내며,
포석 위에 발 부딪히듯 낱말 위에서 비틀거리고,
때로 오래전부터 꿈꾸던 시구와 딱 마주치기도 한다.

우리를 길러주는 저 아버지, 위황병의 원수,
태양은 들에서 장미를 깨우듯 시구를 잠 깨우고;
온갖 근심 하늘로 증발시키고,
머리 속과 벌집 속을 꿀로 채우고,
목발 짚은 자에게 젊음을 되찾아주어
소녀처럼 즐겁고 쾌활하게 만든다.
언제나 꽃피고 싶은 영원한 마음속에
자라고 익으라고 명하는 것도 태양!

시인처럼 그가 거리에 내려갈 때면,
아무리 천한 것들의 운명도 귀하게 하고,

시종도 없이 사뿐사뿐 왕자처럼 들어가신다,
그 어느 병원에도, 어느 궁궐에도.

빨간 머리 거지 계집애에게[7]
A UNE MENDIANTE ROUSSE

빨간 머리 흰 살결의 계집애여,
네 헤어진 옷 구멍으로
가난과 아름다움이
    내비친다.

보잘것없는 시인 나에게는
주근깨투성인
네 허약한 젊은 몸이
    사랑스럽다.

넌 소설 속의 여왕이
비로드 반장화를 신은 것보다
더 멋있게 무거운 나막신을
    신고 있구나.

너무 짧은 누더기 대신
길게 주름 잡은 화사한 궁정복의
옷자락을 네 발꿈치까지
    질질 끌고 있었으면;

구멍 난 긴 양말 대신
난봉꾼의 눈요기 위해
네 다리 위에 황금의 칼이
   번뜩이고 있었으면;

옷고름 헐거워
두 눈처럼 황홀하게 빛나는
네 아름다운 젖가슴이 우리네 죄인에게도
   드러나 보였으면;

옷을 벗을 때에는
네 팔이 삼가해 망설이고,
장난꾸러기 손가락일랑 고집 세게
   뿌리쳐버렸으면,

세상에서 가장 예쁜 진주,
벨로[8]를 흉내 낸 사랑의 소네트가
네게 반한 사내로부터
   끊임없이 네게 바쳐지고,

시 나부랭이나 읊는 자의 종이 되어
갓 나온 시집을 네게 바치고,
계단 아래서 네 신을
   우러러보고,

요행을 기대하는 숱한 시동들,
영주와 롱사르 같은 무리들은
산뜻한 네 규방 엿보며
　　　즐거워하리!

너는 침대에서 백합보다
더 많은 입맞춤을 받고,
한둘 아닌 발루아의 왕들을 네 율법 아래
　　　꿇게 하리라!

―그러나 지금의 넌
네거리의 어느 음식집 문전에서
버려둔 오래된 쓰레기를
　　　구걸하는 신세;

29수sou짜리 싸구려 보석을
넌 곁눈질하며 가지만,
오! 미안! 나는 그것마저
　　　네게 선물할 수 없구나.

그러니 가거라, 야윈 알몸밖에는
향수도 진주도 금강석도
아무런 치장도 하지 않은
　　　오 아름다운 계집애여!

백조[9]
LE CYGNE

빅토르 위고에게[10]

I

앙드로마크,[11] 나 그대를 생각하오! 그 작은 강물은
그대의 끝없이 장엄한 과부의 괴로움을
일찍이 찬란하게 비추던 가엾고 서글픈 거울,
그대의 눈물로 불어난 그 가짜 시모이강은,

내가 새로 생겨난 카루젤 광장을 지나고 있을 때,[12]
불현듯 내 풍요한 기억[13]을 살아나게 했다.
옛 파리의 모습은 이제 보이지 않는다! (도시의 모습은
아! 사람의 마음보다 더 빨리 변하는구나);

나는 머리 속에만 그려볼 뿐, 진을 친 저 모든 판잣집들을,
산더미 같이 쌓인 윤곽만 드러낸 주두와 기둥들,
잡초며, 웅덩이 물로 파래진 육중한 돌멩이들,
그리고 유리창에 빛나는 뒤죽박죽 골동품들을.

거기 예전엔 동물 우리가 길게 펼쳐져 있었다;

거기서 나는 보았다, 어느 아침 차가운 맑은 하늘 아래
「노동」이 잠을 깨고, 쓰레기터가 고요한 공기 속에
검은 먼지 내뿜고 있는 시각,

우리를 빠져나온 백조 한 마리,[14]
바싹 마른 포도를 오리발 갈퀴로 비비며,
울퉁불퉁한 땅바닥 위로 그 하얀 깃을 끌고 있는 것을.
물도 없는 도랑 가에서 이 짐승 부리를 열고,

먼지 속에 제 날개 안절부절 먹감기며,
제 아름다운 고향 호수 그리는 마음 가득하여 말하기를:
"물이여, 언제 넌 비 되어 내리려니? 너 언제나 울리려니, 우뢰여?"
이 얄궂은 숙명의 신화, 불행한 짐승은

이따금 오비디우스[15]처럼 하늘을 향해
잔인하게도 파랗기만 한 빈정대는 하늘을 향해
마치 신을 향해 비난을 퍼붓듯,
경련된 목 위에 굶주린 머리를 쳐들고 있었다!

II

파리는 변한다! 그러나 내 우울 속에선
무엇 하나 끄떡하지 않는다! 새로 생긴 궁전도, 발판도, 돌덩이도,
성문 밖 오래된 거리도, 모두 다 내게는 알레고리[16] 되고,

내 소중한 추억은 바위보다 더 무겁다.

이렇게 루브르 박물관 앞에서 나를 짓누르는 하나의 영상이 있어,
나는 생각한다, 미친 듯한 몸짓을 하고
추방당한 자처럼 우스꽝스럽고도 숭고한 모습으로,
끊임없이 욕망에 시달리는 내 위대한 백조를! 그리고 그대 앙드로마크,

나는 그대를 생각한다, 위대한 남편의 팔에서,
천한 가축처럼, 뻔뻔스런 피루스의 손에 떨어져,
빈 무덤 곁에 넋을 잃고 몸을 구부리고 있는 그대;
아! 헥토르의 미망인, 그리고 헬레누스의 아내여!

나는 생각한다, 폐병 들어 야윈 흑인 여자를,
진창을 밟으며 살기등등한 눈초리로
끝없는 안개 벽 너머 찬란한 아프리카의
이곳에 없는 야자수를 찾고 있던 그 모습을;

영영 되찾지 못할 것을 잃어버린
모든 사람들을! 눈물로 목 축이고
암이리처럼 「고통」을 젖 빨듯 살아가는
사람들! 꽃처럼 시들어 야위어가는 고아들!

이처럼 내 마음 귀양 사는 숲속에
오랜 「추억」은 뿔피리처럼 숨 가쁘게 울려 퍼지누나!

나는 생각한다, 외딴 섬에 잊힌 뱃사람들,
포로들, 패배자들!…… 또 그 밖에도 수많은 사람들을!

일곱 늙은이들[17]
LES SEPT VIEILLARDS

빅토르 위고에게

붐비는 도시, 환상이 가득한 도시,
그곳에선 한낮에도 유령이 행인에 달라붙는다!
신비는 도처에서 수액처럼
억센 거인의 좁은 배관 속을 흐르고 있다.

어느 날 아침 음산한 거리에서
안개 때문에 더 높아 보이는 집들이[18]
불어난 강의 양 둑같이 보이고,
더럽고 누런 안개는 배우의 넋을 닮은

배경이 되어 사방에 넘쳐흐를 때,
나는 주역을 맡은 인물처럼 신경을 곤두세우고
이미 지쳐버린 내 넋과 말싸움을 벌이며,
육중한 달구지로 흔들리는 성 밖 변두리 지역을 가고 있었다.

난데없이 한 늙은이, 우중충한 하늘빛을 흉내 낸 듯,
누런 누더기를 걸치고, 혹 그 눈 속에서
빛나는 심술궂은 기색만 아니었다면,

비 오듯 쏟아지는 동냥을 받았음직한 그런 꼴로,

내 앞에 나타났다, 그의 눈동자는 담즙에
담근 것 같고, 그 눈초리는 서릿발 같다.
덥수룩 자란 턱 수염은 칼처럼 뻣뻣하게
유다의 수염처럼 내밀고 있었다.

몸은 꼬부라진 게 아니라 두 동강이 난 듯하고,
등뼈는 다리와 완전한 직각이 되니,
그 꼴에 어울리는 지팡이는
병신 된 네 발 짐승 아니면 세 발 가진 유대인의

모습과 서툰 걸음걸이를 그에게 주고 있었다.
눈과 진창 속에서 허우적거리며 그는 가고 있었다,
헌 신짝 아래로 시체를 짓밟기라도 하듯,
세상에 무관심하다기보다 차라리 적의를 품고.

똑같은 늙은이가 뒤를 따랐다, 수염도 눈도 등도 지팡이도 누더기도
무엇 하나 다를 게 없었다, 똑같이 지옥에서 나온
이 백 살 먹은 쌍둥이들은. 이렇게 괴상 야릇한 유령들이
똑같은 걸음걸이로 알 수 없는 목표를 향해 가고 있었다.

대체 나는 무슨 더러운 음모의 표적이 되어 있었단 말인가,
아니면 어떤 짓궂은 운명이 나를 이렇게 욕보이고 있었던가?

이 불길한 늙은이 시시각각 수가 불어나
나는 일곱이나 세고 있었으니!

불안해하는 나를 비웃는 자여, 그리고 이 같은
떨림에 사로잡히지 않는 자여, 생각해보라,
그 흉측한 일곱 괴물들은 노쇠했으나
불멸의 모습을 하고 있었다는 것을!

나는 죽지 않고도 여덟번째 유령을 바라볼 수 있었을까,
냉혹하고 빈정대는 숙명의 쌍둥이를,
자신의 아들이며, 동시에 애비인 불쾌한 불사조를?
─그러나 나는 그 끔찍한 행렬에 등을 돌렸다.

세상이 두 개로 보이는 주정뱅이처럼 흥분하여,
나는 집으로 돌아와 문을 닫았다, 질겁을 하고,
병이 난 듯 낙심하고, 정신은 신비와 부조리에
상처를 입고, 열에 들뜨고 당황하여!

내 이성은 키를 잡으려 해도 헛일,
폭풍이 장난치며 그 노력을 훼방놓고,
그리하여 내 넋은 춤을 추었다, 돛도 없이 낡은 배처럼,
괴물 같은 끝없는 바다 위에서 춤을 추었다!

가여운 노파들
LES PETITES VIEILLES

빅토르 위고에게[19]

I

오래된 수도의 꼬불꼬불한 주름 속,
모든 것이, 공포마저도 매혹으로 바뀌는 곳에서,
나는 지켜본다, 내 숙명적인 기질 어쩔 수 없어
늙어빠졌으나 귀여운 요상스런 인간들을.

저 쪼그라진 괴물들도 옛날엔 여인이었겠지,
에포닌 아니면 라이스 같은! 꼬부라지고, 곱사등에,
뒤틀어진 괴물이지만, 저들을 사랑하자! 아직 넋이 있으니.
구멍난 치마 입고 차가운 천 조각 걸치고,

그들은 기어간다, 심통 사나운 북풍을 맞으며,
합승마차 굴러가는 요란한 소리에 바들바들 떨며,
꽃이나 수수께끼 그림을 수놓은 작은 손가방을
성자의 유물인 양 옆구리에 죽어라 끼고서;

그들은 꼭두각시인 양 종종걸음으로 걸어가고;

상처 입은 짐승마냥 몸을 끌며 기어가고,
또는 사정없이 매달린 「마귀」가 뒤흔드는
가엾은 풍경처럼 억지 춤을 춘다! 몸은 전부

찌부러졌으나, 눈은 송곳처럼 꿰뚫어보고,
밤에 물이 고인 웅덩이처럼 반들거리고;
무엇이고 반짝이는 것을 보면 놀라 웃는
소녀의 거룩한 눈빛을 그들은 간직하고 있다.

— 그대들은 눈여겨보았는가, 수많은 노파들의 관이
어린애들 관처럼 작다는 것을?
교묘한 「죽음」은 이들 닮은 관 속에
희한하고 흥미진진한 취향의 상징을 담고 있어서,

붐비는 파리의 화폭 속을 가로질러
허약한 허깨비가 지나가는 것을 보면, 언제나
그 연약한 노파가 새 요람을 향해
가만가만 걸어가는 것 같다;

그러잖으면, 기하학적인 계산을 하며,
이 조화 잃은 팔다리의 모양새를 보고 나는 생각해본다,
이 모든 몸뚱이를 담을 관을 만들기 위해
목수는 몇 번이나 관 모양을 바꿔야 할까.

— 그 눈들은 수백만 눈물로 만들어진 우물,

식은 금속이 반짝이는 도가니……
이 신비한 눈들은, 혹독한 「불운」이 키운
사람에겐, 뿌리칠 수 없는 매력을 가지고 있다!

II

죽은 프라스카티의, 사랑에 빠진 베스타의 무녀며;
아! 이미 땅 속에 묻힌 그녀의 후견인 말고 그 이름
알 리 없는 탈리아의 여사제, 그리고 일찍이
티볼리의 꽃그늘 아래서 놀던 유명한 바람둥이,

그 모든 여자들이 나를 취하게 한다, 그러나 그 모든
연약한 존재들 중에서도, 고통으로 꿀을 만들며
그들에게 날개 빌려준 「헌신」에게 이렇게 말한 여자도 있다:
힘센 히포그리프hippogriff[20]여, 나를 하늘까지 실어 가다오!

어떤 여자는 조국 때문에 불행에 처하고,
어떤 여자는 남편 때문에 고통을 짊어지고,
또 어떤 여자는 자식 때문에 뼈저리게 아픔을 겪은 「마돈나」가 되고,
그녀들 모두 눈물로 강물도 만들 수 있었으리!

III

아! 나는 얼마나 그 가엾은 노파들을 뒤따랐던가!

그중 하나는 석양이 새빨간 상처로
하늘을 피로 물들일 무렵
생각에 잠겨 외따로 긴 의자에 앉아,

이따금 와서 공원을 가득 채우는 군악대의
요란한 금관악기 연주를 듣고 있었다,
그 소리는 사람들의 기운을 되찾아줄 듯한 금빛 황혼 속에서
어떤 용맹심을 시민들의 마음속에 부어주었다.

아직 꼿꼿한 그녀는 당당하고 단정한 몸가짐을 하고
경쾌한 군가를 굶주린 듯 마시고 있었다;
이따금 눈은 늙은 독수리 눈처럼 열리고,
대리석 같은 이마는 월계수관을 씌우기에 알맞았다!

IV

이처럼 그대들은 참을성 있게 불평도 없이 가고 있다,
번화한 도시의 혼돈 속을 뚫고서,
가슴에 피 흘리는 「어머니」여, 창녀여, 아니 성녀여,
옛날 그 이름 모든 사람들의 입에 오르내렸건만.

옛날 미모와 영광을 누렸던 그대들,
이제 누구도 그대들 알아주는 이 없다! 버릇없는 주정뱅이
지나가며 추잡한 추파로 그대들 욕보이고;
비겁하고 더러운 애새끼는 그대 발치에서 깡총댄다.

파리 풍경

살아 있다는 게 창피한 듯 오그라진 그림자 되어,
두려움에 질려 등을 구부리고 담벼락을 따라간다;
그리고 그대들에게 인사하는 이 아무도 없다, 기구한 운명이여!
시간이 가까워진 영원한 삶만을 바라보는 인간 잔해들이여!

허나 나는 멀리서 그대들을 따뜻하게 지켜본다,
불안한 눈으로 위태로운 발걸음을,
오, 이상하게도 그대들 아버지나 되는 양
나는 그대들 몰래 은밀한 즐거움을 맛보고 있다!

나는 본다, 그대들 첫사랑의 열정이 되살아남을;
어둡고 빛나는 그대들의 지난날을 나는 살아본다;
수없이 불어난 내 마음은 그대들의 온갖 악덕을 즐긴다!
내 넋은 그대들의 모든 미덕으로 빛난다!

인생의 폐허! 내 가족이여! 오 나와 같은 두뇌여!
나는 저녁마다 그대들과 엄숙하게 작별한다!
내일 그대들은 어디서 서성이려나, 「하느님」의
무서운 손톱에 짓눌리는 팔순의 「이브」들이여?

장님들[21]
LES AVEUGLES

저들을 보라, 내 넋이여, 정말 끔찍하다!
흡사 마네킹 같고, 어딘가 우스꽝스럽다;
몽유병자들처럼 섬뜩하고 야릇하게 생긴
그들은 어두운 눈알로 어딘가 모를 곳을 쏘아본다.

성스러운 불꽃 사라져버린 그들의 눈은
먼 곳을 바라보듯 마냥 하늘로 쳐들고 있다;
아무도 그들의 무거운 머리가 생각에 잠긴 듯
길바닥 쪽으로 숙여진 것을 본 적이 없다.

그들은 이렇게 끝없는 어둠 속을 건너가고 있다,
이 영원한 침묵의 형제는. 오 도시여!
네가 우리 주위에서 잔인하리만치 환락에 취해,

깔깔대고 노래하고 울부짖는 동안에도,
보라! 나 역시 간신히 몸을 끌며 간다! 그러나 그들보다 더 넋이 빠져
나는 이렇게 말한다,「하늘」에서 무엇을 찾고 있는가, 저 장님들은?

파리 풍경

지나가는 어느 여인에게[22]
A UNE PASSANTE

거리는 내 주위에서 귀 아프게 아우성치고 있었다.
큰 키에 날씬한 한 여인이 상복을 차려입고
화사한 한 손으로 가에 꽃무늬 장식된
치맛자락 치켜 흔들며 장중한 고통에 쌓여 지나갔다;

그녀는 조각상 같은 다리하며 민첩하고 고상하다.
나는 마셨다, 넋 나간 사람처럼 몸을 떨며,
태풍 품은 납빛 하늘 같은 그녀 눈 속에서
매혹적인 감미로움과 목숨 앗아갈 듯한 즐거움을.

한 줄기 번갯불…… 그리고 어둠! ─ 그 눈빛이
순식간에 나를 되살리고 사라져버린 미인이여,
영원 속이 아니라면 그대를 다시 볼 수 없는가?

여기서 멀리 떨어진 저승에서나! 너무 늦었다! 결코 못 만나리!
그대 사라진 곳 내가 모르고, 내가 간 곳 그대 모르니,
오 나는 그대를 사랑했을 터인데, 오 그대는 그것을 알고 있었으리!

밭 가는 해골
LE SQUELETTE LABOUREUR

I

시체 같은 수많은 책들이
고대 미라처럼 잠자고 있는
먼지 날리는 저 강둑 위에
흩어져 있는 인체 해부도,

그 주제는 비록 서글퍼도,
근엄하고 박식한
어느 늙은 화가가
「아름다움」을 옮겨놓은 그 소묘에서,

보이는 건 「인체 표본」과 「해골」들,
그것들이 농부처럼 삽질을 하는 꼴은
그 신비로운 공포를
한층 돋우어준다.

II

서글픈 체념의 촌민들이여,

너희가 등뼈나 껍질 벗겨진
근육의 힘을 다해
파 뒤집는 그 땅에서

무슨 기묘한 추수를 끌어내어,
어느 농가의 광을
채우려 하는가? 말하라,
납골당에서 끌려 나온 고역수들아.

(너무도 끔찍한 운명의
섬뜩하고 분명한 상징이여!)
너희는 그 그림에서
보여주려는가, 무덤에서조차

약속된 잠은 보장되지 않고,
「허무」마저도 우리에겐 배반자임을;
모두가, 「죽음」조차도 우리를 속인다는 것을,
아! 우리는 어쩌면 영원히

어느 미지의 나라에서
딱딱한 땅 껍질을 벗겨야 하고,

우리 피투성이의 맨발 아래
무거운 가래를 밀어야 한다는 것을?

어스름 저녁[23]
LE CRÉPUSCULE DU SOIR

이제 바야흐로 매혹의 저녁, 범죄자의 벗;
저녁이 다가온다, 살금살금, 공범자처럼;
하늘은 커다란 규방처럼 서서히 닫히고,
초조한 사나이는 야수로 변한다.
오 저녁, 자기 팔이 거짓 없이 "우리 오늘 일했노라!" 고
말할 수 있는 자가 원하는
사랑스런 저녁,―그 저녁은 달래준다,
격심한 고통으로 시달리는 마음도,
이마가 무거워진 집요한 학자도,
잠자리로 돌아가는 꼬부라진 일꾼들도.

그 사이 대기 속에선 몹쓸 악마들
사업가들처럼 무겁게 잠에서 깨어나,
날아다니며 덧문이며 차양에 와 부딪는다.
바람이 뒤흔드는 어스름 빛 너머로
「매음」은 거리에 불을 켜고;
개미처럼 나갈 구멍을 트고;
습격을 꾀하는 적군처럼
사방으로 은밀한 길을 뚫어,
「인간」에게서 먹을 걸 훔쳐내는 구더기처럼

진창의 도시 한복판에 우글거린다.
여기저기선 음식 지글거리는 소리 들리고,
극장에선 깨지는 소리, 오케스트라 쿵작거리는 소리;
노름을 최고의 기쁨으로 삼는 탁자에는
창녀와 그들의 공범자, 협잡꾼들로 가득하다,
휴식도 인정도 없는 도둑들도
이윽고 밥벌이를 시작하여
며칠의 양식과 정부의 옷값을 위해
가만가만 문과 금고를 비틀려 들리라.

내 넋이여, 이 엄숙한 순간 조용히 생각하라,
그리고 저 아우성 소리에 귀를 막아라.
지금은 환자들의 고통이 심해지는 시각!²⁴
어두운 「밤」은 그들의 목을 죈다; 그리하여
그들은 명을 마치고 공동묘지를 향해 내려간다;
병원은 그들의 한숨 소리로 가득하고, — 이들 중
몇 명이나 저녁 난롯가 사랑하는 사람 곁으로
맛있는 냄새 풍기는 수프를 찾아 돌아갈까!

더구나 그들 대부분은 가정의 단란함을 맛본 적도 없고,
아예 살았다고 할 수도 없지 않은가!

노름[25]
LE JEU

퇴색한 안락의자엔 늙은 창녀들,
파리한 얼굴에 눈썹 그리고, 아양 떠는 요부의 눈으로
선웃음 치며 보석과 금속의 짤랑거리는 소리를
얄팍한 귀에서 울려 보낸다;

초록 융단의 도박대를 둘러싸고 있는 입술 없는 얼굴들,
핏기 없는 입술에 이빨 없는 합죽한 턱, 그리고
빈 호주머니나 두근거리는 가슴 더듬으며
지독한 열로 떨리는 손가락들;

땟국 흐르는 천장 아래는 파리한 빛 발하는 한 줄의 샹들리에,
그리고 육중한 캥케 등燈이 희미한 불빛을 던져,
피땀 흘려 번 것을 탕진하러 온
유명한 시인들의 어두운 이마를 비추고 있다;

이것이 어느 날 밤 꿈속에서 내 밝은 눈 아래
펼쳐진 하나의 검은 화폭.
나 자신은 고요한 어둠 한구석에서
팔을 괴고 추위에 떨며 말없이 부러워하고 있었다,

그 사람들의 끈덕진 정열을 부러워하고,
그 늙은 창녀들의 서글픈 쾌활을 부러워하고,
모두들 내 앞에서, 어떤 자는 옛날의 명예를,
어떤 자는 지난날의 미모를
호탕하게 거래하고 있는 것을 부러워하며!

그리고 내 마음은 깜짝 놀랐다, 그 수많은 가련한 인간들이
쩍 벌리고 있는 심연으로 미친 듯 달려가, 제 자신의 피에 취해
결국 죽음보다는 「고통」을, 허무보다는 지옥을
택할 것을 부러워하는 나 자신에 대해!

죽음의 춤[26]
DANSE MACABRE

에르네스트 크리스토프에게

커다란 꽃다발과 손수건, 그리고 장갑을 가지고
살아 있는 사람처럼 귀티 있는 맵시를 뽐내는 이 여인에게는
괴상한 모습에 교태 지닌 가냘픈 여인의
태평스러움과 활달함이 있다.

이보다 날씬한 허리를 무도회에선들 본 적이 있을까?
그녀의 호화롭게 풍성한 어마어마한 옷은
꽃처럼 예쁜 술 달린 신이 감싸주는
야윈 발 위에 넉넉하게 흘러내린다.

바위에 몸을 문지르는 음탕한 시냇물처럼,
쇄골 가에서 너풀대는 주름 끈은
그녀가 감추려 버둥대는 처량한 가슴을
가소로운 조롱으로부터 다소곳이 막아준다.

그녀의 깊은 두 눈은 허공과 어둠으로 이루어졌고,
솜씨 있게 꽃으로 장식한 두개골은
가는 등뼈 위에서 연약하게 흔들거린다.

오, 터무니없이 치장한 허무의 매력이여.

살에 미친 연인들은 인간 뼈대의
말로 형용할 수 없는 우아함 알지 못하고, 너를
풍자화라 부를 테지, 그러나 키 큰 해골이여,
너는 내 가장 소중한 취미에 꼭 들어맞는구나!

너는 몹시 찌푸린 얼굴을 하고
「삶」의 잔치를 훼방하러 왔는가? 아니면 어떤 오랜 욕망이
너의 산송장을 또다시 충동질하여,
숫된 널 「환락」의 법석에 떠밀어 넣었는가?

바이올린의 노랫소리에, 촛불의 불꽃에
너를 조롱하는 악몽을 쫓아버리고 싶었던가,
또한 네 심장에서 타고 있는 지옥의 불길을
이 술잔치의 급류에서 식혀 달라고 왔는가?

어리석음과 과오가 마르지 않는 우물이여!
오랜 고뇌의 영원한 증류기여!
네 갈비뼈의 구부정한 격자 너머로
나는 본다, 게걸스런 독사가 아직도 어슬렁거리는 것을.

그러나 진실을 말한다면, 네 교태도
애쓴 보람 없을까봐 두렵다
저 인간들 중에 누가 네 익살을 이해하랴?

공포의 매력은 오직 강한 자만 취하게 할 뿐인걸!

무서운 생각 가득한 네 눈의 심연은
현기증이 일어나게 하고, 조심스런 춤꾼들도
쓰디쓴 구역질 없이는 네 서른두 개 이빨의
영원한 미소를 바라보지 못하리.

그러나 제 팔에 해골을 보듬지 않은 자 누가 있으며,
무덤의 것들에서 자양분 취하지 않은 자 누가 있는가?
향수도 의상도 화장도 다 무슨 소용?
아름다운 것도 추해지고 말 것이니.

코 없는 무희여, 뿌리칠 수 없이 매혹적인 위안부여,
그러니 눈 가리고 춤추는 자들에게 말하려무나:
"교만한 도련님들, 아무리 분과 연지로 단장해도
너희는 모두 죽음 냄새가 난다! 오 사향 칠한 해골들이여,

시든 안티노우스, 수염 없는 댄디,
니스 칠한 송장, 백발의 호색한들이여,
세상을 흔드는 죽음의 춤이
그대들을 알 수 없는 곳으로 끌고 간다!

차가운 센강 강둑에서 타는 듯한 갠지스강 강변에 이르기까지
인간 무리들은 넋을 잃고 깡총댄다,
천장 구멍에는 「천사」의 나팔이 시커먼 나팔총처럼

불길하게 입을 쩍 벌리고 있음을 보지 못하고.

어느 풍토 어느 태양 아래서도, 오 가소로운 「인간」들이여,
「죽음」은 너희들의 우스꽝스런 몸짓을 바라보고,
때로 그대들처럼 몰약으로 단장하고,
너희들의 미친 짓에 그의 빈정거림을 섞는구나!"

거짓에의 사랑
L'AMOUR DU MENSONGE

오 시름에 찬 애인이여, 천장에서 부서지는
악기의 노래에 느릿느릿 발걸음 맞추어,
깊은 눈에 서린 권태로운 빛을 보이며,
그대가 걸어가는 것을 보면;

가스 등불에 물들고, 시름겨운 매력으로 꾸며져,
저녁의 횃불에 새벽이 밝아오는 듯한
창백한 그대 이마와 초상화의 눈처럼
매혹적인 눈을 바라보면,

나는 생각한다, "아 아름답기도! 그리고 이상하게 싱싱하기도!
육중한 황실의 탑처럼 묵직한 추억이
그녀 머리에 왕관을 씌우고, 복숭아처럼 멍든 그녀 마음은
몸뚱이와 함께 능숙한 사랑을 받기 위해 무르익었구나"

그대는 풍미 절정인 가을의 과일인가?
어떤 눈물을 기다리는 슬픈 꽃병인가,
머나먼 오아시스 꿈꾸게 하는 향기인가,
애무하는 베개인가, 아니면 꽃바구닌가?

나는 알고 있다, 소중한 비밀을 전혀 감추지 않고도,
가장 우수에 찬 눈이 있음을;
보석 없는 보석 상자, 유물 없는 유물함,
오 「하늘」보다 더 텅 빈 깊은 눈이 있음을!

그러나 진실을 회피하는 내 마음 기쁘게 해주기 위해선,
그대 겉모습만으로도 충분하지 않은가?
그대가 어리석건 냉담하건 어떠하랴?
가면이건 허식이건 상관없다! 나는 그대의 아름다움을 사랑하거늘.

나는 잊지 않았네[27]
JE N'AI PAS OUBLIÉ

나는 잊지 않았네, 도시 근교의
작지만 조용한 우리의 하얀 집!
포모나 석고상도 오래된 비너스 상도
앙상한 숲속에서 벌거숭이 팔다리를 가리고 있었고,
태양은 저녁이면 휘황하게 넘쳐흘러,
햇살 다발 부서지는 유리창 뒤에서
호기심에 찬 하늘에 크게 열린 눈처럼,
우리의 길고 말 없는 저녁 식사를 지켜보고 있는 듯했다,
촛불 같은 아름다운 반사광을
조촐한 식탁보에도 서지 커튼에도 넓게 퍼부으면서.

당신이 시샘하던 마음씨 고운 하녀
LA SERVANTE AU GRAND COEUR DONT VOUS ÉTIEZ
JALOUSE

당신이 시샘하던 마음씨 고운 하녀,²⁸
지금은 보잘것없는 풀밭 아래 잠자고 있지만,
우린 그녀에게 꽃다발이라도 가져가야 하리.
죽은 사람들에겐, 가엾은 그들에겐 큰 고통이 있으니,
묵은 나뭇가지를 쳐 내리는 「시월」의 구슬픈 바람이
그들의 대리석 묘비 주변에 휘몰아칠 때,
그들은 분명 여느 때처럼 이불 속에서
따뜻하게 잠자는 산 사람들을 배은망덕하다 여기리,
그들은 잠자리를 같이할 사람도 없고,
즐거운 이야기 상대도 없이 어두운 악몽에 가슴을 찢기며,
구더기에 시달리는 얼어붙은 해골이 되어,
무덤 철책에 매달린 시든 꽃다발을 갈아줄
친구도 가족도 없이, 쌓인 겨울 눈은
녹아 방울방울 떨어지고, 세월이 흘러감을 느낄 뿐.

벽난로의 장작불이 탁탁 튀면서 노래 부를 때,
만일 그녀가 저녁에 조용히 안락의자에 와서 앉는 걸 본다면,
시퍼렇게 추운 섣달 밤 만일 그녀가
영원한 잠자리에서 빠져나와,
내 방 한구석에서 엄숙하게 웅크리고,

다 큰 이 아이를 다정한 눈길로 지긋이 지켜본다면,
그 움푹 파인 눈에서 떨어지는 눈물을 보고,
이 경건한 넋에 나는 무엇이라 대답할 수 있으리오?

안개와 비[29]
BRUMES ET PLUIES

오 가을의 끝, 겨울, 흙탕물에 젖은 봄,
졸음 오는 계절들이여! 나는 너희들을 사랑하고 찬양하노라,
안개 서린 수의와 흐릿한 무덤으로
이처럼 너희는 내 마음과 머리를 감싸주기에.

차가운 바람 노닐고, 긴긴 밤 동안
바람개비 목이 쉬는 이 허허벌판에
내 넋은 훈훈한 봄철보다
더 활짝 펴리, 그 까마귀의 날개를.

음산한 것들 가득한 이 마음엔,
오래전부터 서리 내린 이 마음엔,
오, 어슴푸레한 계절이여, 우리네 기후의 여왕이여,

너희들 창백한 어둠의 한결같은 모습보다,
더 정다운 것 없다 — 달 없는 밤 둘이서
우연의 잠자리에 고통을 잠재우는 것밖에는.

파리의 꿈[30]
RÊVE PARISIEN

콘스탄틴 가이스에게

I

일찍이 아무도 본 일이 없는,
그 무서운 풍경의
어렴풋하고 아득한 영상이
오늘 아침 나를 사로잡는다.

잠은 기적에 가득 차 있다!
야릇한 변덕을 부려
나는 이 광경으로부터
고르지 않은 초목들을 뽑아버리고,

재주에 자신만만한 화가인 나,
내 그림 속에서 맛보고 있었다,
금속과 대리석, 그리고 물로
이루어진 황홀한 이 단조로움을.

그것은 계단과 회랑이 가득한

바벨탑, 하나의 무한한 궁궐,
광택 없는, 혹은 윤나는 금 수반 속엔
떨어지는 폭포와 분수로 가득하고;

또한 웅대한 폭포수는
수정의 커튼처럼
금속의 절벽에
눈부시게 걸려 있었다.

잠든 못 가에는
나무 아닌 기둥들이 죽 둘러싸고,
거대한 물의 요정들은 계집처럼
연못 속에 제 모습을 비쳐본다.

장밋빛 초록빛 강둑 사이론
푸른 물이 쏟아져 내린다,
수백만 리에 걸쳐
이 세상 끝을 향하여;

그것은 들어보지도 못한 보석이며
마술의 물결; 그것은
자신이 반사하는 모든 것으로
눈부시게 빛나는 거대한 거울!

창공에는 갠지스강이

소리 없이 도도히 흘러,
항아리의 보석을 쏟아놓는다,
금강석의 심연 속으로.

이 선경의 나라의 건축사
나는 내 뜻에 따라
보석으로 된 터널 아래로
길들인 대양을 펼쳐놓는다;

그리하여 모두가, 검은 빛마저도
닦여진 듯 맑고 영롱하게 빛나고,
결정된 빛 속에서
액체는 제 영광을 아로새긴다.

게다가 하늘 저 끝까지 둘러보아도
이 기적의 풍경을 비추어주는
별도, 태양의 흔적도 없다,
그것은 제 스스로의 불빛에 빛나고 있었다!

그리고 이 움직이는 경이로움 위로
(무서운 새로움이여! 모두가 눈을 위한 것,
귀를 위한 것이라고는 하나도 없다!)
영원한 정적이 감돌고 있었다.

II[31]

불꽃 가득한 눈을 마침내 뜨자,
내 눈에 들어오는 것은 끔찍한 내 누옥,
정신이 들면서 내가 느낀 것은
저주받은 가지가지 번뇌의 칼날;

벽시계는 불길한 소리를 내
사정없이 정오를 치고,
하늘은 어둠을 퍼붓고 있었다,
마비된 서글픈 이 세상 위로.

어스름 새벽[32]
LE CRÉPUSCULE DU MATIN

기상 나팔은 막사의 마당에 울려퍼지고,
아침 바람은 가로등 위로 불고 있었다.

이때가 바로 악몽들이 벌떼처럼 몰려와서
갈색 머리 소년들을 베개 위에서 잡아 비틀고;
움찔움찔 움직이는 핏발 선 눈처럼
등불은 햇볕 위로 붉은 얼룩을 드리우는 시각;
거칠고 육중한 몸뚱이에 짓눌린 넋은
등불과 햇볕의 싸움을 흉내 낸다.
산들바람이 닦아주는 눈물 젖은 얼굴처럼
공기는 스러져가는 것들의 떨림으로 가득하고,
사내는 글쓰기에 지치고, 계집은 사랑하기에 지친다

여기저기 집들은 연기를 내기 시작한다.
쾌락에 취한 계집들은 납빛 눈꺼풀을 하고,
입을 헤벌리고 얼빠진 잠에 떨어진다;
가난한 여자들은 말라빠진 싸늘한 젖통이를 늘어뜨리고,
깜부기를 불어 일으키며 손가락을 까불거린다.
이때가 바야흐로 추위와 인색 속에
산고 치르는 아낙네들의 산통이 심해지는 시각;

거품 이는 피에 끓기곤 하는 흐느낌처럼,
멀리서 수탉 우는 소리는 안개 낀 공기를 찢고,
안개의 바다는 즐비한 집채들을 적신다,
그리고 자선병원 깊숙한 곳에서 죽어가는 병자들은
고르지 않은 딸꾹질로 마지막 숨을 내쉰다.
난봉꾼들은 집으로 돌아온다, 밤일에 지쳐 녹초가 되어.

장밋빛 초록빛 옷을 입은 새벽은 떨며
기척 없는 센강 위로 서서히 다가오고,
어스름 파리, 이 부지런한 늙은이는
눈을 비비며 연장을 움켜쥔다.

옮긴이 주

1 보들레르는 『악의 꽃』을 위한 서문의 계획에서 '이해받지 못하는 데 영광'이 있다고 독자와의 단절을 선언한다. 무식한 대중들에 대한 보들레르의 경멸은 널리 알려져 있다. 파리의 삶을 주제로 한 「파리 풍경」 편의 첫 시에서 전원적인 성격의 '풍경'이라는 시제는 독자에 대한 일종의 도전이다. 또한 자신이 '현대 생활의 화가'가 되려 했던 그가 시의 도입부에서 '목가églogues,' 또는 같은 의미의 '전원시idylle' 운운하는 것도 독자를 당혹스럽게 한다. 그러나 시인은 자신의 의도를 분명히 하고 있다. 첫 행에서부터 자신의 의지를 "나는 원한다Je veux……"로 표명한다. 어조를 완화하는 표현 방식인 조건법을 쓰지 않고, '원한다'라는 의미의 vouloir 동사를 현재로, 그리고 이어지는 동사들(voir, fermer, être, rêver 등)을 역시 조건법이 아닌 단순미래로 사용하여 이상의 나라를 세우려는 자신의 의지를 밝힌다. 12음절로 구성된 이 시는 창조주가 되려는 시인의 의지를 잘 보여준다.
2 동사 '꿈꾼다rêver'로 인해 풍경은 사실주의적인 풍경이 아니라, 시인의 상상력이 만들어낸 꿈의 풍경임을 알려준다.
3 동사 '들으련다écouter'와 다음의 '바람에 실려 오는 엄숙한 성가,' 또 계속 이어지는 행에서의 '노래하다chanter' '수다 떨다bavarder'에서 청각 이미지에 호소하고 있는 것을 주목할 수 있다. 또한 보들레르의 목가는 도시의 목가라는 것을 일련의 이미지에서 볼 수 있다. 목가를 구성하는 전통적인 이미지들인 나무, 새 대신 도시의 수도관, 전신주, 종각, '노래하며 수다 떠는 일터' 등을 노래한다.
4 앞의 청각 이미지에 이어 이번에는 '보다voir' 동사를 사용하여 시각 이미지에 호소한다. 시인은 도시의 모든 광경들을 다 보겠다고 다짐한다. 낮에는 도시의 소란스런 광경들을, 그리고 밤이 되면 창공에 별 나타나고, 창마다 불 켜지고, 하늘로 솟아오르는 매연……이렇게 봄, 여름, 가을의 도시의 모든 삶을 볼 것이다.
5 겨울이 오면 시인은 덧문 닫고, 휘장 내리고 '꿈의 궁전'을 세우겠다고 다짐한다. 또한 의지에 의해 추운 겨울 한가운데서 봄을 불러내고, 시인의 가슴에서 태양을 끌어내어 타오르는 생각들로 따스한 분위기를 만들어낼 것이라고 선언한다. 시인은 이상의 나라의 설계사이며 건축가이다.
6 이 시는 파리에서 악을 선으로, 비참한 도시의 삶을 미로 바꾸려는 연금술사에 버금가는 시인의 역할을 '태양'에 비유하여 상징적으로 그린다. 도시와 도시의

지붕 위로 혹독한 태양이 내리쬘 때 거리의 구석구석에서 우연의 운율을 주어 가며, 포석 위에 발을 부딪히듯 낱말 위에 비틀거리고, 때로 오래 전부터 꿈꾸던 시구와 딱 마주치기도 하며 길을 가고 있는 시인과 함께 시가 시작된다. 그리고 이어 모든 근심 걱정 앗아가는 태양이 등장한다.

태양은 요술지팡이로 무장된 듯, 빛이 되어 병에 걸린 도시에 태고의 찬란함을 되찾아준다. 인간을 병에서 해방시켜주고, 근심 걱정을 앗아가고, 벌집에 꿀을 채워주고, 우리 머릿속을 즐거움으로 가득 채워준다. 또한 태양은 불구자를 다시 젊게 하고 우리에게 즐거움을 되돌려주는 시인에 비유된다. 시는 이처럼 가장 추한 것들의 운명을 고귀하게 만들어주는 태양과 같다. 이 요술지팡이에 의해 모든 것은 '활기'로 바뀌고, 거지 여자아이의 야윈 헐벗음은 궁중의 화려한 의상으로 바뀐다.

7 아당은 이 시의 주인공이 그 당시 라틴가街에서 기타를 연주하며 노래 부르던 아름다운 갈색 머리의 소녀이며, 이 소녀는 화가, 시인 등 많은 제사들의 마음을 사로잡았다고 여러 친구들의 증언을 인용하여 설명한다(A. Adam, 같은 책, p. 379).

보들레르뿐만 아니라 방빌도 「거리의 노래하는 소녀」라는 시에서 이 소녀를 노래한다. 그녀의 아름다움은 그들뿐 아니라 화가 드로이Deroy의 주의를 끌었고, 이 화가는 매우 아름다운 소녀의 초상화를 그렸다. 이 그림은 현재 루브르 박물관에 남아 있다.

8 16세기 프랑스 시인으로 롱사르Ronsard와 동시대에 활동했다.

9 이 시는 「파리 풍경」 중에서 가장 아름다운 시들 중 하나로 꼽힌다. 이 단 하나의 시 속에 보들레르의 시적 창조의 정수가 요약되어 있기 때문이다. 모더니즘에 관한 의식, 일상 생활의 경험을 조금도 졸렬하지 않게 시에 투사하려는 의지, 친근한 이미지를 높은 시의 경지에까지 끌어올리는 그의 구성 기술, 그리고 이 과정에서 상상력과 아날로지의 역할, 또 시의 음악성에 관한 뛰어난 감각 등, 보들레르는 다른 어느 곳에서보다 '표현의 완벽한 솜씨'를 과시하고 있다고 오스틴은 지적한다(「Les Tableaux Parisiens, un siècle après」, *Revue des Sciences Humaines*, juillet-septembre 1967, p. 446).

아름다운 새 백조는 「우울과 이상」 편의 두번째 시 「알바트로스」에 그려진 불행한 알바트로스와 동일한 고통을 가지고 있다. 시인은 이 새를 통해 유배와 도시적인 성격을 그리고 있다. 누구보다 먼저 도시의 군중 가운데서 느끼는 고독이라는 역설적인 감정을 매우 깊이 느꼈던 그는 이 감정을 '파리의 우울'이라 이름붙였고, 프랑스 제2제정기 변형 중인 수도 파리의 공사 현장을 배경으로, 도시로 밀려드는 뿌리 뽑힌 군중들을 그린다. 시의 주제는 모든 추방당한 자들이 앓고 있는 향수로, 깊은 향수의 감정이 시의 중심에 있다. '백조'는 대도시로 유배된 존재의 불행을, 그리고 나아가서 추방당한 자의 운명을 상징한다.

그러나 시인의 명상은 파리의 친근한 일상으로부터 시작된다. 오스만 Haussman 백작의 도시 계획에 의해 한창 변형 중인 제2제정의 파리, 시인은 그곳에 새로 생긴 카루젤 광장을 지나면서 옛날 보았던 광경을 떠올린다. 이 친근한 광경이 갑자기 '풍요한 기억mémoire fertile'을 자극한다. 그리하여 이 직접적인 경험으로부터 연상된 여러 가지 추억들이 전개된다. 이처럼 시는 직접적인 경험에서 시작하여 여러 단계의 아날로지와 내적 시각의 망조직을 거쳐 점점 내적인 의미로 깊어진다. 시는 마침내 인류의 영원한 향수의 대상인 실낙원의 향수로까지 확산된다. 마지막의 '결코, 결코 다시 찾을 수 없는 것을 잃은 모든 사람들'은 바로 낙원에서 영원히 추방된 인간의 운명을 대신한다.

10 그 당시의 영불해협 게른지Guernesey에 망명가 있던 위고에게 시를 바친 것은 시의 주제와 관련하여 시사하는 바가 크다.
11 트로이의 장군 헥토르Hector의 아내 앙드로마크Andromaque는 트로이가 함락되자 미망인이 되고, 적장 피루스Pyrrhus에게 사로잡힌다. 그녀는 에피르의 도시 주변에 흐르는 강을 트로이에 흐르는 시모이Simoïs강으로 생각하고, 그 옆에 시체도 없는 남편의 무덤을 만들어 죽은 남편과 멀리 떠나온 고향을 생각한다. 그로부터 첫째 시절의 "그대의 눈물로 불어난 그 가짜 시모이강"과 두번째 부분의 세번째 시절 '빈 무덤에 몸을 구부리고 있는' 앙드로마크의 모습이 설명된다. 그녀는 피루스와 아들 셋을 낳고, 헥토르의 동생 헬레누스Hélénus에게 팔린다.

이처럼 '백조'라는 시제를 가지고 있으면서 앙드로마크의 비극적 상황과 숙명적 불행을 사전에 환기시켜 백조의 처지와 불행을 더욱 효과적으로 전달한다. 신화에 대한 간단한 암시, 또는 단순히 이름 하나와 이 인물이 처한 상황에 대한 간략한 묘사를 통해 그 인물에 관련된 감정과 기억을 일시에 환기시키고 있다. 보들레르는 묘사, 설명 대신 이처럼 암시에 의거하며, 이로부터 강한 환기력을 시에 불어넣는다.
12 시인의 명상은 일상의 산보길에서 부딪치는 광경으로부터 시작된다. 시인은 지금 한창 변형 중인 이 광장을 지나면서 지난날 언뜻 보았던 광경을 떠올린다. 이 직접적인 경험으로부터 그에 연결된 여러 가지 추억들이 상기되면서 그 순간부터 시인의 눈은 이미 눈앞의 광경을 보고 있지 않다. 진을 친 듯한 판잣집들도 윤곽이 잡힌 건물의 기둥도 그곳에 흩어져 있는 골동품들도 모두가 '알레고리'가 된다.
13 예사로운 광경이 갑자기 '풍요한 기억'을 자극한다. 물도 없는 파리의 보도에서 헛되이 물을 찾던 백조의 비극적인 모습이 뇌리에 떠오른다.
14 백조의 기억이 시인을 우울한 명상으로 몰고 간다. 보들레르는 이 시를 위고에

게 바치며 다음과 같이 자신의 의도를 설명하는데, 이것이 그의 시적 방법론을 밝혀준다.

　　내게 중요한 것은 어떤 이미지, 어떤 사건이 가질 수 있는 암시적인 것입니다.

15　로마의 시인 오비디우스Ovidius는 「Métamorphoses」에서 "하느님이 인간의 머리를 들어올리고 그에게 명하기를 하늘을 바라볼 것이며 시선을 별에 두라 하셨다"고 쓴다.

16　시인에게는 모든 것이 알레고리가 된다. 그리하여 직접적인 광경은 다른 것에의 암시가 되고, 백조, 앙드로마크 등이 환기되며, 이 같은 시적 아날로지는 더욱 깊이 확산된다. 눈앞의 카루젤 광장으로부터 그곳에 있던 백조가 상기되고, 백조의 우아한 자태는 불행한 운명으로 묶인 앙드로마크를, 그리고 그녀는 유배당한 모든 사람들을, 패배자들을, 돌이킬 수 없는 상실의 비애를 앓고 있는 모든 사람들을 생각하게 한다. 그리하여 시인은 신음하듯 읊조린다.

　　파리는 변한다! 그러나 내 우울 속에선
　　무엇 하나 끄떡하지 않는다!
　　[……]

　　이처럼 내 마음 귀양 사는 숲속에
　　오랜 추억은 뿔피리처럼 숨 가쁘게 울려 퍼지누나!

17　이 시는 앞의 「백조」와 다음 시 「가여운 노파들」과 함께 모두 1859년 옹플뢰르에 있는 시인의 어머니 곁에서 쓰인 작품이다. 시인의 어머니 카롤린은 두번째 남편인 오픽Aupick이 죽은 후 파리를 떠나 항구 도시 옹플뢰르의 별장에 은거하고 있었다. 파리에서 가난과 빚과 우울과 무기력증에 시달리던 시인 역시 1859년 파리를 떠나 오랫동안 숙원이었던 옹플뢰르의 어머니 곁으로 온다. 그는 이곳에서 몇 달을 머물며 모처럼 마음의 안정을 찾고 한동안 침체되어 있던 창작열에 불을 붙인다. 그는 이곳에서 바다를 보며 이미 인도양 여행 때 써두었던 「알바트로스」를 다시 손질한다. 그리고 물결을 타고 떠나는 여행자들의 이야기 「여행」을 쓴 것도 이때이다. 또한 바다의 빛나는 태양에 바쳐지는 「가을의 노래」를 쓴 것도 그의 옹플뢰르 체류와 무관하지 않다. 시인은 그곳 먼 항구에서 바다를 바라보며 무한한 바다가 가져다주는 먼 고장의 풍경만을 꿈꾼 것이 아니었다. 그의 상상력은 바다를 떠나 사람들이 우글거리는 파리의 거리로 달려갔다. 이곳에서 「파리 풍경」을 채우게 될 시들을 썼고, 이 시와 다음 시 「가여운 노파들」을 합해 '파리 환상'이라 이름 붙였고, 그것을 「백조」와 함께 위고에게 바친다.

　　또한 보들레르가 화가 메리옹을 만난 것이 1859년이다. 시인 보들레르와 화가 메리옹의 만남은 '근본적으로 극적인 것'이라고 주브는 말한다(P. J. Jouve, *Tombeau de Baudelaire*, Seuil, 1958, p. 112 참조). 그리고 메리옹이 그린 파리는 도시의 외진 구석에서 사라져가는 것, 붕괴되어가고 있는 것, 그리고 그곳의 어느 한구석에서 고통받고 있는 인간의 풍경이라고 계속해서 이야기하고 있다.

> 그(메리옹)는 사라져가는 것을 그리워하는 사람들의 부류에 속한다. [……] 사실 메리옹의 경우 깊이 사무친 이 같은 회한이 창조에까지 깊어진다. (P. J. Jouve, 같은 책, p. 118)

이것이 바로 보들레르의 파리이다. 사라져가는 삶에 대한 아쉬움과 노스탤지어가 두 예술인의 작품을 지배하고 있다. 사라져가는 파리, 그것이 그들의 삶과 회한을 말해준다. 1859년 발표한 『1859년 미술전』에서 보들레르는 메리옹의 부식 동판화에 열광적인 찬사를 보낸다. 판화 속에 보인 파리는 보들레르의 파리처럼 고통을 겪고 있는 파리였다. 시인의 다락방 창문을 통해 그려진 파리, 그것은 숨겨진 안뜰과 지붕들의 혼돈이며, 강둑들과 공설묘지, 공설운동장, 도시 변두리 지역, 병원이며, 이곳에서 펼쳐지는 도시의 서민들의 서글픈 일상사들이다. 시인은 서민들의 삶과 그들의 애환을, 도시의 고아들과 늙은이들, 장님들과 거지들, 야시장에서 벌어지는 풍경들과 늙은 광대들의 서글픔을 관찰한다. 그는 이처럼 화려한 삶에서 밀려나, 변두리 구역에 살고 있는 잊혀진 시민들의 친근함을 사랑했다. 현대의 비극이 숨쉬는 이 구석에서 시인의 마음은 서글픈 몽상에 사로잡힌다. 도시의 친근한 서민들과 평범한 광경들이 그에게 추상적인 혹은 환상적인 명상을 자극한다. 그리하여 그의 파리는 "환상이 가득한 도시"이며, 일상과 환상이 서로 부딪치며 살아가는 도시, "한낮에도 유령이 행인에 달라붙는" 도시이다. 이 시와 다음 시를 묶어 이름 붙였던 '파리 환상'이 그것을 잘 말해준다.

18 안개는 『악의 꽃』에서 시적인 분위기를 만들어주는 특별한 역할을 한다. 짙은 안개나 안개의 어슴푸레한 환상 속에서 도시 전체는 신비로 가득한 도시가 되고 '일상의 저주'는 시적 선경으로 변형된다. 「어스름 저녁」에서는 안개 자욱한 도시의 짓누르는 하늘로부터 규방이 만들어지기도 하고("……하늘은/ 커다란 규방처럼 서서히 닫히고"), 때로 도시 전체가 칸막이 벽, 또는 거대한 매음의 장소로 바뀌기도 한다("밤은 칸막이 벽처럼 두터워지는데……").

그러나 안개는 현실에 등을 돌리는 단순한 도피의 수단이 아니다. 이 짙은 안개들은 도시가 토해낸 도시의 부산물이다. 「풍경」에서의 '철철 넘치는 매연,' 「발코니」에서의 '장밋빛 안개,' 또는 「백조」에서의 성벽같이 두터운 안개도 역시 매연과 도시의 굴뚝이 내뿜는 도시의 분비물이다. 도시를 완전히 가리는 것이 아니라, 반대로 안개가 가지는 도시적인 성격을 극도로까지 밀고 간다. 이렇게 하여 시인은 파리 풍경에서 달아나 꿈의 고장으로 여행한다. 그러나 뮤즈가 비상하여 도망치는 것은 여전히 도시의 현실 한가운데이다. 이런 관점에서 이 시는 의미있는 모델이다.

도시가 새벽 활기를 띠기 시작하고, 시민들이 보도로 쏟아져 나오는 시각 파리의 거리를 산책하던 시인은 한 늙은이를 만난다.

난데없이 한 늙은이
[······]

내 앞에 나타났다

어둠이 완전히 물러가지 않은 안개 낀 파리는 초현실의 세계가 된다. 그것을 시인은 "한낮에도 유령이 행인에 달라붙는다"라고 묘사한다.

도시의 거리조차 "신비"가 "도처에서 수액처럼" 솟아나는 좁은 운하처럼 보인다. 이는 미로 같은 악몽의 이미지를 연상시킨다. 도시는 안개 속에 꿈과 신비와 유령으로 가득 찬 미로처럼 보인다. 이 미로의 악몽 속에서 파리의 시민들은 모두 미로 속을 걷는 유령이 된다. 그리하여 이 음산한 분위기에서 심술궂고 음험한 늙은이는 갑자기 시인의 눈앞에서 일곱 명으로 수가 불어나는 환각에 빠진다. 이때부터 행인들은 서로서로 달라붙을 뿐만 아니라, 환영들에 의해 자신이 붙들리는 환상을 갖게 된다. 이처럼 시민들은 환상적인 존재들과 맞대고 친근하게 살아간다. 이것이 강한 초자연적 삶을 낳는다.

19 1859년 9월 27일 보들레르는 「일곱 늙은이들」과 「가여운 노파들」을 위고에게 보내면서 자신이 '그토록 훌륭한 자애심이 그토록 감동적인 친숙함과 섞인 몇 편의 시들을' 찬미하며, 「가여운 노파들」은 위고를 모방하기 위해서 썼노라고 고백한다. 또 1862년에 쓴 위고의 『레 미제라블』에 관한 문학 비평에서 '모든 약하고 고독하고 서글픈 존재, 모든 고아들'을 향한 위고의 태도를 강조한다. 위고는 『빛과 그림자 Rayons et Ombres』에서부터 전 작품에 걸쳐 가난한 자들의 흐느끼는 듯한 합창을 들려주었다. 위고가 지나치게 아버지 같은 태도를 보인다고 불평하면서 그 역시 '가슴에서 솟아나는 가장 애절한 목소리'를 들려준다.

그 자신의 작품인 『파리의 우울』의 「13. 과부들」에서 다음의 표현을 읽게 된다.

공원에는 주로 좌절된 야심, 불행한 발명가들, 이루지 못하고 만 영화, 상처 난 가슴 등, 이 모든 파란만장하고 폐쇄된 영혼이 찾아드는 산책로가 있다. [······] 시인과 철학자가 그들의 탐욕스런 상상력을 즐겨 몰고 가는 곳이 바로 이런 장소 쪽이다. [······] 그들은 모든 나약하고, 황폐하고, 서글픈 고아들 쪽으로 어쩔

수 없이 끌려간다. (*Œ C.*, pp. 224~25)

이처럼 보들레르 자신도 도시를 가득 메우는 모든 인생의 낙오자들과 그들의 고통 쪽으로 자애의 시선을 보냈다. 유명한 그의 귀족 취미, 댄디즘, 그리고 그의 에고이즘에도 불구하고 한편으로 그는 가난한 자들, 고통받는 자들을 노래한 최초의 시인들 중의 하나로 꼽힌다. 파리의 거리에서 흔히 부딪치는 늙은이들, 장님들, 늙은 광대, 늙은 창녀와 같은 인생의 패배자들에게 관심을 기울이고 그들의 고통, 고독감, 패배감을 자신의 것으로 삼았다. 그러기 위해서는 그 자신의 말대로 시인 자신이 "그처럼 많이 괴로움을 당했어야 하며 불행이 열어준 마음을 가졌어야만" 했을 것이다. 『잃어버린 시간을 찾아서』의 작가이며 보들레르를 옹호하는 글을 썼던 프루스트는 이렇게 말한다.

「가여운 노파들」같은 숭고한 시에 그려진 그녀들의 고통 어느 하나도 시인이 뼈저리게 아파하지 않는 것이 없다. [……] 시인은 그들의 고통뿐 아니라 그들의 신경과 함께 떨며, 그들의 허약함과 함께 오한하는 것이다. (M. Proust, *Contre Sainte-Beuve*, Gallimard, 1954, pp. 208~09)

프루스트가 지적했듯이 보들레르는 사실 '가장 다감하고 가장 인간적이며 가장 대중적인' 시인들 중 한 사람이었다.

그러나 보들레르가 고통받는 시민 쪽으로 보내는 연민의 정은 『레 미제라블』에서 위고가 보인 '부성애'와는 다르다. 그는 그들의 비참함과 부끄러움 속에서 자신의 모습을 발견한다. 그리하여 그는 그들과 하나가 되고 그 자신이 인생의 패배자가 된다. 이처럼 '인생의 패배자들'에 대한 그의 태도는 단순히 보호자로서의 태도가 아니다. 그것은 매우 복잡하며 특히 모호하다. 그것이 자비심인지 애정인지, 또는 때로 잔인하기조차 한 강한 호기심인지 그 한계가 분명치 않다. 이것이 위고의 부성애와 구별되는 점이다. 약한 자와 고아의 보호자를 자처한 위고는 첫 작품에서부터 정의감을 드러내며 진실과 위대함을 원했고, 이 위대함의 꿈으로 인해 현대시의 이단인 '가르침의 이단'이라는 오류 속에 떨어졌다. 보들레르는 예술과 미의 추구가 도덕과 분리되어야 한다는 생각을 가지고 있다. 포처럼 보들레르는 가르침이나 설교를 위해 존재하는 예술을 비난했다. 미는 모든 실용주의적 개념을 벗어나 '실용성과 완전히 독립'되어야 한다는 것이다. 이처럼 보들레르의 자비는 실용주의적 의미에서의 모럴과는 다르다. 인간에 대한 자비심이나 공감에도 불구하고 그의 시는 그것을 쉽게 드러내지 않는다.

구불구불한 고도의 골목길에서 시인은 허물어진 폐허 같은 노파를 만난다. 그는 처음에 이 '분해된 괴물'같은 노파들에게 이상한 흥미를 느끼는데, 이 호기심으로 인해 시인은 그녀들을 쫓기에 이른다.

처음 시인은 이 괴물 같은 존재들을 옷, 걸음걸이, 제스처, 움직임, 얼굴의 주름에 이르기까지 외양으로부터 담담하게 언급하기 시작한다. 그녀들의 육체적, 정신적 고통을 세세하게 묘사하는 리얼리즘 속에는 잔인함조차 엿보인다. 그러나 이에 이어 시인의 관심은 곧 내부로 향한다. 그는 그녀들 속으로 철저히 파고들어 그녀들의 과거의 삶과 지나쳐버린 과거의 즐거움과 슬픔 등을, 그리고 젊은 시절부터 현재에 이르는 동안의 여러 변화를 떠올린다. 그리하여 마침내 그녀들의 은밀한 비밀이 시인의 눈앞에 선명하게 드러난다. 그리하여 시인은 그녀들의 "첫 열정이 되살아"나는 것을 보고, 그녀들의 "어둡고 빛나는 지난날들"을 본다. 또한 시인의 가슴은 그녀들의 모든 악과 덕으로 빛난다. 이때부터 시인 자신도 그녀들의 인생을 통해 점철되어온 감정에 동참한다. 그녀들의 경험이 그의 것이 되고, 그녀들의 기쁨과 슬픔이 그의 것이 된다. 일단 노파들의 지난날의 행복과 불행이 시인의 사고나 감성 속에 들어오면 타인의 악과 선행도 이미 관찰자의 상상력 속에서 즐거움을 일으키며 황홀함의 모티프로 바뀐다. 그리하여 불행한 자들에 대한 거만하고 피상적인 동정심을 과시하는 사람들과는 달리 보들레르는 그들의 깊이 속에 파고들어 자신이 그들이 되고, 이것이 더욱 강한 공감을 불러일으킨다.

20 몸뚱이는 말이고, 독수리의 머리와 날개를 가진 전설 속의 괴물.
21 보들레르의 파리는 도시의 부와 환락으로부터 밀려난 버림받은 시민들이 가득하다. 가여운 늙은이들, 늙은 광대, 가난한 넝마주이들, 고향을 잃은 '백조,' 남편과 조국을 잃은 과부, 인생의 패잔병들……

상실감에 사로잡혀 있는 시인에게 이들 도시의 패잔병들은 시인 자신의 알레고리이다. '꿈이 가득한 파리'는 그를 유령처럼 따라다닌다. 왜냐면 그는 도시의 길모퉁이마다 자신의 유령과 부딪치기 때문이다. 도시의 거리에서 공허하게 무한과 영원함을 찾는 저 장님들도 시인 자신의 알레고리이다.
22 보들레르는 자신이 처한 시대가 도시 문명의 시대임을 깊이 의식했다. 개인은 거대한 도시의 시간과 공간 속에서 가루처럼 떠돈다. 도시는 만남을 선택할 수 있는 곳이 아니다. 행인이 우리에게 다가와 만남에 대비할 여유도 주지 않은 채 갑자기 모든 감성을 자극하는 곳이기도 하다. 거리에서 만난 가여운 노파, 늙은 이들, 거지, 장님, 행인들……, 단 한순간에 이루어지는 행인들 사이에 주고받는 시선……

이 시는 대도시의 삶과 한 덩어리가 된 인간들의 운명을 느끼게 해준다. 이 같은 경험은 서로서로 이방인으로 살아가는 대도시에서나 가능하다. 농촌이나 마을의 일상에서는 공감할 수 없는 경험이다. 그리고 보들레르의 파리만이 그것을 매우 사실적으로 제시한다. 한 여자 행인과 주고받은 이 시선, 이 섬광 같은 순간의 만남, 이것이 대도시의 삶의 단면을 말해준다.

23 1852년 초 보들레르, 샹플뢰리, 몽슬레 등에 의해 창간된 잡지『극 주보 *La Semaine théâtrale*』가 자금난에 힐떡이고 있었다. 그러나 마지막 숨을 거두기 전인 2월 이 잡지는 마지막 호에 보들레르의 두 편의 시,「어스름 새벽」과「어스름 저녁」을 싣는다. 사그라지기 전 마지막의 황홀한 빛을 발하는 석양처럼 잡지는 아름다운 빛으로 한껏 타오르며 사라진다. 이 두 시제에 공통으로 쓰인 단어 '어스름 crépuscule'도 이에 걸맞은 상징적 의미로 부각된다. 시인은 이 두 시 중에서 새벽보다는 저녁 쪽에 더 의미를 두고 있는 듯하다. 두번째 시절의 6행 속에 하루의 마지막 시간을 그리고 있는데, 잘 보낸 낮 시간에 대한 아쉬움과 자신에 대한 비난이 섞이며 의식의 외침 같은 감탄의 표현들이 있다. 그리고 '정신을 맑게 하는 어둠' 속에서 회한의 고통이 진정되리라는 희망이 섞여 있다. "우리 오늘 일했노라!"고 그의 팔이 거짓 없이 말할 수 있는 자 반기는 저녁, 사나운 고통에 좀먹혀 들어가는 정신들, 그 이마 무거워진 끈질긴 학자들, 그리고 잠자리로 돌아가는 꼬부라진 노동자들 진정시키는 저녁……

그러나 시의 나머지 대부분은 어둠에 속한다. 도시의 어둠은 해가 지면서 시작되는 무시무시한 활동의 회화이거나, 피곤에 지친 도시 전체가 벗어나지 못하는 절망의 몸부림이다. 저녁의 어스름은 고된 하루의 해방의 문이라기보다 어두운 지옥 같은 세계로의 열림이다. 저녁이 다가오면 파리는 "매음"이 "거리에 불을 켜"는 사창가이며, 인간이 야수로 둔갑하는 정글이 된다.

24 『파리의 우울』과「파리 풍경」을 차지하는 인물들은 비참한 현실과 시인의 고통을 대신하는 자들이다. 이것이 대부분의 파리 시를 엮어주는 줄거리이다. 이 점을 강조하려는 듯 시인은 파리 전체를 커다란 병원, 연옥, 또는 사창가로 나타내기도 한다. 특히 그는 양로원과 병원을 여러 차례 암시한다. 저녁이 되어 도시의 병자들이 신음하기 시작하면, 병원은 그들의 한숨 소리가 가득하다. 이 시간 정신병 환자들의 울부짖음이 튀어나오고, "이 같은 음산한 울음 소리가 산 위에 세워진 검은 양로원으로부터 우리들에게까지 들려온다"(「22. 어스름 저녁」,『파리의 우울』).

25 파리 풍경을 차지하는 시민들은 대부분 찬란한 날들을 잃은 인생의 패잔병들이다. 과거의 찬란한 날들을 그리워하는 그들이 비참한 삶을 살고 있는 도시의 그늘진 구석을 시인은 집요하게 파고든다. 모든 사람들로부터 버림받은 늙은 여인들, 정신적 고뇌와 육체적 고통 속에서 고립된「어스름 저녁」의 병자들, 그리고 이 시에 나오는 초록빛 도박판을 못 떠나는 열에 들뜬 도박꾼들, '빈 주머니'뿐만 아니라 '두근거리는 가슴'마저 뒤지는 사기꾼들, 돈 몇 닢 긁어모으려고 어울리지 않는 교태를 부리는 늙은 창녀들……이 같은 비참함이 시인의 목을 조른다.

26 이 시는 「가면」과 함께 에르네스트 크리스토프의 작품에서 시의 이미지를 빌려왔다.

27 보들레르는 자신의 개인적인 감정이나 애정 문제를 노출시키는 것을 극도로 삼갔고, 작품에 감정의 흔적을 남기는 것은 '은밀한 가정 문제'를 더럽히는 것이라고 생각했다. 그러나 「파리 풍경」편에 파리에서 보낸 자신의 어린 시절에 관한 개인적인 시를 수줍은 듯 제목도 붙이지 않고 조심스럽게 끼워 넣는다. 그중 하나가 "나는 잊지 않았네"로 시작하는 이 시이다.

아버지가 시인의 나이 여섯 살에 세상을 떠나자, 어머니는 아들을 데리고 오트 페이유가街의 그들의 집에서 멀지 않은 생탕드레 데자르 광장 쪽으로 이사한다. 그리고 여름이 되면 파리 근교의 뇌이Neuilly 별장으로 몇 달을 보내러 갔다. 시인의 아버지는 이 별장을 특별히 좋아해서 자신이 죽은 후에도 지극히 사랑하던 아들 샤를(시인)이 소유하기를 원했다고 한다. 시인은 이곳에서 남편을 잃고 슬퍼 보이는 어머니와 또 다른 여인인 다정한 가정부 마리에트와 함께, 두 여인의 애정 속에서 평화롭고 행복한 '푸른 낙원'을 만끽한다. 그의 인생에서 짧았지만 더없이 행복했던 이때의 추억을 그는 두고두고 잊지 못하고 이 시에서 향수 어린 아쉬움과 함께 그때를 떠올린다.

시 전체를 지배하고 있는 것은 권태나 포만감의 흔적이 전혀 없는 평화로움과 고요함이다. 작지만 조용한 하얀 집, 조촐한 식탁보의 하얀색, 저녁 시간, 석양빛으로 물든 커튼, 정원 등 모든 표현에서 안정감과 평안함이 느껴진다. 어머니의 통찰력이 부족할 때는 어머니의 무심함을 서운해하며 은근히 어머니를 나무란다.

어머니는 『악의 꽃』에서 어머니와 관련된, 아니 적어도 우리 지난날의 삶의, 진기하고 서글픈 추억을 제게 남겨놓은 어머니 과부 시절의 사적인 부분과 관련된 두 편의 시를 알아채지 못했나요?

그리고 다른 하나의 시는 "당신이 시샘하던 마음씨 고운 하녀"로 시작하는 다음의 시이다.

28 뇌이에서 같이 지내며 어린 시인 샤를을 보살펴주다 오래전에 세상을 떠난 늙은 하녀 마리에트의 추억을 상기시키며 잊힌 망자들의 고통을 강조한다.

이곳에서 시인이 강조하고 있는 가엾은 망자들의 큰 고통은 세상을 떠난 마리에트뿐 아니라, 세상을 떠난 자신의 아버지의 고통이다. "그들에게 꽃다발이라도 갖다주어야 하지 않겠느냐"며 쉽게 아버지를 잊고 자신의 행복을 찾은 어머니를 은근히 원망하는 듯하다.

29 도시의 삶은 끊임없는 자극으로 우리에게 배고픔, 욕망, 또는 수면을 독촉하고, 어둠이 도시로 내려앉는 시간이 되면 "매음이 거리에 불을 켠다." 개인은 거대한

도시라는 몸체의 부스러기에 불과하며, 도시 한가운데서 고독을 앓으며 살아간다. 인간에 의해 이룩된 도시가 점점 커가는 위협적인 형태로 나타난다. 우연한 만남들, 우연의 잠자리들, 수많은 미지의 운명과의 만남들, 이것이 또한 대도시에서 경험하는 개인의 삶이다. 이처럼 위협적으로 침투해오는 도시의 삶에 대한 강한 의식이 파리 시의 두드러진 성격이며, 도시에 대한 직접적인 암시가 주어지지 않은 시에서도 이 같은 분위기를 느끼게 하는 것이 「파리 풍경」의 가장 두드러진 성격이다. 「파리 풍경」 편에 왜 「안개와 비」를 넣었는지 의아해할 수도 있겠지만, 시의 마지막에서의 "달 없는 밤 둘이서 / 우연의 잠자리에 고통을 잠재" 운다는 구절은 대도시에서만 가능한 일이다. 수많은 미지의 소녀들, 우연의 만남들, 우연의 잠자리들, 이 모든 것이 대도시의 삶을 시사한다.

30 비평가들이 자주 언급했던 보들레르 시의 특징들 중 하나는 파리 시의 인공적인 성격이다. 자연에 대한 시인의 거부감은 널리 알려져 있고, 비평들은 그의 '반자연관'을 강조했다. 그들은 그가 어릴 때부터 받은 기독교적 교육에서 그 이유를 찾기도 하고, 또는 앞서간 선배들의 영향을 들기도 한다. 자연에 대한 보들레르의 반감은 『내면 일기』와 미술 에세이 여러 곳에서 발견된다.

자연에 대한 보들레르의 반감은 본능과 자연스런 욕구에 대한 증오로부터 시작한다. 먹고 마시고 자는 행위로 만족하는 것은 동물과 다를 바가 없는 자연스런 단순 욕구이며, 자연은 인간에게 이 자연적 욕구와 범죄만을 부추길 뿐 아무것도 가르쳐주지 않는다. 인간은 어머니의 배 속에서부터 범죄의 취미를 타고났기 때문에 범죄는 '근본적으로 자연스러운 것'이며 '덕은 반대로 인공적이고 초자연적인 것'이다. 그리하여 본능이나 자연스런 충동에 자신을 맡기는 것은 영혼과 정신이 결여된 동물과 다를 바가 없다고 생각했고, 여인에 대한 비난이나 상인에 대한 혐오감이 이로부터 비롯된다. 자연스런 욕구 이외에 다른 정신적 욕구가 없는 여인을 그는 '자연스럽다'고 했고, 이윤 추구에만 급급한 상인 역시 '자연스럽다'고 정의했다. 자연스러운 것은 천박하며, 그것이 그에게 혐오감을 불러일으킨다.

그의 전기 역시 이에 관한 흥미있는 일화를 전해준다. 옹플뢰르에서 파리로 돌아오던 길에 보들레르와 함께 나눈 대화를 쇼나르는 이렇게 전한다.

자유로운 물을 나는 참을 수 없습니다. 나는 물이 부두의 질서정연한 방파제 속에, 어떤 구속 속에 고정되어 있기를 바랍니다. 내가 좋아하는 산책로는 우르크 운하의 강둑입니다.

(A. Schaunard, *Souvenir de Schaunard*, F. W. Leakey의 *Baudelaire and Nature*, Manchester University Press, 1969, p. 145에서 재인용)

이 대화에서 볼 수 있듯이 그는 자연스런 물의 흐름조차 용서할 수 없을 만큼 자연을 거부했고, 반면 인공적인 것에의 취향을 극도로까지 몰고갔다. 이 점을 상기해볼 때, 그의 파리에서 자연이 추방되어 있는 것은 조금도 이상하지 않다. 비록 때로 공원들이 언급되지만, 그것은 매우 추상적인 성격을 띤다. 나무도 꽃도 없는 공원은 단지 군중들의 집회 장소로 나타날 뿐이다. 그는 '불규칙적인 초목'을 증오했고, 반면 인간이 만들어놓은 돌의 풍경을 좋아했다. 그가 판화로 환상적인 도시를 그려낸 화가들을 좋아했던 이유도 여기서 비롯된다. 「파리의 꿈」은 보들레르의 이 같은 취향이 집약되어 있는 시이다. 이 시는 파리라는 도시의 성격보다 인공미를 사랑하는 보들레르의 몽상과 미학을 더 잘 드러낸다. 시인은 스스로 꿈의 나라의 화가가 되고 건축사가 되어 풍경으로부터 고르지 못한 초목을 몰아내고 금속과 물과 대리석이 이루는 꿈의 궁궐을 세운다.

31 시의 첫번째 부분에서 시인이 몽상에 의해 이루어낸 초자연적인 꿈의 나라는 영원히 지속될 수 없다. 시인이 의지와 시적 몽상에 의해 실제의 존재들에 부여하는 초자연적 가치는 순간적인 꿈에 불과하다. 시는 그것들을 현실과 초자연의 교차점에 매달리게 할 뿐, 또는 이 둘 사이의 경계점에 한순간 이르게 할 뿐, 우리가 살도록 운명지어진 이 영원한 형벌의 세계를 완전히 바꾸지 못한다. 이것이 바로 시의 아이러니이며, 시란, 보들레르가 정의했듯이, '초자연주의'와 그 반대의 얼굴인 '아이러니'이다(*Œ C.*, p. 1256 참조). 몽상에서 깨어나는 순간 시인은 현실의 '끔찍스런' 세계로 돌아온다. 그것이 두번째 부분의 풍경이다.

32 보들레르는 저녁의 파리를 거대한 병원으로 그렸다. 저녁이 되면 도시의 병자들이 신음하기 시작하고, 병원은 그들의 울부짖음과 한숨 소리로 가득하다(「어스름 저녁」참조). 새벽에도 시인의 생각은 여전히 양로원 깊숙한 곳에서 고통받고 있는 자들, 추위와 가난 속에서 분만의 고통을 겪고 있는 외로운 아낙네들 쪽으로 달려간다.

고통받는 자들에 관한 묘사는 마침내 내적인 명상으로 이어진다. 도시의 안개 낀 새벽을 고통으로 맞고 있는 자들과 함께 시인 자신도 떨고 있다. 그 역시 밤새 글쓰는 고된 작업에 지쳐 있는 시인이기에 고통이 매일같이 칼날처럼 시인을 파고든다. 그러나 그는 이 고통을 아끼고 배양하여 스스로 타자의 고통에 참여한다.

술

LE VIN

「술」의 장은 1861년 제2판 『악의 꽃』에서 위치가 바뀌어 1857년도 판과는 다른 자리에 놓인다. 보들레르가 시집의 '건축적 구조'에 특별한 배려를 하고 있었던 점을 상기할 때, 이는 매우 구체적인 의도에 의한 것임을 알 수 있다. 따라서 많은 주석자들은 당연히 이러한 시인의 의도를 찾아내려고 애를 썼다. 그러나 많은 주석자들의 짐작과는 달리 그것이 그리 치밀한 것이 아니라고 아당은 지적한다(A. Adam, 같은 책, pp. 399~400).

「술」의 장을 구성하는 시들은 1850년 이전에 씌어진 것들로, 이 시기 보들레르는 프루동 Proudhon과 자주 만났고, 화가 쿠르베 Courbet, 상송 작가 뒤퐁 Pierre Dupont과도 자주 어울렸다. 이들 사이에서 "노동자들에게는 신의 특별한 은총을, 가난한 자들에게 위안을, 불행한 자들에게 격려를 가져다주는 술의 역할을 찬양하는 전통"이 있었다고 아당은 지적한다.

술이 인간에게 주는 가장 천박한 도취로부터 고대 그리스 신화의 디오니소스의 영광에 이르기까지 보들레르는 술에 여러 가지 역할을 부여했다. 그뿐 아니라 불행한 현실 도피라는 '인공 낙원'을 술에서 구했으리라는 짐작도 할 수 있다. 실제로 보들레르는 『인공 낙원』을 쓰기 전에 「술과 해시시」 장을 먼저 발표했다. 그러나 「연인들의 술」을 제외한 나머지 시들에서 술은 현실 도피 수단이 아닌, 기쁨, 위안, 격려 등의 역할로 그려져 있다.

술의 넋[1]
L'ÂME DU VIN

어느 날 저녁 술의 넋이 병 속에서 이렇게 노래했다:
"인간이여, 오 친애하는 낙오자여, 나 그대에게
내 유리 감옥과 주홍빛 밀랍 아래서
빛과 우애 가득한 노래를 보내노라!

나는 아노라, 내 생명을 낳고 내게 넋을 넣어주기 위해
불타오르는 언덕 위에서 얼마나 많은 노고와 땀과
따가운 태양이 필요한가를;
그런데 나 어찌 그 은혜 잊고 심술궂게 굴리오!

일에 지친 사람의 목구멍에 떨어질 때면
나는 그지없는 기쁨을 느끼고,
그의 뜨거운 가슴속이 내 싸늘한 지하실보다
훨씬 더 좋아하는 아늑한 무덤이기에.

그대 들리는가, 주일의 노래 울려퍼지고
설레는 가슴속에 지저귀는 희망의 노랫소리가?
탁자 위에 팔꿈치 괴고 소매 걷어 올리고,
그대는 나를 찬미하고 흐뭇해하리;

나는 기뻐하는 그대 아내의 눈을 빛나게 하고;
그대 아들에겐 힘과 혈색을 돌려주고,
인생의 연약한 이 경기자를 위해
투사의 근육을 단단하게 해줄 기름이 되리.

나는 식물성의 신들의 양식, 영원한 「씨 뿌리는 자」가
던져준 귀중한 씨앗, 나는 그대 속에 떨어지리,
우리의 사랑이 시를 낳아
진기한 꽃처럼 「하느님」을 향해 피어오르도록!"

넝마주이들의 술[2]
LE VIN DES CHIFFONNIERS

바람이 불꽃 몰아치고 유리에 부딪치는
가로등 붉은 불빛 아래
부글부글 괴어오르는 술처럼 인간들이 우글거리는
진창의 미로, 옛 성문 밖 거리 한복판에,

흔히 보인다, 고개 끄덕이며 비틀거리고,
시인처럼 담벼락에 부딪치며 걸어오는 넝마주이,
비밀경찰 따위는 제 부하인 듯 개의치 않고,
영광스런 계획 품은 제 속을 모두 털어놓는다.

선서도 하고 숭고한 법 조항도 공포하고,
악한 자들은 쓰러뜨리고, 희생자는 일으키고,
옥좌 위에 드리운 포장 같은 하늘 아래서
제 찬란한 덕행에 취한다.

그렇다, 고달픈 살림에 들볶인 이 사람들,
일에 지치고, 나이에 고통받고,
거대한 도시 파리의 뒤범벅된 구토물
산더미 같은 쓰레기 아래 깔려 녹초가 되고 꼬부라져,

술통 냄새 풍기며 집으로 돌아간다,
나날의 싸움에 머리는 세고,
낡은 깃발처럼 콧수염 축 처진 패거리들 거느리고.
깃발이며 꽃들이며 개선문들이

그들 앞에 우뚝 솟아 있구나, 엄숙한 마술이여!
그리고 나팔과 대양, 함성과 북소리로
떠들썩한 요란한 법석 가운데
사랑에 취한 민중에게 그들은 영광을 가져다준다!

이렇게 술은 덧없는 「인생」을 가로질러
눈부신 팍트로스강,³ 황금의 강이 되어 흐른다;
인간의 목구멍을 지나면서 술은 제 공훈을 노래하고
여러 혜택 베풀어 진짜 임금처럼 군림한다.

말없이 죽어가는 저 저주받은 늙은이들의
원한을 풀어주고 무위를 달래주기 위해,
하느님은 뉘우침에 사로잡혀 잠을 만들었는데;
「인간」은 이에 「술」을 덧붙였다, 「태양」의 이 거룩한 아들을!

살인자의 술[4]
LE VIN DE L'ASSASSIN

아내가 죽어 나는 자유다![5]
그러니 나는 실컷 마실 수 있다.
돈 한 푼 없이 집에 돌아오면
그녀의 고함 소리 내 가슴을 찢었지.

왕 못지않게 행복하구나;
공기는 맑고 하늘은 기막히다……
내가 아내에게 반했을 때도
이런 여름이었지!

나를 쥐어뜯는 이 끔찍한 갈증을
풀어주자면 필요할 거다,
아내의 무덤을 채울 만큼의 술이,
— 아 이런 말을 하는 게 아닌데,

아내를 우물 깊은 곳에 던져버리고
그녀 위에 샘 가의 돌멩이들을
모조리 집어넣기까지 했지.
— 이런 일은 할 수만 있다면 잊고 싶다!

아무것도 우리 사이 떼어놓을 수 없다고
맹세한 사랑의 이름을 내세워,
우리 사랑의 절정의 행복한 시절처럼
서로 화해하자고,

어느 날 저녁 아내에게 애원하여,
으슥한 거리로 불러냈었지.
아내는 나타났지 뭐야! — 정신 나간 계집 같으니라고!
하긴 우리 모두 좀 정신이 나갔지만!

비록 몹시 지치기는 했지만,
아내는 여전히 어여뻤다!
나는 아내를 너무나 사랑했지! 그래서
삶을 끝내! 하고 난 말했다.

아무도 이런 내 마음 모르리.
어리석은 주정뱅이들 중
누구인들 그 병적인 밤
술로 수의를 만들 생각을 했으랴?

쇠로 만든 기계처럼
끄떡없는 주정뱅이 따위는
여름이고 겨울이고 한 번도
진정한 사랑 해보지 못했지.

검은 마력과 그 지옥 같은
공포의 행렬, 독약병과 눈물,
그리고 쇠사슬과 뼈다귀
소리가 따르는 진정한 사랑을![6]

— 나는 이제 자유로운 홀아비다!
이 밤 죽도록 마시고 취해;
두려움도 후회도 모르는 채,
땅바닥에 아무렇게 드러누워,

개처럼 잠들리라!
돌이며 진흙 가득 실은
수레바퀴 무거운 짐마차가
또는 미쳐 날뛰는 화물차가

죄 많은 내 머리 박살을 내건,
내 몸뚱이를 두 동강이 내건,
「신」이고 「악마」고 「영성체」고
아무것도 겁날 것 없다!

외로운 자의 술[7]
LE VIN DU SOLITAIRE

물결치는 달이 제 나른한 아름다움
미역 감기려고 잔잔히 떠는 호수 위로
내려보내는 하얀 달빛처럼 살며시
우리에게 다가오는 요염한 여인의 야릇한 눈길도;

노름꾼 손에 움켜쥔 마지막 돈주머니도;
야윈 아델린의 음탕한 입맞춤도;
멀리서 들려오는 인간 고통의 소리 같은
애끊는 듯 감미로운 음악 소리도,

모두가 너만 못하다, 오 깊숙한 술병이여,
경건한 시인의 갈증난 가슴에
네 볼록한 배가 간직한 이 파고드는 향기에는;

너는 시인에게 부어준다, 희망과 젊음과 생명을,
ㅡ그리고 긍지를, 이것이야말로 온갖 거지 근성의 보배,
그것은 우리를 승자로 만들고 「신」과 닮게 만든다!

연인들의 술[8]
LE VIN DES AMANTS

오늘 세상은 찬란하다!
재갈도 박차도 고삐도 없이
술 위에 걸터타고 떠나자꾸나,
거룩한 선경의 하늘을 향해!

끈덕지게 달라붙는 환각에
시달리는 두 천사처럼,
수정처럼 맑고 푸른 아침
아득한 신기루를 따라가자꾸나!

슬기로운 회오리바람의
날개 위에서 가벼이 흔들거리며,
너도 나도 똑같이 환희 속에,

누이여, 나란히 헤엄쳐 가자
한시도 쉬지 말고 날아가자꾸나,
내 꿈에 그리던 천국을 향해!

옮긴이 주

1 보들레르는 술의 덕을 찬미하기 위해 우선 술에 넋을 주고, 고대 그리스의 디오니소스 신에 버금가는 위력을 부여한다. 이 같은 능력을 가진 술의 신은 인간의 근심을 몰아내고 음악과 시에 영감을 불어넣는다. 또한 디오니소스 신은 식물의 신이며, 다시 소생하는 신이다. 술 역시 일에 지친 인간에게 행복을 주기 위해 자신을 희생시키는 신에 비유된다. 그리하여 술은 아내의 눈을 빛나게 하고, 아들에겐 힘과 혈색을 되돌려주고, 연약한 인생의 경기자들을 위해 투사의 근육을 굳혀줄 기름이 된다.
2 이 시에서 술은 「파리 풍경」편의 두번째 시 「태양」에서의 태양과 유사한 역할을 한다. 그곳에서 태양은 가장 천박한 것들의 운명을 고귀하게 하는 역할을 했다. 그것이 또한 시인의 역할이었다.

　시의 배경은 지옥같이 불행한 도시의 삶이다. 가로등 유리는 바람에 삐걱거리고, 인간들 우글거리는 진창의 미로, 성문 밖 거리 한복판, 이곳에 등장하는 불행한 넝마주이······ 가난과 고된 일에 지치고, 나이에 시달리고, 거대한 도시의 구토물, 산더미 같은 쓰레기 아래 녹초 되어 꼬부라진 이 인생의 패배자, 넝마주이는 비참한 삶의 극심한 모습으로 그 시대의 한 현상을 대변한다. 넝마주이는 시인과 가까울 뿐 아니라, 음모자와도 가깝다. 그는 혁명을 예고하기 때문이다.

　술은 넝마주이에게 신의 선물처럼 갖가지 은총을 베풀어준다.
3 그리스 신화에 나오는 리디아의 작은 강. 만물을 금으로 만드는 마력을 지닌 미다스 왕이 먹을 감는 바람에 모래가 온통 금으로 바뀌었다고 한다.
4 아당은 이 시의 기원으로 포, 호프만, 페트루스 보렐Petrus Borel의 작품을 열거한다. 특히 아내를 샘에 집어넣고, 그 위에 돌을 채워 넣는 주정뱅이의 행위는 페트루스 보렐의 『샹파베르Champavert』에 나오는 파스로Passereau의 이야기이며, 보들레르는 이 술주정뱅이 살인자의 살인의 동기를 신비로 덮고 있다고 설명한다(A. Adam, 같은 책, p. 405). 살인자는 "아무도 나를 이해하지 못한다"고 외친다. 아내를 너무 사랑했기 때문인지, 아내의 찢어지는 고함 소리에서 해방되기 위해서인지 동기가 모호하다.
5 아내의 죽음은 이 인물을 해방시켰다. 그녀, 즉 사랑으로부터 벗어남으로 해서 그는 애정이라는 의무에서 해방되었고, 주저와 후회에서 자유로워졌다. 이제 아

내의 찢어지는 고함 소리를 걱정하지 않고 실컷 마실 수 있다.
6 이 시절에 보들레르가 의도하는 의미가 있다고 아당은 설명한다. 살인자가 경험한 이 '진정한 사랑'을 모르는 자는 악마적인 성격의 사랑을 모른다는 것이다. 그리고 보들레르가 『1859년 미술전』에서 이와 유사한 이미지를 전개했던 것을 상기시키며 다음 구절을 인용한다(A. Adam, 같은 책, p. 406에서 재인용).

> 사랑을 그리라고 권유받는다면, 나는 악마의 형태로 그릴 것 같다 [……] 방탕과 불면으로 눈 둘레는 거무스레하고, 유령이나 갤리선의 노예처럼 발목에는 시끄러운 쇠사슬이 끌리고, 한 손에는 독약병을, 다른 한 손에는 범죄의 피 묻은 단도를 흔들고 있는.

7 인간의 목구멍 속을 파고드는 깊은 술병 속의 이 향기는 외로운 자에게 세상의 어떤 쾌락보다 감미롭다. 요염한 여인의 야릇한 추파도, 노름꾼의 손에 남은 마지막 돈지갑도, 야윈 아델린의 음탕한 입맞춤도, 이 시에 나열된 이 모든 쾌락들도 모두

> "너만 못하다, 오 깊숙한 술병이여"

8 이 장의 다섯 편의 시 중에서 술이 가지는 꿈의 세계를 향한 현실 탈피의 가능성을 가장 확실하게 보여주는 소네트 형식의 작품이다.
크레페는 이 소네트의 움직임을 「상승」의 움직임에 비유하고(Les Fleurs du Mal, édition critique établie par Crépet et Blin, Corti, 1942, p. 491), 모숍D. J. Mossop은 이 시에서 「상승」뿐 아니라 「여행으로의 초대」의 메아리를 볼 수 있다고 주석을 붙인다(Baudelaire's Tragic Hero, Oxford University Press, 1961, p. 198).
또한 앞의 시 「외로운 자의 술」의 테마도 이곳에서 전개된다. 술은 그리스 신화에 나오는 날개 달린 말처럼 인간을 신성한 선경의 왕국으로 데려다준다. 이 상승의 충동에는 재갈도 고삐도 박차도 필요하지 않다. 술 위에 걸터타고 꿈속에 그리던 천국을 향해 떠나면 된다. 그러나 인간은 술에 의해 그 목표에 도달할 수 있을까? 이어지는 다음의 4행 절은 이 추구의 허구성을 내비치는 듯하다. 괴로워하는 두 천사나 지독한 환각의 이미지는 신의 노여움을 사 지옥에 떨어진 천사의 운명을 생각하게 한다. 연인들이 술과 함께 찾았다고 믿는 천국은 해시시 Haschich에 의해 도달한 '인공 낙원'처럼 한순간의 도취에 불과했음을 깨닫게 될지 모른다.
마지막 두 3행 절에 환희와 위험이 섞여 있다. 아득한 신기루를 따라가는 술의 몽상은 잠시의 휴식도 허용되지 않는 고된 길이다. 그리하여 상승의 몽상에는 위험이 따른다. 이처럼 술에 의한 인공 낙원의 꿈은 좌절의 씨앗을 품고 있으며, 그것이 다음의 「악의 꽃」 시편의 절망을 예고하는 듯하다.

악의 꽃

FLEURS DU MAL

이 시편은 1857년 초판에서는 「우울과 이상」편 다음에 놓여 있었고, 1861년 2판에서 「술」편 다음의 자리로 바뀌어 나온다. 다른 주석자들과는 달리, 아당은 이 시편을 「술」의 장에 이어 처벌받은 자의 절망과 지옥으로의 하강을 그리는 시편으로 보는 것은 잘못이라고 해설한다(A. Adam, 같은 책, pp. 407~08). 「술」의 장 역시 술이 갖는 유해한 성격은 전혀 없는 반면, 포도의 열매에 대해 신의 은총을 찬양한다. 시인은 이 시편에 대부분 초기에 쓴 작품들(1842~1844년 사이)을 모아놓았다. 그리고 이 시들은 논리의 귀착이 아닌 낭만주의에서 보이는 대담함을 극도로 몰고 가는 예술가의 치기를 드러낸다.

    1857년 보들레르가 『악의 꽃』의 건축 구조를 만들려고 시도했을 때, 그는 자연스럽게 이 시편들을 따로 한 그룹으로 모으려 했고, 그것이 이 시편에 특별한 색채를 띠게 한다. 첫번째 시 「파괴」는 보들레르가 이 시편 전체에 주려 했던 성격을 분명히 보여준다. 권태의 포로가 되어 발광할 정도가 된 인간의 고뇌와, 파괴의 쾌락 속에서 그것으로부터 벗어나기 위한 방법을 찾는 다분히 사디즘적인 몸부림이다.

파괴[1]
LA DESTRUCTION

노상 내 곁엔 「악마」가 꿈틀거린다;
놈은 만질 수 없는 공기처럼 내 주위에 감돈다;
놈을 삼키면 내 허파는 타는 듯하고,
영원한 죄악의 욕망으로 가득 차는 듯하다.

때로 놈은 「예술」에 대한 내 큰 사랑을 알고,
세상에서 가장 매혹적인 여인으로 둔갑하여,
위선적인 그럴싸한 핑계 내세워,
내 입술을 더러운 미약에 맛들게 한다.

이렇게 놈은 하느님의 눈에서 멀리,
「권태」의 허허벌판 한가운데로
지쳐 헐떡이는 나를 끌고 가서,

얼떨떨한 내 눈 속에 던져 넣는다,
더럽혀진 옷가지들과 헤벌어진 상처를,
그리고 「파괴」의 피투성이 연장을!

순교의 여인[2]
UNE MARTYRE

어느 이름 모를 대가의 소묘

향수병이며 금박이 된 천이며 호사스런 가구,
      대리석 상과 그림들,
풍성하게 주름 잡혀 끌리는 향긋한 냄새나는 옷가지들이
      뒤섞인 가운데[3]

온실 안처럼 해롭고 불길한 공기 감돌고,
      시들어가는 꽃다발이
유리관 속에서 마지막 탄식을 몰아쉬는
      미지근한 방 안에

머리 없는 송장 하나, 새빨갛게 살아 있는 피를
      흥건히 젖은 베개 위에
강물처럼 쏟아내고, 목이 타는 초원처럼
      베갯잇은 피를 빨아먹는다.

어둠이 낳아 우리 눈을 붙들어매는
      파리한 환영처럼,
그 머리는 한 다발의 검은 머리채가

진귀한 보석으로 장식되어,

침대 옆 탁자 위에 미나리아재비처럼
    쉬고 있다; 그리고 황혼처럼
뿌옇고 희멀건 시선이 멍하게
    뒤집힌 눈에서 새어 나온다.

침대 위에는 거리낌없어 벌거벗은 몸통이
    자연이 그에게 부여한
은밀한 광채와 숙명적인 아름다움을
    유감없이 드러내 보인다;

종아리엔 금빛으로 가를 두른 장밋빛 긴 양말이
    추억처럼 남아 있고;
양말 벨트는 타오르는 은밀한 눈처럼
    금강석 시선을 던진다.

자세도 눈도 모두 욕정을 불러일으키는
    이 나른한 큰 초상화와
이 야릇한 고독의 모습은
    검은 애욕을 드러낸다.

그리고 죄 많은 쾌락을, 야단스런 입맞춤 가득한
    괴상한 향연을,
수많은 악마들이 휘장의 주름 속에서 헤엄치며

즐겼을 그 향연을;

그러나 대조를 이룬 윤곽 보이며 맵시 있게
        야윈 어깨와,
뾰족한 듯한 둔부와 성난 뱀처럼 팔팔한
        몸통을 보면,

그녀는 아직도 썩 젊었다!―권태로 괴로운 관능과
        격노한 넋이
방황하는 타락의 욕정에 굶주린 사내들에게
        자신을 열어주었던가?

살아생전 그토록 사랑했건만 갈증을 풀어주지 못한
        앙심 품은 사내가
저항 없이 너그러이 응해주는 네 살덩이 위에서
        한없는 욕망을 채웠던가?

대답하라, 더러운 송장이여! 그가 굳어진 네 머리채를 움켜잡고
        화끈한 팔로 너를 끌어당겨
네 차가운 이빨 위에 마지막 고별의 입맞춤이라도 했던가?
        말해라, 끔찍한 대가리여.

― 비웃는 세상과 멀리, 더러운 무리들과 멀리,
        캐기 좋아하는 관리들로부터 멀리 떨어져,
편안히 잠자거라, 편안히, 괴상한 계집이여,

　　　　　네 신비로운 무덤 속에서;

네 남편은 세상을 돌아다녀도, 네 불멸의 형상은
　　　　잠잘 때도 그의 곁에서 지새니;
너처럼 그도 죽도록 변함없이
　　　　네게 충실하리라.

천벌받은 여인들[4]
FEMMES DAMNÉES

생각에 잠긴 가축처럼 모래밭에 드러누워,
그녀들은 바다 너머 먼 수평선 쪽으로 눈을 돌리고,
서로 더듬어 찾은 발과 서로 마주잡은 손에는
감미로운 허탈과 쏩쓸한 떨림이 있다.

어떤 여자들은 긴 토로에 마음이 끌려,
시냇물이 조잘대는 수풀 속 깊이 들어가,
겁 많던 어린 시절의 애인의 이름을
어린 관목의 초록빛 나무에 새겨 넣는다;

또 어떤 여자들은 성 안토니우의 눈에, 그를 유혹하는
훤히 드러낸 자줏빛 젖퉁이 용암처럼
솟아났다는 허깨비로 가득한 바위 사이를 가로질러
수녀처럼 발걸음 무겁게 느릿느릿 걸어간다;

또 그중에는 흘러내리는 송진의 희미한 빛에
낡은 이교도의 동굴의 적막한 구멍 속에서
뜨거운 울부짖음으로 그대의 구원을 호소하는 여인도 있다,
오 옛날의 회한을 잠재워주는 바쿠스여!

또 어떤 여자들은 어깨에 드리우는 띠를 걸치고,
기다란 그 옷자락 밑에 채찍을 감추고 있다가,
호젓한 밤 으슥한 숲속에서
고통의 눈물에 쾌락의 거품을 섞는다.

오 처녀들, 악마들, 괴물들, 순교자들이여,
현실을 우습게 아는 위대한 정신의 소유자들이여,
무한을 찾는 여인들이여, 광신자여, 그리고 색마들이여,
때론 죽어라 울부짖고, 때론 눈물 가득 흘리는 그대들,

지옥까지 내 넋이 쫓아간 그대들이여,
가엾은 누이들이여, 나 그대들을 측은히 여기고 사랑한다,
그대들의 서글픈 고뇌, 채울 수 없는 갈증 때문에,
그대들 커다란 가슴에 가득한 사랑의 항아리 때문에!

의좋은 두 자매[5]
LES DEUX BONNES SŒURS

「방탕」과 「죽음」은 사랑스런 두 아가씨,
입맞춤 아끼지 않고 건강이 넘치고,
언제나 처녀인 그녀들의 배는 누더기를 걸치고,
영원한 노동에도 애를 배지 않았다.

가정의 원수, 지옥의 귀염둥이,
가난한 신하인 불쌍한 시인에게
무덤과 사창가는 그 소사나무 아래,
한 번도 회한이 찾아온 적 없는 침상을 가리킨다.

그리고 모독으로 가득한 관과 규방은
의좋은 자매처럼 번갈아 가며 우리에게
무서운 쾌락과 끔찍한 안일을 준다.

언제 날 묻으려나, 더러운 팔뚝 가진 「방탕」이여?
또 그의 매력의 적수, 오 「죽음」이여, 언제 와서
방탕의 몹쓸 도금양에 네 검은 실편백을 접붙이려나?

피의 샘[6]
LA FONTAINE DE SANG

이따금 나는 내 피가 철철 흘러감을 느낀다,
장단 맞추어 흐느끼는 샘물처럼.
긴 속삭임으로 흐르는 소리 분명 들리는데,
아무리 더듬어보아도 상처는 찾을 수 없다.

결투장에서처럼 도시를 가로질러
내 피는 흘러간다, 포석을 작은 섬으로 바꾸며,
또 모든 것의 갈증을 풀어주고,
도처에서 자연을 빨갛게 물들이면서.

취하게 하는 술에게 나를 파고드는
공포를 하루라도 잠재워달라고 나는 자주 하소연했건만;
술은 내 눈을 더욱 밝게 귀를 한층 예민하게 해줄 뿐!

사랑 속에 망각의 잠을 찾기도 했으나;
사랑이 내겐 오직 저 매정한 계집들이
내 피를 마시도록 만들어진 바늘방석일 뿐!

우의[7]
ALLÉGORIE

그것은 술잔 속에 제 머리타래 적시고 있는
풍만한 몸매의 아름다운 여인이다.
사랑의 손톱도 화류계의 독소도
그녀의 화강암 피부에선 모두 미끄러지고 무뎌진다.
그녀는「죽음」을 비웃고「방탕」을 경멸한다,
이 괴물들은 그 손으로 노상 할퀴고 쓰러뜨리지만,
파괴적인 놀이에서도 그녀의 꼿꼿한 몸에서 풍기는
꺾기 어려운 위엄엔 존경을 바쳤다.
그녀는 여신처럼 걷고 회교국 왕비처럼 휴식한다;
쾌락에서는 회교의 신앙을 갖고,
젖통을 안고 있는 활짝 벌린 두 팔 안에
인간이란 종족을 눈으로 부른다.
비록 석녀이나 세상이 돌아가는 데 필요한 이 처녀,
육체의 아름다움은 신이 내린 최고의 선물,
그것이 있으면 파렴치도 용서받을 수 있다고,
그녀는 그렇게 알고 그렇게 믿고 있다.
그녀는「지옥」도「연옥」도 모른다,
그리고 캄캄한「밤」속으로 들어갈 시간이 오면,

「죽음」의 얼굴을 바라보리라,

갓난애를 바라보듯이 — 증오도 회한도 없이.

베아트리체[8]
LA BÉATRICE

타버려 풀도 없는 재투성이의 땅에서.
어느 날 정처없이 헤매며, 자연을 향해
투덜대며, 내 생각의 칼날을
내 가슴 위에서 천천히 갈고 있을 때,
나는 보았다, 대낮인데 내 머리 위로
폭풍을 실은 불길한 엄청난 먹구름이
잔인하고 캐기 좋아하는 난쟁이 같은
한 떼의 사악한 악마를 싣고 내려오는 것을.
놈들은 쌀쌀맞게 나를 관찰하기 시작하더니,
행인들이 미치광이 구경하듯,
사뭇 눈짓과 몸짓을 주고받으며,
저희들끼리 낄낄대고 소곤거리는 소리를 나는 들었다:

— "천천히 구경 좀 하자, 이 만화,
몽롱한 눈하며 바람에 날리는 머리카락,
저 거동, 흉내 낸 햄릿의 허깨비일세.
보기에도 불쌍하지 않은가, 저 촐랑이,
저 망나니, 저 놀고먹는 광대, 저 괴짜?
제법 제구실을 능숙하게 해낼 수 있다고 생각하고,
제 신세타령으로 독수리, 귀뚜라미, 냇물,

꽃들의 흥을 돋우어주려 들고,
심지어는 이 낡은 술책의 고수인 우리한테까지
공공연한 장광설을 목청 높여 뇌까리려 들다니?"

나는 (내 자존심은 산보다 더 높아
먹구름과 악마들의 고함 소리를 능가하기에)
내 지존의 머리를 슬쩍 돌리고 말 수도 있었을 것을,
다만 이 음탕한 악당의 무리 속에서
── 아, 이런 죄악이 태양을 비틀거리게 하지 않다니! ──
놈들과 더불어 내 비참한 슬픔을 비웃고,
이따금 추잡한 애무를 그치들에게 쏟는
세상에 비길 데 없는 눈을 가진 내 마음의 여왕을 보지만 않았더라면.

키티라섬으로의 여행[9]
UN VOYAGE A CYTHÈRE

내 마음은 새처럼 마냥 즐겁게 날아
밧줄 둘레를 자유로이 돌고 있었다;
배는 빛나는 태양에 취한 천사처럼
구름도 없는 하늘 아래서 달리고 있었다.

저 초라한 검은 섬은 무엇인가? ─ 키티라섬이라고
사람들이 알려준다, 노래로도 알려진 유명한 고장.
늙은 모든 홀아비들이 모두 꿈꾸는 진부한 ─「황금의 나라」라고.
그러나 보라, 그것은 결국 가난한 땅이 아닌가!

─ 달콤한 비밀과 마음의 향연의 섬이여!
고대 비너스의 눈부신 환영이
바위 위에 향기처럼 감돌아
사랑과 시름으로 마음을 채운다.

초록빛 도금양과 꽃들이 만발하여,
모든 민족이 두고두고 숭배하던 아름다운 섬이여,
사랑으로 타오르는 가슴의 한숨이
장미의 향기처럼, 또는 산비둘기의

끝없는 울음소리같이 흘러내린다!
— 그러나 키티라는 이제 더없이 메마른 땅,
날카로운 고함 소리로 뒤숭숭한 자갈투성이의 황무지.
그런데 나는 언뜻 보았다, 해괴한 것을!

그것은 꽃을 사랑하는 젊은 사제가
비밀스런 열정에 몸이 달아
스쳐가는 산들바람에 옷자락 펄럭이며 찾아간
숲 그늘에 싸인 신전이 아니었다;

우리의 하얀 돛에 새들이 놀랄 만큼
바닷가에 바싹 붙어 스쳐가던 때,
우리에게 보인 것은 실편백처럼 시커멓게
하늘에 솟아 있는 세 개의 가시 돋친 교수대였다;

사나운 새들은 제 먹이 위에 걸터앉아
이미 썩은 목매어 죽은 자를 미친 듯이 쪼아대고,
그 썩어 문드러진 피투성이 송장 구석구석에
저마다 더러운 부리를 무슨 연장이나 되는 듯 처박고 있었다;

눈은 두 개의 구멍이 되고, 파먹힌 배때기에선
창자가 허벅지 위로 흘러내리고,
흉측한 진미로 배를 채운 망나니들은
부리로 쪼아 그를 완전히 거세해버렸다.

발 아래로는 새들을 시샘하는 네 발 가진 짐승 떼가
주둥이 치켜들고 맴돌며 어슬렁거리고;
복판에는 제일 큰 짐승 한 마리
부하 거느린 집행관처럼 서성이고 있었다.

그토록 아름다운 하늘의 아이, 키티라의 주민이여,
그대는 말없이 이런 모욕을 견디고 있었다,
그대에게 무덤마저 금한 죄악과
굴욕스런 예배를 속죄하려고.

우스꽝스런 목매달아 죽은 자여, 그대 고통은 내 고통!
건들거리는 그대 사지를 보고 나는 느꼈다,
해묵은 고통이 담즙의 긴 강물이 되어
구역질처럼 내 이빨로 솟아오르는 것을,

소중한 추억 지닌 가엾은 자여, 그대 앞에서
나는 느꼈다, 그 찌르는 듯한 까마귀 떼의 모든 부리와
검은 표범들의 모든 턱주가리를, 그놈들은
일찍이 얼마나 내 살을 갈아부수기 좋아했던가.

— 하늘은 아름답고 바다는 잔잔했다;
그러나 그 이후 나에게는 모든 게 어둡고 피투성이,
아! 마음은 무거운 수의에 싸인 듯
이 알레고리 속에 파묻히고 말았다.

오 비너스여! 당신 섬에서 내가 본 것이라곤 오직
내 모습이 목매달린 상징적인 교수대뿐⋯⋯
─아! 주여! 저에게 주옵소서, 이 마음과
몸을 혐오감 없이 바라볼 힘과 용기를!

사랑의 신과 해골
L'AMOUR ET LE CRÂNEE

장章 끝의 구식 장식

「사랑의 신」이 「인류」의 해골 위에
　　　앉아 있다,
그 옥좌 위에서 그 불경한 놈은
　　　뻔뻔스럽게 웃으며,

둥근 비눗방울 즐겁게 불어
　　　공중으로 올려보내니,
멀리 별나라에라도 다다를 듯
　　　공중으로 솟아오른다.

반짝반짝 빛나는 그 부서지기 쉬운 방울
　　　힘차게 올라가
툭 터져 토한다, 제 약한 넋을,
　　　황금의 꿈처럼.

나는 듣는다, 방울 하나하나에 애원하며
　　　신음하는 해골의 소리를:
—"이 짓궂은 어리석은 장난

언제나 끝내려나?

네 잔인한 입이 공중에 뿌리는 것은,
　　　무모한 살인자여,
그것은 바로 내 머릿골이며,
　　　내 피와 살이기 때문이다!"

옮긴이 주

1 이 시의 주제는 '권태'이다. 그것은 『악의 꽃』의 첫번째 시 「독자에게」에서부터 이미 예고된 테마이다. 존재의 경험, 그것은 권태의 경험이며, '끝없는 단조로운 평원'에 비유되는 지루함의 경험이다. 그러나 「우울과 이상」 편에 이어 이제 이 시편에서 보들레르는 또 다른 색조를 덧붙이고 있다. 권태로 미칠 듯한 인간이 고통의 격렬함과 피나는 상처 등으로 상상력을 키우고, 의지의 몽상에 의해 기진한 신경을 일깨우고, 상상력에 의해 어두운 쾌락을 음미한다.

2 '어느 이름 모를 대가의 소묘'라는 소제목으로 인해 주석자들은 시에 영감을 주었음직한 소묘를 찾아내려 애썼지만, 문제의 소묘를 찾아내지 못했다. 그러나 그것이 시의 이해에 별 문제가 되지 않는다. 관능이 형벌에 연결되어 있는 이 시는 전형적인 사디즘적 몽상의 본보기이다.

시에 등장하는 순교의 여인은 '무한l'infinii'에의 갈망으로 인해 벌받은 순교자처럼 보인다. 관능의 기쁨도 그녀에게 그녀가 바라는 낙원과 같은 영원한 삶을 가져다주지 못했고, 대신 육체의 죽음과 영혼의 저주를 받았을 뿐이다. 마찬가지로 살인자 그녀의 남편도 관능의 도취로 무한에 이르렀다고 믿었다. 그러나 육체적 쾌락이 인간에게 보여준 무한은 악마적인 성격의 것이다. 그에게 이 무한의 갈증을 풀어주지 못한 그녀를 벌하기 위해, 아니면 '그의 끝없는 욕망을 채우기 위해' 한 많은 사나이가 그녀를 살인하게 되었다는 것인가? 어찌 되었건 이 범죄 속에서 그는 초자연적 계시를 발견한다. 이 사내는 세상을 떠돌아다닌다. 그래도 그녀의 '불멸의 형상은' 그가 잠을 잘 때도 그를 떠나지 않는다. 또한 남편도 "그녀처럼(너처럼) 죽도록 변함없이 그녀에게(네게) 충실"할 것이다.

3 보들레르는 바그너의 「탄호이저」에 나오는 비너스의 동굴을 재현한 묘사에 매우 감동을 받는다. 헌데 이 시에서 순교의 여인이 놓여 있는 배경은 향기로운 분위기며 사람을 무기력하게 만드는 환희의 묘사 등 바그너의 비너스의 동굴을 떠올리게 한다. 이 분위기의 풍요함과 화려함은 「여행으로의 초대」에 그려진 이상의 나라와 흡사하다.

　　거기엔 모두가 질서, 아름다움
　　호화와 고요, 그리고 쾌락뿐

이 방은 '질서'는 없어도 적어도 '아름다움, 호화와 고요, 쾌락'이 지배하는 방이다. 그러나 이어지는 시절에서 "새빨갛게 살아 있는 피를 강물처럼 홍건하게" 쏟는 송장 등, 이 방의 모든 관능적 쾌락은 죽음과 연결되어 있다. 「여행으로의 초대」에서는 사치와 휴식과 관능적인 은밀함이 지배적이라면, 이 시는 징벌과 연결되어 있고, 규방은 '신비한 무덤'이 된다.

4 이 시의 '천벌받은 여인들'은 앞 시의 순교의 여인들처럼, 그리고 시인 자신처럼 '무한'을 갈망하는 여인들이며, 그 때문에 벌받은 여인들이다. 시인은 그녀들을 '누이'라고 부른다. 그녀들은 시인과 동류이기 때문이다. 그녀들도 시인처럼 "현실을 우습게 아는 위대한 정신의 소유자들"이기 때문이다. 그리하여 시인은 그녀들을 사랑한다.

> 가엾은 누이들이여, 나 그대들을 측은히 여기고 사랑한다,
> 그대들의 서글픈 고뇌, 채울 수 없는 갈증 때문에,
> 그대들 커다란 가슴 가득한 사랑의 항아리 때문에!

이 서글픈 고뇌와 채울 수 없는 갈증, 무한에의 사랑은 바로 시인 자신의 고뇌이며, 갈증이다.

5 의좋은 두 자매란 '방탕'과 '죽음'이다. 쾌락이 죽음으로 이어지는 이 같은 연결에는 냉소적인 의도가 엿보인다. "모독으로 가득한 관과 규방"에서 찾는 끔찍한 쾌락과 소름 끼치는 안일은 악마적이다.

6 이 시에서도 사랑은, 마지막 시절에서 볼 수 있듯이, 형벌과 연결되어 있다. 앞의 시에서 시인은 방탕을 죽음과 연결시켰다. 이곳에서는 사랑이 인간에게 형벌이며, "다음의 시 「우의」도 방탕과 죽음을 동일하게 다루는 것을 볼 때, 이 세 편은 일련의 연속을 이루며, 서로 연결되어 설명된다"고 아당은 주석을 붙인다(A. Adam, 같은 책, p. 414).

7 이 시의 테마가 「의좋은 두 자매」와 관계가 있다는 것은 세부 묘사에서 알아볼 수 있다. 이곳에서도 방탕과 죽음이 연결되어 있기 때문이다. 이 시는 '우의'라는 시제를 가지고 있기 때문에, '우의'의 정신적인 의미를 생각하게 된다. 그리고 그 상징적인 뜻은 '매춘prostitution'으로 분명히 나타나 있다. '매춘'은 '세상이 돌아가는 데 필요한' 것으로 정의되어 있다. 매춘이 이처럼 사회적인 기능을 가진 행위로 격상되어 화류계의 여인은 꼿꼿한 자세와 위엄을 과시하고 있다. 천박한 방탕을 코웃음치고, 죽음을 비웃는 그녀는 여신이며, 회교국의 왕비에 버금가는 존재로 그려져 있다.

8 베아트리체는 시성 단테를 시의 세계로 안내하는 별과 같은 존재였다. 시인을

정신적인 삶과 예술의 세계로 이끌어주는 베아트리체 같은 여신이 거대한 먹구름 한가운데 한 떼의 음흉한 난쟁이 악마들에 둘러싸여 시인 앞에 나타났다. 여신은 더러운 악마들에게 가끔씩 추잡한 애무를 쏟으며 시인의 슬픔을 비웃는다. 시인이 자신의 '수호천사, 시의 여신, 마돈나'로 믿었던 그녀가 악마적인 존재로 나타난 것이다. 시인은 그녀의 사랑으로 인해 천국에 이르기를 기대했지만, 그녀가 시인에게 열어주어야 할 '무한'도 악마적인 성격에 불과하다. 이 지옥의 베아트리체, 그녀는 악마들과 함께 낄낄대며 시인을 조롱한다. 그들의 조소는 시인의 정신적인 가치를 훼손시킨다. 예술의 절대적인 위력을 쟁취하려는 시인의 의지와 이상의 세계에 대한 시인의 향수에서 그들은 괴기한 몸짓과 괴상한 자만심을 볼 뿐이다. 그리하여 그들은 소곤거리며 시인을 비웃는다.

9 전설의 세계로의 상징적 여행을 주제로 하고 있다. 신화에 대한 향수 어린 환기와 그와 동떨어진 현실과의 대조가 어조, 리듬, 이미지를 통해 부각된다. 리얼리즘과 행복한 몽상의 대조 등, 앞의 시와 유사한 구성과 움직임을 보인다.

시가 시작되면 첫번째 시절에서 시인의 꿈에 부합하는 낙원의 이미지가 부각된다. 바다로의 여행은 물의 꿈의 여성적인 관능과 '공기의 꿈'의 비상의 환희가 연결되어 천국의 추구에 부합한다. 구름 없는 하늘 아래 파도에 흔들리며 가는 배는 '빛나는 태양에 취한 천사'에, 시인의 마음은 공중에서 자유로이 비상하는 한 마리 새에 비유되어 있다. 이처럼 물의 여성적인 성격과 공기의 정신성이 합류하여 행복한 세계로의 몽상이 예고된다. 그러나 바로 이어지는 두번째 시절에서 이 이상의 추구는 좌절된다. "저 어둡고 쓸쓸한 섬은 무엇인가?" 그것은 사람들 누구나 꿈꾸는 황금의 나라이다. "달콤한 비밀과 마음의 향연의 섬," 고대 비너스의 유령이 사랑과 시름으로 정신을 채우던 땅, 그러나 키티라는 이제 더 없이 메마른 땅에 불과하다. 이제 낙원 같은 키티라는 시인의 몽상 속에만 남아 있다. 그러나 이 몽상은 그 자체만으로도 의미가 있다. 몽상이 만들어낸 낙원은 휴식과 은밀함과 관능적 쾌락을 만족시켜준다. 숲속에 숨은 듯 서 있는 비너스의 사원은 젊은 여사제의 관능적 열정과 연결되어 있다. 남모를 열정에 몸이 달아 지나가는 미풍에 옷자락 펄럭이는 여사제는 관능적 쾌락으로의 초대처럼 보인다. 초록빛 도금양과 만개한 꽃들, 거기선 찬양의 한숨 소리도 장미 향기처럼, 산비둘기의 영원한 울림처럼 퍼진다. 이것은 인간과 자연과의 끝없는 조화의 이미지이다. 그러나 이 낙원의 실체는 악마적인 함정이며, 신기루일 뿐이다. 마침내 무덤조차 허락받지 못한 목매단 키티라 주민의 비참한 광경이 나타나며, 시인은 이 광경에 특별히 의미로 가득한 긴 묘사를 덧붙인다. 사나운 새들은 이미 썩은 시신을 미친 듯이 쪼아먹어, 그의 눈은 두 개의 구멍이 되고, 파먹힌 배때기에서는 묵직한 창자가 흘러나오고…… 시인은 이 끔찍한 광경 앞에서 그것의 상징적 의미에 잠기며, 그 자의 고통 속에서 자신의 운명의 알레고리를 찾는다.

이처럼 풍경으로부터 알레고리를 찾아내고, 상징의 정신적 의미를 끌어내는 것이 보들레르 시의 특징적 성격이다.

반항

RÉVOLTE

반항은 낭만주의 문학의 주요 테마 중 하나이다. 사회 질서를 거부하는 반항에서 영감을 받은 이「반항」시편에서 낭만주의의 다양한 면모를 볼 수 있다. 그러나 보들레르의 반항을 낭만주의의 반항으로 단순화시킬 수는 없다. 여러 다양한 요인들이 혼재해 있기 때문이다. 무엇보다 보들레르의 반항은 사회 차원을 넘어선 것이다. 그의 반항은 인간 존재의 조건에 대한 거부이며, 형이상학적인 성격을 갖는다. 인간은 자연이 인간에게 임의로 정해준 한계를 받아들일 수가 없다. 반항은 인간에게 신의 지배에서 벗어나 초월적 경지를 맛볼 수 있는 피안을 제안한다.

그 당시 낭만주의 반항은 여러 작가들의 문학 활동을 통해 격렬하게 과시되었다. 진부한 도덕, 정치 질서, 삶 자체를 반항하는 그들은 신에 등을 돌리고 신을 모독했으며, 그들에게 악마는 반항의 상징이 되었다.

보들레르가 반항의 시편을 쓰던 시기, 젊은 문학인들은 악마주의에 열중하고 있었다. 그들은 매주 일요일마다 함께 모여 '어둠의 왕자'를 숭배했고, 악마에게 바치는 일련의 시를 창작하기도 했다. 보들레르 역시 당연히 이 흐름에 관심을 가졌으므로, 악마의 테마가『악의 꽃』에서 시도된 것은 당연한 귀결이다.

보들레르가 가장 관심을 가졌던 작품은 바이런의「카인」이다. 이곳에서 악마는 패배자의 모습으로 나타난다. 그러나 이 패배자는 신 앞에 이마를 숙이기를 거부하는 패배자이다. 보들레르가 매료되었던 또 다른 작가는 호프만이다. 호프만의「돈판」에서 보들레르는 반항의 인간에 대한 훌륭한 모델을 발견한다. 돈판에게 소유의 목적은 포만이 아니다. 그것은 자연과 창조주에 대한 빈정거리는 도전이다. 돈판은 신이라는 우상을 파괴하기 위해 신 앞에 우뚝 선다. 인간의 운명을 좌우하는 미지의 존재 신은 자신의 변덕에서 태어난 가엾은 인간을 가지고 잔인하게 장난하는 변태적 괴물로 그의 눈에 비친다. 보들레르는 그가 청년기에 심취해 있었던 생트-뵈브의「관능」에서도 이와 유사한 악마의 반항을 발견한다.

『악의 꽃』의 반항 시편은 이 같은 문학 배경과 조명 아래 읽어야 한다. 그것은 보들레르 자신의 독창적인 테마가 아니다. 보들레르가 유럽 문학의 가장 대표적인 작품들 속에서 취한 독서 체험의 산물이다.

성 베드로의 부인[1]
LE RENIEMENT DE SAINT PIERRE

날마다 그의 사랑하는 「수천사」를 향해 올라오는
저 저주의 물결을 「신」은 도대체 어찌할 것인가?
고기와 술로 잔뜩 배를 채운 폭군처럼,
그는 잠에 빠진다, 우리들 무서운 모독의 소리 기분 좋게 들으며.

순교자와 사형수들의 흐느낌은
진정 그를 취하게 하는 교향곡인가,
그의 쾌락을 위해 그토록 피를 흘리게 하고도
하늘은 아직도 만족하지 않으니!

— 아! 예수여, 당신은 저 「감람 동산」을 기억하는가!
비열한 살인자들이 당신의 생살에 못 박던 소리
들으며 하늘에서 웃고 있던 자에게
당신은 순진하게 무릎을 꿇고 기도하지 않았던가,

호위대며 요리사들 따위의 악당들이
신성한 당신의 몸에 침 뱉는 것을 보았을 때,
무한한 「자비」가 숨쉬는 당신의 두개골에
가시가 박히는 것을 느끼었을 때;

기진한 당신 육신의 그 지독한 무게로 인해
약해진 두 팔을 늘어뜨리고,
당신의 피와 땀이 파리한 이마에서 흘러내릴 때,
당신이 뭇 사람들 앞에서 과녁처럼 서 있을 때,

당신은 꿈꾸고 있었던가, 저 아름다운 찬란한 날들을,
영원한 약속 이행하려고 오시던 그날
순한 암나귀 타고 꽃과 나뭇가지로
온통 덮인 길을 밟고 오시던 그날을,

희망과 용기에 가슴이 가득 부풀어,
그 모든 천박한 장사치들을 힘껏 후려치던 날,
그리고 마침내 주님이 되신 그날을? 회한은
창보다 더 깊숙이 당신의 옆구리를 파고들지 않았던가?

—나는, 나는 분명 떠나가리, 행동이
꿈의 누이가 아닌 이 세상에 만족하여;
아, 칼을 휘두르고, 그 칼로 죽을 수 있었으면!
성 베드로는 예수를 부인했다……그것은 잘한 일이었다

아벨과 카인[2]
ABEL ET CAÏN

I

아벨 족속이여, 자고 마시고 먹어라;
하느님은 네게 만족해서 미소를 짓는다.

카인 족속이여, 진창 속에서
기어 다니다 참혹하게 죽어라.

아벨 족속이여, 네 제물은
「수천사」의 코를 즐겁게 한다!

카인 족속이여, 네 형벌은
언제야 끝장이 날까?

아벨 족속이여, 네가 뿌린 씨와
가축이 번성해감을 보라;[3]

카인 족속이여, 네 창자는
늙다리 개처럼 굶주림에 울부짖는다.

아벨 족속이여, 네 가장家長의
난롯불에 네 배를 데워라;

카인 족속이여, 네 소굴에서
추위로 떨어라, 가련한 승냥이!

아벨 족속이여, 사랑하고 득실거려라!
네 돈도 또한 새끼를 친다.

카인 족속이여, 네 가슴 타오른다 해도
그 극성스런 욕망을 경계하라.⁴

아벨 족속이여, 숲의 벌레처럼
너는 번식하며 풀을 뜯어먹는다!

카인 족속이여, 궁지에 몰린 네 가족을
길바닥으로 이끌고 다녀라.

II

아! 아벨 족속이여, 네 송장으로
김 오르는 땅을 기름지게 하라!

카인 족속이여, 네 일은
아직도 끝나지 않았다;

아벨 족속이여, 이것은 너의 치욕:
네 보습이 창에 패했기에!⁵

카인 족속이여, 하늘로 올라가
하느님을 내던져라, 땅바닥에!

악마의 연도 煉禱⁶
LES LITANIES DE SATAN

오,「천사」들 중 제일 박학하고 제일 아름다운 그대,
운명에 배신당하고, 찬양도 빼앗긴「신」이여,

오「악마」여, 내 오랜 비참을 불쌍히 여기소서!

오 귀양살이「왕자」여, 사람들에게 괴롭힘당하고
패하고도 항상 더욱 굳건히 다시 일어나는 그대!

오「악마」여, 내 오랜 비참을 불쌍히 여기소서!

모든 걸 아는 그대, 황천을 다스리는 대왕,
인간의 고통을 고쳐주는 스스럼없는 그대,

오「악마」여, 내 오랜 비참을 불쌍히 여기소서!

문둥이에게도 저주받는 천민에게도
사랑으로 천국의 맛을 가르쳐주는 그대,

오「악마」여, 내 오랜 비참을 불쌍히 여기소서!

그대의 옛 애인, 굳건한 「죽음」에서
매혹적인 미치광이 —「희망」을 낳아준 그대!

오 「악마」여, 내 오랜 비참을 불쌍히 여기소서!

단두대 둘러싼 민중의 무리를 비난하는
침착하고 거만한 눈길을 죄수에게 주는 그대,

오 「악마」여, 내 오랜 비참을 불쌍히 여기소서!

샘 많은 신이 탐나는 땅 어느 구석에
보석을 감추어두었는지 아는 그대,

오 「악마」여, 내 오랜 비참을 불쌍히 여기소서!

수많은 금은보화 파묻혀 잠자고 있는 곳을
그 밝은 눈으로 알아내는 그대,

오 「악마」여, 내 오랜 비참을 불쌍히 여기소서!

높은 집 가장자리 방황하는 몽유병자에게
그 큰 손으로 낭떠러지 가려주는 그대,

오 「악마」여, 내 오랜 비참을 불쌍히 여기소서!

미처 못 피해 말발굽 아래 짓밟힌 주정뱅이에게
늙은 뼈를 마술처럼 부드럽게 해주는 그대,

오「악마」여, 내 오랜 비참을 불쌍히 여기소서!

신음하는 연약한 인간을 위로하기 위해
초석과 유황의 배합을 우리에게 가르쳐준 그대,

오「악마」여, 내 오랜 비참을 불쌍히 여기소서!

매정하고 비열한 거부의 이마에
그대의 자국 찍어준 그대, 능란한 공범자,

오「악마」여, 내 오랜 비참을 불쌍히 여기소서!

아가씨들의 눈 속에, 그리고 마음속에 상처에 대한 예배와
누더기에 대한 사랑을 넣어준 그대,

오「악마」여, 내 오랜 비참을 불쌍히 여기소서!

망명자의 지팡이, 발명가의 등불,
교형자와 음모자의 고해 신부,

오「악마」여, 내 오랜 비참을 불쌍히 여기소서!

하느님 아버지가 분노하여
지상의 낙원에서 쫓아낸 자들의 양부,

오 「악마」여, 내 오랜 비참을 불쌍히 여기소서!

기도

그대에게 영광과 찬양 있으라, 「악마」여,
그대가 다스리는 「하늘」 높은 곳에 있을 때나
패배하여 말없이 꿈에 잠기는 「지옥」 깊은 곳에서나!
언젠가 내 넋이 「학문의 나무」 아래, 그대 곁에서
쉬게 하여주소서, 그대의 이마 위에
새로운 「신전」처럼 그 가지들이 우거질 시각에!

옮긴이 주

1 인간의 부름에 대답이 없는 텅 빈 하늘을 홀로 바라보고 있는 '감람 동산의 그리스도'의 테마는 낭만주의 시에서 여러 차례 시도되었다. 시인 비니는 이 테마에 매우 감동적인 형태를 주었고, 네르발은 『라르티스트 L'Artiste』지에 「감람산의 그리스도」라는 시제하에 몇 편의 소네트를 발표한다.
   이 시의 출발은 성서에서 영감을 받고 있지만 비니의 형이상학적인 비관주의는 보이지 않는다. 시인이 격분하고 있는 것은 힘이 지배하는 현실이다. 그가 시에서 '행동 action'이라고 표현한 정치적 현실이 '꿈'이 상징하는 인간의 정신과 이상적 욕구를 비웃는 세계에 대한 시인의 절망과 고독의 표현이다.
   마지막 시절에서 베드로가 모독한 것은 그리스도가 아니라 이상이며, 그리스도는 이 버림받은 이상에의 상징이다.
2 악마의 신화와 마찬가지로 카인의 신화도 낭만주의 시가 많이 다루었던 주제였다. 이 주제를 가장 광범위하게 다루었던 작가는 바이런이다.
   카인의 테마는 반항의 테마와 연결되어 있다. 그러나 내용을 보면 이 시는 그의 관심이 잠시 정치, 사회 쪽으로 기울던 때(1848~52년경)에 쓰인 것임을 알 수 있다. 왜냐하면 이곳에서 카인과 아벨은 뚜렷하게 사회적 현실과 연결되어 있기 때문이다. 아벨은 부자이다. 그의 사업은 번창하고 그의 돈도, 그의 아내처럼, 새끼를 친다. 카인은 배를 굶주리고 난롯불도 없다. 마지막에서 "하느님을 내던져라, 땅바닥에"라고 말하고 있지만, 이 시에서의 반항은 형이상학적인 반항이 아니다. 낭만주의 전통에서는 신을 독재자와 동일시하고, 신과 신의 법칙에 대한 항의를 통해 사회 질서에 대한 반항을 표현한다.
3 보들레르가 카인과 아벨의 신화를 변형시키고 있음을 볼 수 있다. 『창세기』에서 카인은 경작자이고, 아벨은 유목인, 가축의 목자이다.
4 이 극성스런 욕구는 다른 존재에의 욕망이다. 부자들에게만 허락된 모든 사치를 누릴 수 있는 삶의 조건의 평등을 원하는 욕구이다.
5 이곳에서 보들레르는 아벨을 경작자로, 카인을 수렵인으로 바꾸어놓아 반항의 프롤레타리아가 승리함을 예고한다.
6 카인의 신화와 함께 악마의 신화는 낭만주의의 주요 테마 중의 하나이다. 적지 않은 낭만주의 대가들이 밀턴이 그린 비극적인 악마의 모습을 주제로 삼았다.

보들레르의 시에서 악마는 악의 상징으로 나타나지 않는다. 노여움을 산 하느님에 의해 천국에서 쫓겨나고 박해당한 천사, 그는 패배했지만 영웅적인 에너지를 간직하고 있다. 이 시에서도 악마는 공포를 주는 끔찍한 존재가 아니다. 반대로 시인은 악마에 전통적인 영웅의 모습을 주고 있다. 그는 천사들 중 가장 아름답고 가장 박학하며, 존재의 신비를 알고 있는 왕자로 제시되어 있다. 그러나 그는 하늘에서 쫓겨나 귀양살이를 하고 있다. 시인은 하늘에서 쫓겨난 악마의 운명에 자신의 운명을 연결시키고 있다.

죽음

LA MORT

1857년 판에는 「죽음」 편에 세 편의 소네트만이 포함되어 있었다. 이들 시에서 죽음은 허무 속으로의 추락이 아니었다. 그것은 어둠 후에 다가오는 희망의 여명과 같은 것이었다. 지상의 삶은 이 여명을 기다리는 준비의 시간이다. 지성의 혜안은 더 밝은 빛에의 어렴풋한 예감에 불과하다. 이 같은 결론은 독자들을 당혹스럽게 할지 모른다. 그러나 『악의 꽃』 여러 곳에서 이 같은 정신주의적인 낭만주의를 발견하게 된다. 생트-뵈브, 바이런, 호프만 등의 작품에서 뚜렷하게 나타나 있는 정신주의에 보들레르는 민감했다.

   그러나 1861년 판에서 「죽음」의 시편에 세 개의 시가 추가되었고, 이 새로운 시들은 종전의 색조를 바꾸어놓았다. 「어느 호기심 많은 자의 꿈」은 죽음이 미지의 세계로의 열림이라는 믿음에 회의를 가져온다. 우리의 기대가 헛된 것일지도 모른다는 예감을 시사한다. 마지막 시 「여행」은 「죽음」 편뿐 아니라 『악의 꽃』 전체에 대한 결론을 제시한다.

연인들의 죽음[1]
LA MORT DES AMANTS

우리는 갖게 되리, 가벼운 향기 가득한 침대,
무덤처럼 깊숙한 긴 의자를,
그리고 선반에는 더 아름다운 하늘 아래
우리를 위해 피어난 기이한 꽃들 있으리,

우리의 가슴은 다투어 마지막 불꽃을 태우는
두 개의 거대한 횃불이 되어,
우리 둘의 정신, 쌍둥이 거울 속에
두 개의 빛을 비추리.

신비한 푸르름과 장밋빛으로 빛나는 어느 날 저녁
우린 진기한 빛을 서로서로 주고받으리,
긴 흐느낌처럼 이별을 아쉬워하며;

후에 한 「천사」 문을 방긋이 열고 들어와,
기뻐하며 살뜰히, 흐려진 거울과
사윈 불꽃을 되살려내리.

가난한 자의 죽음[2]
LA MORT DES PAUVRES

아! 우리를 위로하고 살아가게 해주는 것은 죽음;
그것은 삶의 목표, 그것은 유일한 희망,
선약처럼 우리 몸을 돌아 취하게 하고,
우리에게 저녁까지 걸어갈 용기를 준다;

폭풍에도 눈이 내려도 서리가 와도,
그것은 캄캄한 우리 지평선에 깜박이는 불빛;
그것은 책에도 적혀 있는 유명한 주막,
우리는 거기서 먹고 자고 쉴 수 있으리;

그것은 「천사」, 자력 가진 손가락 속에
잠과 황홀한 꿈의 선물을 쥐고,
가난하고 헐벗은 자들의 잠자리를 마련해준다;

그것은 「신들」의 영광, 그것은 신비한 곳간,
그것은 가난한 자의 지갑, 그리고 옛 고향,
그것은 가보지 못한 「천국」을 향해 열린 회랑!

예술가의 죽음[3]
LA MORT DES ARTISTES

몇 번이나 내 방울 흔들며 네 천한 이마에
입을 맞추어야 하나, 서글픈 풍자화여?[4]
신비로운 본질을 과녁에 맞추기 위해,
오 내 화살통이여, 얼마큼의 투창을 잃어야 하나?

우린 치밀한 음모에 우리 넋을 지치게 하고,
육중한 뼈대 숱하게 헐고, 또 헐리라,
그 가혹한 욕망으로 우리들 마구 흐느끼게 하는
저 위대한 「창조물」을 응시하기까지는![5]

자신의 「우상」을 영영 알지 못한 사람도 있고,
가슴을 치고, 이마를 치며 분해하는
모욕의 낙인찍힌 저주받은 조각가들,

그들의 희망은 오직 하나, 기이하고 어두운 「신전」이여!
그것은 「죽음」이 새로운 태양처럼 떠올라,
그들 두뇌의 꽃을 활짝 피우게 하리라는 것이다!

하루의 끝[6]
LA FIN DE LA JOURNÉE

파리한 햇빛 아래
「삶」은 뻔뻔스레 떠들며
이유 없이 달리고 춤추고 몸을 비튼다.
그리하여 이윽고 지평선에

쾌락의 밤이 솟아올라,
모든 것, 허기마저도 다 가라앉힐 때,
모두 다, 수치마저도 지워버릴 때
「시인」은 중얼거린다: "드디어!

내 정신은 내 등뼈처럼,
휴식을 열렬히 기원한다;
마음은 서글픈 꿈 가득한 채,

나는 반듯이 드러누워
네 장막 속에서 뒹굴련다,
오 원기를 되살려주는 어둠이여!"

어느 호기심 많은 자의 꿈[7]
LE RÊVE D'UN CURIEUX

F. N.에게[8]

그대는 나처럼 알고 있는가, 저 달콤한 고뇌를?
그리고 그대에게 이렇게 말하는 것 들어보았는가: "허! 괴짜로군!"
— 나는 죽어가고 있었다. 갈망하는 내 마음속에 있는 건
기이한 아픔, 공포 섞인 욕망이었다;

그것은 불안과 강렬한 희망, 거역할 마음도 없었다.
숙명의 모래시계가 차츰 비어갈수록,
내 고통은 더욱 심해지고 더욱 감미로웠다;
내 마음은 친숙한 이승에서 벗어나고 있었다.

나는 사람들이 장애물 싫어하듯 드리워진 막을 미워하며,
구경하고파 안달하는 어린아이 같았다……
그러나 마침내 냉엄한 진상은 그 모습을 드러냈다:

나는 이미 죽어 있었으나, 놀라지도 않았고, 무서운 새벽빛은
나를 감싸고 있었다—뭐라고! 이것뿐이라고?
막은 이미 걷히었는데, 나는 아직도 기다리고 있었다.

여행[9]
LE VOYAGE

막심 뒤캉에게[10]

I

지도와 판화를 사랑하는 아이에겐
우주가 그의 엄청난 식욕과 같은 것.
아! 등불 아래 비치는 세계는 얼마나 큰가![11]
추억의 눈으로 본 세계는 그토록 작은데!

어느 아침 우리는 떠난다, 머릿속은 활활 타오르고
마음은 원한과 서글픈 욕망으로 가득한 채,
그리고 우리는 간다, 물결치는 파도의 선율을 따라,
유한한 바다 위에 무한한 우리 마음을 흔들며:[12]

어떤 사람은 혐오스런 조국에서 달아나 즐겁고;
어떤 사람들은 요람의 공포에서, 또 어떤 사람들,
계집의 눈에 빠져 있는 점성가들은
위험한 향기 피우는 저항할 수 없는 키르케[13]에게서 달아나 즐겁다.

짐승으로 변하지 않으려 그들은 취한다,
공간과 햇빛과 타오르는 하늘에;
추위가 살을 에고 햇볕에 구릿빛으로 그을러
입맞춤의 흔적도 서서히 지워져간다.

그러나 진정한 여행자들은 오직 떠나기 위해
떠나는 사람들. 마음도 가볍게, 풍선처럼,
주어진 숙명을 빠져나가지 못하면서,
까닭도 모르는 채 늘 "가자!" 하고 외친다.

그들의 욕망은 떠도는 구름의 형상을 하고,
대포를 꿈꾸는 신병처럼, 그들은 꿈꾼다,
어떤 인간도 일찍이 그 이름 알지 못했던
저 미지의 변덕스런 끝없는 쾌락을!¹⁴

II

아 두렵다! 우리는 빙글빙글 도는 팽이와
튀어 오르는 공을 흉내 내고 있구나; 잠자고 있을 때조차
우리의 「호기심」은 우리를 들볶으며 뒤흔든다,
태양을 채찍질하는 잔인한 「천사」처럼.

얄궂은 운명, 목표는 수시로 바뀌어,
아무 데도 없는가 하면 어디에나 있을 수도 있고!
「인간」은 결코 지칠 줄 모르는 희망을 품고,

휴식을 찾아 미친놈처럼 줄곧 달린다!

우리의 넋은 이카리아섬[15]을 찾아가는 돛대 세 개의 배;
하나의 목소리가 갑판 위에서 울린다: "눈을 떠라!"
미쳐 들뜬 또 하나의 목소리가 망루에서 외친다,
'사랑…… 영광…… 행복!' 아뿔싸! 그건 암초다![16]

망보는 사내가 가리키는 섬들은 모두
「운명」이 약속해준 「황금의 나라」;
그러나 향연을 준비했던 「상상력」이
아침 햇볕에 발견한 것은 암초에 지나지 않았다.

오 환상의 나라에 미쳐 있는 가엾은 사내!
녀석을 사슬로 묶어 바다에 던져야 할까,
저 주정뱅이 수부를, 아메리카를 만들어낸 자를?
그 신기루가 바다의 심연을 더욱 깊게 만든다.

늙은 방랑객도 마찬가지, 발은 진창 속에 질척이면서도,
코는 높이 쳐들고 찬란한 낙원을 꿈꾼다;
홀린 그의 눈은 카푸이 도시를 찾아낸다
어디서나, 촛불이 비춰주는 움막에서도.

III

놀라운 여행자들이여! 바다처럼 깊숙한 그대들 눈 속에서

우리는 얼마나 고귀한 이야기를 읽어내는가!
그대들의 풍부한 기억이 담긴 보석 상자를 우리에게 보여다오,
별과 대기로 만들어진 그 신기한 보석들을.

우리는 증기도 돛도 없이 여행하고파!
우리 감옥의 권태를 위로해주기 위해,
화포처럼 팽팽하게 당겨진 우리 정신 위에,
수평선을 그림틀 삼아 그대들의 추억을 펼쳐놓아라.

말하라, 그대들이 본 것이 무엇인지?

IV[17]

"우리는 보았다, 별들과
물결을, 또 모래밭도 보았다;
그리고 뜻밖의 재난과 사고에도 무수히 부딪혔으되
우리는 여기서처럼 종종 권태로웠다.

보랏빛 바다 위를 비추는 태양의 찬란함이,
저무는 태양에 비친 도시의 찬란함이,
우리 가슴속에 불안한 정열을 불붙여
매혹적인 석양빛 하늘 속에 잠겨들고 싶었다.

제아무리 호화스런 도시도, 아무리 웅대한 풍경도,
우연이 구름과 함께 만들어내는

죽음

저 신비한 매력에는 미치지 못했고,
욕망은 쉴새없이 우리를 불안하게 했다!

― 쾌락은 욕망에 힘을 더욱더 북돋워준다.
욕망이여, 쾌락이라는 거름으로 자라는 노목이여,
네 껍질은 두터워지고 굳어져가는데도,
네 가지는 태양을 더 가까이 보고 싶어한다!

너는 계속 자라려는가, 삼나무보다
더 강인한 큰 나무여? ― 그러나 우리는 애써
탐욕스런 그대들의 사진첩을 위해 몇 개의 크로키를 모아왔다,
먼데서 온 것이면 무엇이든 아름답다 여기는 형제들이여!

우리는 코끼리의 코를 가진 우상에도 절했고;
빛나는 보석이 새겨진 옥좌에도 절했다;
공들여 정교함을 다한 궁궐은 그 꿈 같은 화려함이
그대들의 은행가에겐 파산의 꿈이 되리;

또 우리가 본 것은 눈을 황홀하게 하는 의상들;
이빨과 손톱을 물들인 여인들,
그리고 뱀이 애무하는 능란한 요술장이들."

V

그리고, 그리고 또 무엇을?

VI

　　　　　　　　　　"오 어린애 같은 사람들이여!
가장 중요한 것을 잊기 전에 말하지만,
우리는 어디서나 보았다, 일부러 찾아다닌 것도 아니건만,
숙명의 사닥다리 위에서 아래까지 가득한
불멸의 죄악의 지겨운 광경을:

계집은 천한 노예, 교만하고 어리석어,
웃지도 않고 제 몸을 숭배하고, 혐오 없이 제 몸을 사랑했으며;
사내는 탐욕스런 폭군, 방탕하고 가혹하고 욕심 많고,
노예 중의 노예, 수채 속에 흐르는 구정물;

즐기는 사형집행인, 흐느끼는 순교자;
피로 양념하고 풍미를 내는 축제;
독재자를 안달나게 하는 권력의 독약,
그리고 녹초가 되게 하는 채찍을 사랑하는 백성;

우리 종교와 비슷한 갖가지 종교는
모두들 하늘로 기어오르고,「신성神聖」은
깃털 이불 속에서 뒹구는 성미 괴팍한 친구처럼
수난과 고행에서 쾌락을 찾고 있었다;

수다스런「인류」는 제 재주에 도취되고,

죽음

옛날이나 지금이나 변함없이 어리석어
노기등등한 고뇌 속에 하느님께 외친다:
"오! 내 동류, 내 주여, 나 그대를 저주하노라!"

좀 덜 어리석은 자들,「광기」를 사랑하는 대담한 자들은
「운명」의 신에 의해 울 속에 갇힌 대중을 피해,
끝없는 아편 속으로 도피하였다!
— 이상이 지구 전체의 영원한 보고서이다."

VII

이것이 여행에서 얻어낸 씁쓸한 깨우침!
단조롭고 작은 이 세계는 오늘도,
어제도, 내일도, 그리고 언제나 우리 모습을 비춰 보인다,
권태의 사막 속의 공포의 오아시스를![18]

떠나야 할까? 남아야 할까? 남을 수 있으면 남아라;
떠나야 하면 떠나고. 더러는 달리고 더러는 주저앉는다,
빈틈없이 지키는 이 불길한 원수「시간」[19]을 속이기 위해!
아! 떠도는 유대인처럼, 또 사도들처럼,

쉬지 않고 달리는 사람들 있으되,
이 더러운 망투사를 벗어나려면 아무것도,
수레도 배도 소용없다. 그중에는 제 요람
떠나지 않고도 그를 죽일 수 있는 자 있다.

드디어 그가 우리의 등뼈 위에 발을 디디면,
우리는 희망을 갖고 외칠 수 있으리 "앞으로!" 하고.
옛날 우리가 중국을 향해 떠났던 것처럼,
눈은 바다를 응시하고 바람에 머리카락 휘날리며,

우린 「어둠」의 바다를 향해 돛을 올리리,
젊은 여행자처럼 즐거운 마음으로.
그대 들리는가, 달콤하고 슬픈 저 소리가,
그 소리는 노래한다: "이리로 오라! 저 향기로운 「로터스」[20]를

맛보려는 그대들이여! 이곳이 바로
그대들 마음 굶주려 있는 기적의 열매를 따는 곳;
이리 와 취하라, 영원히 끝이 없는
이 오후의 기이한 감미로움에!"

그 귀익은 목소리의 주인공은 아마도 망령;
우리의 필라데스[21]는 저쪽에서 우리에게 팔을 내민다.
옛날 우리가 그 무릎에 입 맞추던 그 여인이 말한다,
"마음의 불을 식히기 위해 그대의 엘렉트라[22] 곁으로 헤엄쳐 와요!"

VIII

오 「죽음」이여, 늙은 선장이여, 때가 되었다! 닻을 올리자!

우리는 이 고장이 지겹다, 오「죽음」이여! 떠날 차비를 하자!
하늘과 바다는 비록 먹물처럼 검다 해도,
네가 아는 우리 마음은 빛으로 가득 차 있다!

네 독을 우리에게 쏟아 기운을 북돋워주렴!
이토록 그 불꽃이 우리 머리를 불태우니,
「지옥」이건 「천국」이건 아무려면 어떠랴? 심연 깊숙이
「미지」의 바닥에 잠기리라, *새로운 것을 찾기 위해!*

옮긴이 주

1 이 시에서 죽음은 완전한 소멸이 아니다. 육체적인 삶의 끝은 정신적인 삶의 탄생에 필요한 서곡처럼 보인다. 죽음은 소멸과 어둠, 이별의 고통으로 표현된다.

> 신비한 푸르름과 장밋빛으로 빛나는 어느 날 저녁
> 우린 진기한 빛을 서로서로 주고받으리,
> 긴 흐느낌처럼 이별을 아쉬워하며

그러나 죽음의 이미지인 저녁은 삶의 색채인 장밋빛과 신비한 푸른빛과 함께 신비한 세계의 탄생을 시사한다. 첫번째 시절에서의 '가벼운 향기'도 물질 세계에서 정신 세계로의 이동을 예고하고, "더 아름다운 하늘 아래/[……] 피어난 기이한 꽃들"은 천국의 접근을 약속해주는 듯하다. 또한 연인들의 '두 마음'을 '쌍둥이 거울' 속에 빛을 발하는 두 개의 거대한 횃불로 표현하고 있는 두번째 시절은 정신과 마음의 결합이라는 완벽한 사랑의 원형을 보인다.

2 가난한 자들에게 죽음은 어둠이 아니라, 희망이며 꿈이다. 또한 고통스런 삶을 위로하고 취하게 하는 묘약이다. 왜냐면 죽음은 가난의 끝을 의미하며 하늘에서의 약속된 보상을 의미하기 때문이다. 지상의 삶의 고통은 어둠, 폭풍우, 눈, 서리 등에 의해 표현되고, 반면 죽음은 안식처, 빛, 양식, 휴식, 행복한 잠, 부의 꿈으로 그려져 있다. 죽음은 긴 귀양살이의 끝이며 천국을 향해 열린 회랑이다.

3 이곳에서도 죽음은 예술가의 고통스런 추구의 끝이며, 예술가가 마침내 휴식을 얻을 수 있는 신전으로 그려져 있다. 죽음은 예술가에게 희망을 준다. 그가 그토록 원했고 찾았던 이상에 이를 수 있기 때문이다.

4 예술가의 눈에 물질적인 미는 이상에의 '서글픈 풍자화'에 지나지 않는다. 그러나 가치가 손상된 자신의 예술은 이상에 이르기 위해 그가 가지고 있는 유일한 방법이다. 그리하여 예술가는 열망하는 이상을 얻기 위해 이상의 실추된 형태 앞에 모욕을 감수해야 하는 광대에 비유된다.

5 완벽함에 이르려는 예술가의 고통이 강조되어 있다. 위대한 '창조물'을 얻기 위한 가혹한 욕망으로 예술가는 많이 흐느껴야 하고, 수없이 뼈대를 만들었다 헐고, 또 헐면서 얼마나 절망하는가!

6 인간들이 미친 듯이 돌아가는 소란스런 낮보다 원기를 회복시켜주고 사색 속에 자신을 되찾을 수 있는 밤을 원하는 시인의 기호가 드러나 있다. 낮 동안 인간들은 "뻔뻔스레 떠들며 / [……] 춤추고 몸을 비튼다." 그 속에서 시인도 자신의 의지와는 관계없이 한데 섞여 돌아간다. 그러나 이윽고 밤이 오면 어둠 속에서 휴식과 자아의 회복을 찾으려 한다. 이 같은 기원은 『파리의 우울』에도 나온다.

> 오 밤이여! 기분을 새롭게 해주는 어둠이여! 그대는 나에게 내적인 축제의 신호이며, 그대는 고통의 해방을 의미하오! [……] 황혼이여, 그대는 어쩌면 이다지도 부드럽고 감미로운가!
> (「밤의 어스름」, *Œ C.*, p. 263)

> 마침내! 혼자가 되었군! [……] 마침내! 그러니까 이제 나는 어둠의 늪 속에 휴식하도록 허락받은 거다! [……] 모든 사람들에 대해 불만이고 나 자신에게도 불만인 나는 밤의 정적과 고독 속에서 정말이지 조금이나마 나를 되찾고 만족을 얻고 싶다. [……] 그리고 당신이여, 나의 신이여, 내가 형편없는 인간이 아니며 내가 경멸하는 자들보다 못하지 않다는 것을 나 자신에게 증명해줄 아름다운 시를 몇 편 쓰도록 은총을 내려주소서. (「새벽 한 시」, *Œ C.*, pp. 240~41)

7 이 소네트는 죽음에 대한 보들레르의 회의를 그리고 있다.
  시에서 사람들의 눈에 괴짜로 보이는 이 몽상가는 시인 자신이다. 시인은 몽상 속에서 본 자신의 죽음의 경험을 말하고 있다. 이 경험 가운데 그가 느낀 주된 감정은 반항이 아니라 호기심이다. 죽음은 호기심 많은 자에게 공포 섞인 열망을 불어넣는다. 죽음은 또한 고통과 열렬한 희망을 갖게 하지만, 그는 그것에 저항할 생각도 없다. 이 몽상가는 무대에 나타날 장면을 보고파 안달하는 어린아이에 비유되어 있다. '무덤 뒤에 놓인 찬란함'('포에 관한 신' 주석 참고)을 기대하고 있던 구경꾼 시인은 이제 '친숙한 이승'을 벗어나 있다. 죽음은 그에게 저승의 신비를 보여야 한다. 그러나 죽음이 그에게 보여준 것은 그가 기대하던 것이 아니다. 이것이 냉엄한 현실이다. 죽음은 앞의 시들에서 기대했던 것과는 달리 천국도, 지옥도, 그 어느 것도 약속해주지 않는다. 죽음은 우리가 현재 처해 있는 인간 조건의 끝없는 반복에 지나지 않는다.

8 시인이 이 시를 바친 F. N.은 그의 친구 펠릭스 나다르Félix Nadar이다. 그는 풍자화가이며, 사진작가로 여러 번 보들레르의 사진을 찍어주었다.

9 「죽음」편의 마지막 시이며, 『악의 꽃』의 마지막에 있는 이 시는 시인의 열망, 권태, 실망 등 『악의 꽃』의 거의 모든 테마를 요약하고 있다.
  시인은 어디서나 줄기차게 '무한'을 추구한다. 신과 악마, 선과 악, '정신과 감각의 환희,' 권태, 상승하려는 정신적 충동과 하강하는 쾌락, 자연과 도시와 예술, 그리고 술, 마약, 방탕, 이상적 미와 기이한 미, 인공 낙원…… 이 모든 시도에서 그가 찾았던 것은 무한이었고, 그곳에서 그가 얻은 결론은 회의적이다. 이제 그에게 남은 것은 죽음뿐이다. 죽음은 그에게 무엇을 남겨놓았는가?

여행은 '이카리아섬을 찾아가는 배'에 비유되는 시인의 넋의 고뇌로 요약되어 있다. 또 하나의 정신적 추구인 여행은 신화에서처럼 깨우침의 여행이다. 이에 대해 가장 가까운 모델은 호메로스의 「오디세이아」이다. 실제로 이 시에서 오디세우스의 모험에 대한 다양한 시사를 읽을 수 있다. 이 「여행」은 즐거운 여행을 마친 사람들이 슬기와 처세의 지혜를 한아름 배우고 돌아와 여생을 부모 친지들과 함께 행복하게 살아가는 사람들의 이야기가 아니다. 이 여행은 정신적인 모험이며, 여행이 그들에게 가르쳐준 것은, 오디세우스의 경우처럼, 씁쓸한 깨우침이다. 보들레르의 여행자들은 이 세상 어느 곳에서도 그들을 만족시켜주는 이상의 나라를 찾지 못한다. 그들에게 지상의 미는, 그것이 아무리 크다 해도 더 아름다운 최상의 미에 대한 아쉬움만 안겨줄 뿐이다. 제아무리 호화로운 도시도, 모든 사치가 극에 달한 웅대한 궁궐도 "우연이 구름과 함께 만들어내는 / 저 신비한 매력"에는 미치지 못했노라고 여행자는 고백한다. 그가 찾고 있는 것은 구름처럼 손에 넣을 수도 만질 수도 소유할 수도 없는 초월적인 것이기에 여행자는 세상 어느 곳에서도 욕망에 부합하는 세계를 찾을 수 없다.

10 보들레르가 사회의 진보주의를 찬양하는 막심 뒤캉Maxime du Camp에게 이 시를 바친 것에 대해 주석자들은 시인의 빈정거리는 의도가 숨어 있다고 해석한다.
11 지도와 판화를 보며 한없는 공상 속에 빠져 있는 아이의 설렘과 여행을 마치고 돌아온 여행자의 실망이 대조되어 있다.
12 "등불 아래 비치는 세계는 얼마나 큰가!" 호기심을 자극하는 미지의 세계를 찾아 여행자들은 마침내 떠난다, "머릿속은 활활 타오"른 채. 그러나 이곳에서 이미 여행자들의 실망은 예고되어 있다. "유한한 바다 위에 무한한 우리 마음을 흔들며"가 말해주듯이, 이승은 바다가 아무리 넓다 해도, 세계가 아무리 넓다 해도 결국 유한할 뿐이다. 그런데 그들의 마음은 무한을 꿈꾸고 있기에 그들의 여행은 이미 실망을 잉태하고 있다.
13 키르케Circé는 호메로스의 「오디세이아」에 나오는 마녀로 오디세우스를 곁에 잡아두기 위해 그의 부하들을 돼지로 만들어버렸다고 한다.
14 여행자들이 추구하는 것은 이처럼 '떠도는 구름의 형상'을 하고 있으며, 그들은 "어떤 인간도 일찍이 그 이름 알지 못했던 / 저 미지의 변덕스런 끝없는 쾌락"을 꿈꾸고 있기에 그들의 목표는 있을 수도 있고 없을 수도 있다. 그것이 두번째 부분 두번째 시절에서 더욱 구체적으로 제시되어 있다.

얄궂은 운명, 목표는 수시로 바뀌어,

아무 데도 없는가 하면 어디에나 있을 수도 있고!

15 1842년에 발표된 카베Cabet의 소설, 『이카리아섬으로의 여행』을 가리킨다.
16 여행자들의 실망을 바다의 어휘를 빌려 그리고 있다. 그들이 찾았다고 생각했던 '사랑, 영광, 행복'을 약속해주는 땅은, 아뿔싸! 암초에 지나지 않는다.
17 시의 네번째 부분인 이곳에서 여행자들이 만난 온갖 찬란함과 사치와 이국 취향과 기이한 미가 묘사되어 있다.
18 공간 속으로의 도피도 결코 우리를 이승, '권태의 사막'으로부터 벗어나게 해주지 못한다. 어느 곳에서도 인간은 인간의 조건을 벗어나지 못하고, 자신의 모습을 발견할 뿐이다.
19 인간은 유한한 시간의 제약을 벗어날 수 없다. 이에 대해 「원수」 참고.

오 이 괴로움이여! 「시간」은 생명을 좀먹고
이 보이지 않는 원수는 우리 심장을 갉아먹어
우리가 잃은 피로 자라고 튼튼해진다!

20 신화에 나오는 열매. 이 열매를 먹으면 나그네는 고국을 잊어버린다고 한다.
21 그리스 전설 속의 인물로 오레스테스의 친구이며, 헌신적인 우정의 귀감.
22 오레스테스의 누이. 동생을 도와 어머니와 어머니의 간부를 죽여, 죽은 아버지의 원수를 갚는다. 진실한 애정의 귀감.

유죄 선고받은 시

PIÈCES CONDAMNÉES

1857년 『악의 꽃』이 출판되자 『피가로』를 필두로 각 신문들은 『악의 꽃』에 대한 맹공격을 시작한다. 오히려 정부 기관지인 『세계신보』가 보들레르를 열렬히 옹호하는 평론가의 서평을 싣는다. 그러나 마침내 내무부 공안국은 검찰에 기소장을 보내고, 검찰은 공안국의 기소 제청을 정식으로 수리한다. 그리하여 1857년 8월 20일 프랑스 법원은 공중도덕과 미풍양속의 이름으로 『악의 꽃』을 유해하다고 규정하고, 여섯 편의 삭제 명령을 내린다. 이 판결로 인해 이 여섯 편을 책에 넣어 출판하는 일이 불가능해졌다. 그로부터 1세기가 흐른 1949년 8월 31일에야 프랑스 최고재판소는 1857년의 판결을 파기하고 판결 정지 명령을 내린다. 「유죄 선고받은 시」는 그때 삭제 명령을 받은 여섯 편의 시들을 한데 모아놓은 것이다.

보석[1]
LES BIJOUX

사랑하는 님은 알몸이었다, 그리고 내 마음을 알고 있기에
소리나는 보석만 몸에 지니고 있었다,
그 호사스런 패물은 무어의 계집 노예들이 경사스런 날에
보이는 저 당당한 모습을 그녀가 갖게 해주었다.

춤추며 조롱하듯 요란한 소리 울릴 때,
금속과 돌로 된 이 눈부신 세계는
나를 황홀케 하고, 나는 미칠 듯이
소리와 빛이 어우러지는 그런 것들을 사랑한다.

그녀는 누워서 사랑하도록 몸을 맡기고,
긴 의자 위에서 편안하게 미소를 보내고 있었다,
절벽으로 솟아오르듯 그녀를 향해 솟아오르는
바다처럼 깊고 다정한 내 사랑을 내려다보며.

길들인 호랑이처럼 시선을 내게 고정시키고,
몽롱하게 꿈꾸는 듯, 그녀는 온갖 교태를 지어 보이고,
순진함과 음탕함이 한데 어우러져
일변한 그녀의 모습에 새로운 매력을 주고 있었다;

유죄 선고받은 시

그녀의 팔과 다리, 그리고 허벅지와 허리는
기름처럼 매끄럽고 백조처럼 물결쳐,
밝고 고요한 내 눈앞에서 어른거리고;
그 배와 젖가슴, 나의 이 포도송이는

악의 「천사」보다 더 아양 떨며 다가와,
내 넋이 잠겨 있는 휴식을 방해하고,
고요하게 홀로 앉아 있었던 수정 바위에서
내 넋을 흔들어놓았다.

마치 새로운 소묘로 사내아이의 상반신에
안티오페²의 허리를 붙여놓은 듯,
그토록 그녀 몸통은 골반을 두드러지게 했다,
그 황갈색 피부에 화장은 기막히게 멋있었다!

— 그리고 마침내 램프 불은 사그라져가고,
난로만이 방을 어렴풋이 비추어,
불이 타오르며 한숨 소리 뱉어낼 때마다,
호박빛 피부를 핏빛으로 적시곤 했다!

망각의 강³
LE LÉTHÉ

오라, 내 가슴 위로, 매정하고 귀먹은 사람,
사랑스런 호랑이, 시름겨운 모습의 괴물;
내 떨리는 손가락을 오래오래 파묻고 싶다,
네 묵직한 갈기 깊숙한 곳에;

네 향기 가득한 네 속치마 속에
고통스런 내 머리를 묻고,
마치 시든 꽃 냄새 맡듯 내 사라져버린
사랑의 감미로운 흔적을 냄새 맡고 싶다.

나는 자고 싶다! 살기보다는 차라리 잠들고 싶다!
죽음처럼 포근한 잠 속에서,
후회 없이 입맞춤 쏟으리,
구리처럼 매끈한 아름다운 네 몸에다.

내 흐느낌을 진정시켜 삼키는 데는
심연 같은 네 잠자리만 한 게 없다;
강한 망각이 네 입에 깃들이고,
네 입맞춤엔 망각의 강이 흐른다.

내 운명에, 이제 내 희열로 여기고,
나는 운명론자처럼 순종하리;
나는 온순한 순교자, 죄 없는 수형자,
열정이 형벌을 부추겨도,

내 원한을 잠재우기 위해,
나는 빨 것이다, 네펜데스[4]와 맛있는 독당근을,
일찍이 정이라곤 품어본 적 없는
이 뾰족한 귀여운 젖꼭지 끝에서.

너무 쾌활한 여인에게[5]
A CELLE QUI EST TROP GAIE

그대 머리, 그대 몸짓, 그리고 그대 모습은
아름다운 풍경처럼 아름답다;
청명한 하늘에 신선한 바람처럼
그대 얼굴엔 웃음이 노닌다.

그대 곁을 스쳐가는 침울한 행인도
그대의 팔과 어깨로부터
빛처럼 솟아나는
그 건강에 황홀해진다.

그대 옷차림에 뿌려놓은
요란스런 색깔은
시인의 마음에
꽃들의 발레 같은 환영을 던진다.

그 야단스런 옷들은
얼룩덜룩한 그대 마음의 표상인가;
나를 황홀하게 하는 쾌활한 여인이여,
나는 그대를 미워한다, 그대 사랑하는 만큼!

때로 아름다운 정원에서
무기력을 떨치지 못할 때면,
나는 태양이, 빈정거리듯,
내 가슴을 찢는 것을 느꼈다,

그리고 봄과 신록이
내 마음에 그토록 창피를 주었기에,
나는 한 송이 꽃에
「자연」의 교만함을 벌하였다.

그리하여 나는 어느 날 밤
쾌락의 시간이 울릴 때,
보석 같은 그대 몸 곁으로
겁보처럼 살그머니 기어가,

쾌활한 그대 살을 벌주고파,
내맡긴 그대 젖퉁이를 멍들게 하고파,
그대의 놀란 옆구리에
움푹한 커다란 상처를 내어주고파,

그리고, 아 현기증 나는 쾌감이여!
더욱 눈부시고 더욱 아름다운
그 새 입술을 통해, 누이여,
그대에게 내 독을 부어넣고 싶어라!

레스보스[6]
LESBOS

라틴의 놀이와 그리스의 쾌락의 어머니,
레스보스, 거기서 시름겨운 또는 상큼한 입맞춤은
태양처럼 따갑고, 수박처럼 시원하고
찬란한 밤과 낮을 장식한다,
라틴의 놀이와 그리스의 쾌락의 어머니,

레스보스, 거기서 입맞춤은 폭포 같아,
밑바닥 없는 심연 속으로 겁 없이 뛰어내려
헐떡이며 흐느끼고 끙끙거리며 내닫는다,
광폭하고 은밀하게, 번잡스럽고 오묘하게;
레스보스, 거기서 입맞춤은 폭포 같아!

레스보스, 거기서 프리네[7]들은 서로 끌어당기고,
한숨마다 메아리 되울려오고,
별들은 파포스[8]와 똑같이 너를 찬미하니,
비너스가 사포[9]를 시샘하는 게 당연하리!
레스보스, 거기서 프리네들은 서로 끌어당기고,

레스보스, 정열로 밤은 뜨겁고 시름겨운 땅,
눈이 움푹 파인 아가씨들은, 오 아이를 낳지 못하는[10] 쾌락이여!

제 몸에 반해 거울에 비춰보며,
과년한 처녀의 무르익은 열매를 쓰다듬는다;
레스보스, 정열로 밤은 뜨겁고 시름겨운 땅,

늙은 플라톤이 엄격한 눈살을 찌푸린들 대수랴;
감미로운 왕국의 여왕, 사랑스럽고 고귀한 땅이여,
그 넘치는 입맞춤에서, 그리고 언제나 풍부한
그 세련된 몸짓에서 너는 너의 용서를 얻어낸다,
늙은 플라톤이 엄격한 눈살을 찌푸린들 대수랴.

그 영원한 고뇌에서 너는 너의 용서를 얻어낸다,
우리로부터 멀리 다른 하늘 가장자리에서,
어렴풋이 떠오르는 빛나는 미소에 끌려
열망하는 가슴에 쉴새없는 고뇌!
그 영원한 고뇌에서 너는 너의 용서를 얻어낸다!

어느 신이 감히 네 심판관이 되랴, 레스보스여,
그리고 고통 속에 창백해진 네 이마를 벌하랴,
네 냇물이 바다에 퍼부어놓은 눈물의 홍수를
그의 황금 저울로 달아보지 않았다면?
어느 신이 감히 네 심판관이 되랴, 레스보스여?

옳고 그름의 법칙이 우리에게 무슨 의미 있으랴?
군도의 영예, 숭고한 마음의 처녀들이여,
그대들 종교는 다른 종교처럼 존엄하고,

사랑은 「지옥」도 「천국」도 모두 비웃으리!
옳고 그름의 법칙이 우리에게 무슨 의미 있으랴?

지상의 모든 사람 중에서 레스보스는 나를 택했으니,
꽃핀 그 처녀들의 비밀을 노래하라고,
그리고 나는 서글픈 눈물이 섞인 미친 듯한 웃음의
검은 신비에 어려서부터 도통하였다;
지상의 모든 사람 중에서 레스보스는 나를 택했으니.

그때부터 나는 뢰카트의 꼭대기에서 망을 본다,
저 멀리 창공 아래 그 형태 가물거리는
상선과 어선, 쾌속선을 밤낮으로 지켜보는
꿰뚫어보는 틀림없는 눈을 가진 보초처럼,
그때부터 나는 뢰카트의 꼭대기에서 망을 본다,

바다가 너그러운지 잔잔한지 보기 위해,
그리고 바위에 울리는 흐느낌 속에 바다에 몸을 던진,
사포의 숭배를 받는 시체가 모든 것을 용서하는
레스보스에게 어느 저녁 되돌아올지 어떨지,
바다가 너그러운지 잔잔한지 보기 위해!

사내다운 사포, 연인이며 시인,
침울하고 창백한 그 모습은 비너스보다 더 아름답다!
— 여신의 창공 같은 푸른 눈도 고뇌로
검푸른 무리가 진 검은 눈만 못하다,

사내다운 사포, 연인이며 시인!

― 세계 위에 우뚝 솟은 비너스보다 아름답다,
그 잔잔한 모습의 보석과
금발머리 젊음의 빛을
제 딸에 반한 늙은 「바다」에 쏟으면서;
세계 위에 우뚝 솟은 비너스보다 아름답다!

― 그 모독의 날에 죽은 사포,
지어낸 의식과 예배를 비웃으며,
오만함으로 배교[11]를 범한 짐승 같은 사내에게
마지막 먹이가 되어 그 아름다운 몸을 바친
그 모독의 날에 죽은 그 여자.

그리하여 이때부터 레스보스는 탄식하고,
우주가 그에게 바치는 존경에도 불구하고,
밤마다 도취한다, 인적 없는 바닷가에서
하늘을 향해 내지르는 고뇌의 외침에.
그리하여 이때부터 레스보스는 탄식한다!

천벌받은 여인들[12]
FEMMES DAMNÉES

델핀과 이폴리트

힘없는 램프의 희미한 불빛 아래,
향기 흠뻑 배어 있는 깊숙한 보료 위에서
이폴리트는 꿈꾸고 있었다, 젊은 순결의
휘장을 걷어 올려준 힘찬 애무를.

그녀는 찾고 있었다, 폭풍으로 흐려진 눈으로
이미 멀어진 천진난만의 하늘을,
아침에 지나온 푸른 지평선 쪽을 향해
머리를 돌리고 있는 나그네처럼.

스러진 눈에 핑 도는 힘없는 눈물,
기운 없이 멍한 모습, 서글픈 쾌락,
쓸모없는 무기처럼 팽개쳐진 늘어진 두 팔,
이 모두가 그녀의 가냘픈 아름다움을 한결 장식하고 있었다.

그 발치에 누워 있는 델핀, 기쁨에 넘쳐 고요히,
타오르는 눈으로 그녀를 품고 있었다,
이빨로 먼저 자국을 내놓은 다음,

먹이를 지켜보는 힘센 짐승처럼.

가냘픈 아름다움 앞에 무릎을 꿇은 억센 아름다움,
그녀는 승리의 술을 달콤한 기분으로 들이마시며,
그녀 쪽으로 몸을 죽 뻗쳤다,
달콤한 감사의 말이라도 받아내려는 듯.

창백한 희생자의 눈 속에서 그녀는 찾고 있었다,
쾌락이 노래하는 말없는 찬가를,
그리고 긴 한숨처럼 눈꺼풀에서 흘러나오는
끝없는 그 숭고한 감사의 마음을.

―"이봐, 이폴리트, 어떻게 생각해?
처음 핀 네 장미꽃의 거룩한 제물을
꽃들 시들게 할 거센 바람에
바쳐서는 안 된다는 걸 넌 이제 알겠니?

내 입맞춤은 저녁 널따란 맑은 호수를
어루만지는 하루살이처럼 가벼운데,
너를 사랑하는 사내의 입맞춤은 짐수레처럼,
또는 날카로운 보습의 날처럼 바퀴 자국을 내고;

육중한 마소들의 가차없는 발굽처럼,
네 위를 지나가리라……
오 이폴리트, 내 동생아! 자 얼굴을 돌려라,

너는 내 넋이며 내 심장, 그리고 내 전부이며 내 절반,

푸른 하늘과 별로 가득한 네 눈을 내게 돌려라!
오 신성한 향유, 그 매혹적인 눈길을 얻기 위해,
더욱 어두운 쾌락의 장막을 걷어올리고,
끝없는 꿈속에 너를 잠재워주리라!"

그러자 이폴리트는 그 앳된 머리를 들고:
―"나는 은혜를 잊지도 않고 후회하지도 않아,
델핀, 그러나 나는 괴롭고 불안해,
마치 밤의 무서운 향연이 끝난 것처럼.

나를 짓누르는 무거운 공포와, 사방에 흩어진
검은 유령떼가 나에게 덤벼들어,
사방이 피투성이의 지평선으로 닫혀진
움직이는 불안한 길로 나를 끌고 가려는 것 같아.

도대체 우리가 무슨 괴상한 짓이라도 했단 말인가?
설명해주어, 할 수 있다면, 내 혼란과 공포를:
"내 천사여!" 하고 언니가 나를 부르면, 나는 두려워 떠는데도
내 입술은 언니에게로 가는 것이 느껴져.

그렇게 날 보지 마, 아 그리운 님!
내가 영원히 사랑하는, 내가 택한 언니여,
설령 언니가 내 앞에 파인 함정이라 해도,

내 멸망의 시작이라 해도!"

델핀은 그 비극적인 갈기를 흔들며,
쇠 삼각대 위에서 발을 구르듯,
숙명적인 눈과, 강압적인 목소리로 대답한다:
― "누가 감히 사랑 앞에서 지옥을 말한담?

쓸데없는 몽상가에게는 영원한 저주 있으라,
풀 수 없는 무익한 문제에 사로잡혀,
어리석게도 스스로 사랑 같은 일들에
정숙함을 논하는 그런 몽상가는!

그늘과 더위를, 밤과 낮을
신비한 조화 속에 연결시키려는 그런 사람은
사랑이라 부르는 저 붉은 태양에서도
마비된 그 몸을 데우지 못하리라!

원한다면 찾아가보라, 어리석은 신랑감을;
달려가서 바쳐라, 처녀의 가슴을 그 잔인한 입맞춤에;
그러고서 넌 후회와 두려움에 가득 차 파리한 얼굴로
네 낙인 찍힌 젖퉁이를 내게 가져오겠지…

이승에선 단 하나의 주인만을 만족시킬 수 있는 거야!"
그러나 소녀는 끝없는 고뇌를 토로하며,
느닷없이 외쳤다, ― "내 존재 속에 딱 벌어진 심연이

자꾸만 커가는 것을 느껴, 그 심연은 내 가슴!

화산처럼 뜨겁고, 허공처럼 깊은 심연!
이 신음하는 괴물을 무엇인들 채워줄 것이며,
손에 횃불을 들고 피나도록 태우는
저 에우메니데스의 갈증은 무엇인들 식혀줄까!

우리의 닫힌 장막이 우리를 세상에서 격리시키고,
이 낙담이 휴식을 가져왔으면!
나는 언니의 아득한 품속에서 죽어가,
언니의 가슴에서 무덤의 시원함을 찾았으면!"

— 내려가라, 내려가, 가련한 희생자들아,
영원한 지옥의 길을 내려가라!
나락의 밑바닥에 가서 잠겨라, 온갖 죄악이
하늘에서 오지 않은 바람에 두들겨 맞아,

폭풍 소리와 함께 부글부글 끓어오르는 그곳에.
미친 망령들아, 너희 욕망의 목표를 향해 달려가라;
너희는 결코 그 격정을 만족시킬 수 없으리,
너희들의 쾌락에선 징벌만이 태어나리,

한 줄기의 신선한 햇살도 너희 굴을 비춘 적 없고;
벽 틈으론 후끈한 독기가
등불처럼 타오르며 스며들어,

그 끔찍한 냄새는 너희 몸에 배어든다.

절대 아이를 배지 못하는 너희들의 쾌락은
갈증만 돋우고 피부를 거칠게 하며,
그 미친 듯 휘몰아치는 정욕의 돌풍은
너희들 살을 낡은 깃발처럼 터지게 한다.

산 사람들로부터 멀리 떠나 헤매는 벌받은 계집들아,
허허벌판을 가로질러 이리처럼 달려라;
타락한 넋들이여, 너희의 운명을 스스로 만들어
너희 속에 품고 있는 무한에서 도망쳐라!

흡혈귀의 변신[13]
LES MÉTAMORPHOSES DU VAMPIRE

그러나 여인은 잉걸불 위에서,
뱀처럼 몸을 비틀고, 코르셋의 쇠 살대 위에
젖퉁이를 짓이기며, 딸기 같은 입술에서
사향 냄새 배어 있는 이런 말을 흘려보냈다:
―"내 입술은 축축하여, 잠자리에서
낡은 양심 따위를 없애는 비법을 안다.
당당한 젖퉁이 위에서 온갖 눈물을 마르게 하고,
늙은이도 어린애의 웃음을 짓게 만든다.
아무것도 걸치지 않은 내 알몸을 보는 이에게
난 달이 되고 해가 되고 하늘과 별이 된다!
쾌락에 대해서는, 오 친애하는 학자여, 내가 박사요,
수줍고도 대담하고 연약하면서 튼튼한 내가,
내 무서운 품안에서 사나이를 질식시키고,
내 젖가슴을 깨물도록 내맡길 때면,
감격해 실신하는 이 매트리스 위에서,
무력한 천사들은 지옥에 떨어지리, 내 이 몸 때문에!"

그녀가 내 뼈에서 골수를 전부 빨아먹었을 때,
내가 사랑의 입맞춤을 돌려주려고,
기운 없이 그녀를 돌아다보니, 옆구리가 끈적거리는

고름으로 범벅된 가죽 부대가 보일 뿐이었다!
나는 섬뜩한 공포감으로 두 눈을 감아버렸다.
밝은 햇살에 다시 눈을 떴을 때,
내 곁엔 피를 담고 있는 것처럼 보이던
위압적인 마네킹 대신,
해골 조각만 어수선하게 흩어져,
겨울 밤 바람에 흔들거리며,
쇠막대 끝에서 돌아가는 바람개비나,
깃발 같은 소리를 내며 떨고 있었다.

옮긴이 주

1 1857년에 발표한 초판에서 이 시는 「이상」과 「거녀」 다음, 「이국 향기」 앞에 놓여 있었다. 이들 시에서처럼 이곳에도 여인의 매혹적인 미가 완화된 형태로 담겨 있다. 「이국 향기」에서 시인이 사랑하는 여인의 젖가슴 냄새에서 맛보았던 황홀한 도취를 이곳에서도 읽을 수 있다. 여인이 몸에 걸치고 있는 노리개들이 내는 소리, 물결치는 듯한 몸의 움직임, 호박빛 피부 위로 비치는 난롯불이 만드는 마술 같은 색채, 또 '황갈색 피부 위에서 기막힌 마력'을 발휘하는 화장 등, 여인은 소리와 색채와 움직임이 만들어내는 마술 같은 존재이다.
2 안티오페Antiope는 테베의 왕 니크테우스의 딸이다. 그녀가 잠든 사이 제우스는 사티로스로 변신하여 그녀를 겁탈한다.
3 1857년 초판에서는 「흡혈귀」 다음에 나온다. 이곳에서는 여인에 의해 고통으로부터 벗어나고 싶은 시인의 마음을 읽을 수 있다. 시인은 입맞춤으로 삼킨 여인의 침에 모든 것을 잊게 하는 지옥의 망각의 강의 위력을 부여한다. 여인의 잠자리가 지옥이라면 그것은 시인이 원해 찾은 지옥이다. 무서운 여인이 고통을 잊게 하는 마술의 음료를 아낌없이 부어주는 축복의 여신으로 바뀐다.
4 네펜데스는 슬픔, 분노를 잊게 하는 마법의 음료.
5 이 시는 초판에는 「공덕」 앞에 놓여 있었다. 페이유라의 지적처럼 이 두 시는 서로 연결되어 있다. 시에 그려진 그녀의 건강, 웃음, 쾌활함은 「공덕」의 죄를 모르는 천사를 생각하게 한다. 그녀는 뱀의 유혹으로 추락하기 이전의 이브의 때문지 않은 건강을 간직하고 있다. 반대로 시인은 낙원으로부터 쫓겨나 지옥에 떨어져 병들고 고통받는 현대 인간의 불행을 구현하고 있다. 시인은 그녀에게서 잃어버렸지만, 그에 대한 추억과 회한을 간직하고 있는 낙원의 이미지를 읽는다. 그리고 시인은 자신의 고통을 모르는 듯 너무 건강하고 쾌활하기만 한 그녀를 원망한다.

> 기쁨이 넘치는 천사여, 그대는 아는가, 고뇌를,
> 수치심을, 회한을, 흐느낌을, 권태를,
> 그리고 종이 구기듯 가슴을 짓누르는
> 저 무서운 밤들의 막연한 공포를? ―「공덕」

6 초판에서는 이 시가「델핀과 이폴리트」와 나란히 놓여 있었다. 이 두 시 모두 관능에 의해 무한에 이르려는 인간의 노력의 허무함을 주제로 하고 있다.

레스보스는 다도해의 섬으로 그리스 문화가 꽃피웠던 곳이며, 문란한 성 풍습으로 널리 알려져 있다. 레스보스섬의 여인이라는 의미의 레즈비언lesbienne은 동성연애하는 여인이라는 의미로 바뀌었다.

레스보스는 기쁨과 웃음뿐인 고장, 모든 것이 조화를 이루는 낙원 같은 고장으로 그려져 있다. 레스보스, "라틴의 놀이와 그리스의 쾌락"의 고장, 그곳에서 "시름겨운 또는 상큼한 입맞춤은/태양처럼 따갑고, 수박처럼 시원"하다. 그러나 두번째 시절에 들어서면서부터 이 낙원에 고뇌의 흔적이 나타난다. 레스보스의 입맞춤이 은밀하고 깊다면, 그것은 또한 폭풍처럼 광폭하다. 은밀한 관능에 파괴적인 폭풍과 우글거리는 동물성이 대치되어 있다. 레스보스는 파포스Paphos와 라이벌일지도 모른다고 르네 갈랑은 주석을 붙인다(René Galant, 앞의 책, p. 437).

「키티라섬으로의 여행」에서 그렸듯이, 비너스의 낙원이 지옥에 불과하다면, 레스보스나 파포스도 다르지 않을 것이다. 르네 갈랑은 "보들레르가 놀랍도록 예리하게 레즈비언의 사랑의 허무함을 꿰뚫어보았다"고 지적한다.

7 그리스의 여인으로 뛰어난 아름다움 때문에 배교의 법정에서 구원되었다고 한다.
8 비너스 신전이 있는 도시.
9 레스보스의 여성 시인이며, 여제자와의 동성연애자로 알려져 있다.
10 '아이를 낳지 못하는 쾌락'이란 동성연애자들의 사랑을 가리킨다.
11 사포의 배교는 동성애자인 그녀가 사내와 사랑에 빠졌음을 말한다.
12 "레즈비언은 현대성의 여걸이다. 그녀 속에 보들레르 특유의 에로스의 이상이 — 그녀는 냉혹함과 사나이다운 성격을 상기시키는 여인이다 — 위대한 고대의 이상과 함께 집결되어 있다. 이것이『악의 꽃』에서 레즈비언의 위치를 특별하게 하는 점이며, 보들레르가 왜 오랫동안 책에 레즈비언Les Lesbiennes이라는 이름을 주려 했던가를 설명해준다"라고 베냐민 W. Benjamin은 말한다(Jean Delabroy, *Charles Baudelaire, Les Fleurs du Mal*, Magnard, p. 325에서 재인용).

그러나 앞의 시「레스보스」가 동성연애에 대한 찬가라면, 이 시「천벌받은 여인들」은 반대로 이 정열에 대한 질책이다. 그 속에 은밀하게 떨려오는 연민의 울림이 어떤 것이건 간에 결론은 부정적이다.

델핀과 이폴리트는 서로 사랑을 나누는 두 소녀. 그녀들이 나누는 애무가 끝없이 감미롭고 사랑의 쾌락이 어느 것에 견줄 수 없다 해도, 그곳에는 애달픈 눈물과 후회가 있다.

처음 6개의 시절에서는 그녀들이 나눈 사랑의 도취가, 일곱번째 시절에서부터는 그녀들의 상반되는 고백이, 그리고 마지막 5개의 시절에서는 시인의 저주가 그려진다.

이폴리트는 그녀들이 나눈 사랑에서 깊은 심연과 어두운 허공과 불길한 운명 등, 가슴을 짓누르는 공포와 악몽을 말한다. 그러나 그녀는 자신이 선택한 운명을 받아들인다. 탄호이저처럼 그녀는 지옥의 매혹을 선택했다. 이 점으로 인해 시인의 눈에는 이폴리트가 델핀보다 정신적으로 우위에 있는 존재로 비친다. 그는 스스로 의식하고 있는 악이 몽매한 악보다 덜 가증스럽다고 생각한다.

델핀은 선과 악, 하늘과 지옥의 구별을 과감하게 던져버렸다. 보들레르가 말했듯이(「후한 도박꾼」, 『파리의 우울』 참조), 만일 악마의 가장 지독한 속임수가 인간에게 악이 존재하지 않는다고 설득하는 것이라면, 델핀은 진정으로 악마에게 영혼을 팔아버린 존재이다. 그녀에게 사랑은 유일 선이다. 그녀는 사랑에 대해 "악마의 종교의 반 종교의 높이에까지 올라갔다"(「바그너와 파리에 온 탄호이저 R. Wagner et Tannhäuser à Paris」 III 참조). 그녀는 사랑이 도덕이나 정절과는 같이 할 수 없다고 생각한다. 풀 수 없는 무익한 문제에 사로잡혀 어리석게도 사랑 같은 일들에 정숙함을 논하는 그런 쓸데없는 몽상가에게 영원한 저주를 퍼붓는다.

　　[……]
　　누가 감히 사랑 앞에서 지옥을 말한담?

　　쓸데없는 몽상가에게는 영원한 저주 있으라!
　　[……]

　　그늘과 더위를, 밤과 낮을
　　신비한 조화 속에 연결시키려는 그런 사람은
　　사랑이라 부르는 저 붉은 태양에서도
　　마비된 그 몸을 데우지 못하리라!

델핀에게 사랑은 광란의 축제이며, 확신에 찬 의지이다. 반대로 이폴리트의 회한에서 델핀에 못지않은 소멸에의 목마름을 읽을 수 있다. 그러나 방법과 태도가 상반될 뿐 그녀들의 사랑은 모두 자신과 상대를 파멸시키고 숙명의 지옥을 준비하는 행위로 그려져 있다. 시의 마지막에서 저주받은 여인들이 스스로 파놓은 지옥에 대한 묘사에는 매우 예외적인 농도와 풍요함이 있다. 『악의 꽃』의 어느 곳에서도 이처럼 확신에 찬 저주를 쏟아놓지 않았다.

　　내려가라, 내려가, 가련한 희생자들아

유죄 선고받은 시　　367

영원한 지옥의 길을 내려가라!
나락의 밑바닥에 가서 잠겨라, 온갖 죄악이
[……]

폭풍 소리와 함께 부글부글 끓어오르는 그곳에
미친 망령들아, 너희 욕망의 목표를 향해 달려가라

13 1857년 초판에는 「베아트리체」와 「키티라섬으로의 여행」 사이에 놓여 있었다. 이 시들은 유사한 테마를 가지고 있다.

   첫 시절에서 여인은 관능적 유혹에 연결되어 있다. 딸기 같은 입술, 몸은 잉걸불 위에서 비트는 뱀 같고, 코르셋의 쇠 살대 위에 젖통이를 짓이기는 여인. 이 여인의 사향 냄새 나는 입에서 나오는 말은 창세기에 나오는 유혹의 뱀처럼 악마의 유혹이다. 쾌락에 대해서는 자신이 박사라고 말하고 있는 그녀는 사랑을 반종교의, 악마의 종교의 높이에까지 끌어올리고 있다. 그녀는 인간의 마음에서 신을 경배하는 마음을 찬탈하고, 인간의 마음으로부터 선과 악의 구별을 없애버리려 한다. 그녀가 마르게 하는 눈물은 인간에게 과오에 대한 후회를 잊게 하는 것이며, 늙은이에게 되돌려준다는 어린아이의 웃음도 추락 이전의 순수한 즐거움이나 아이의 무죄한 웃음이 아니다. 그것은 그들에게 추락의 의식을 잊게 하여 의식이 없는 자의 웃음을 되돌려주는 것이다.

『악의 꽃』부록

새 『악의 꽃』

NOUVELLES FLEURS DU MAL

1866년 젊은 문학 세대에 속하는 카튈 망데는 브뤼셀에 가 있는 보들레르에게 『현대 고답파 시집 *Parnasse Contemporain*』에 기고를 부탁하는 편지를 보낸다. 그리고 브뤼셀에서 보들레르는 상당한 분량의 시를 파리로 보내온다. 두 문인 사이에서 편지 교환이 있은 후 마침내 1866년 3월 31일 열여섯 편의 시가 이 잡지에 실린다. 이 시들은 '새 악의 꽃'이라는 총제 밑에 나타나는데, 그것은 카튈 망데가 보들레르에게 제안하여 결정한 것이다.

저는 감히 '새 악의 꽃'이라는 제목을 제안합니다. 그것이 우리에게 매우 유리해 보입니다.

이곳에서도 『현대 고답파 시집』에 실린 시들의 순서를 그대로 따르기로 한다.

유죄 선고받은 책에 부치는 제사題詞[1]
ÉPIGRAPHE POUR UN LIVRE CONDAMNÉ

조용하고 목가적인 독자여,
온건하고 고지식한 선인이여,
집어 던져라, 소란스럽고 우울한
사투르누스의 이 책일랑.

저 교활한 학장 「악마」에게서
수사학을 배우지 않았다면,
집어 던져라! 그대는 아무것도 이해 못하거나,
날 히스테리 환자로만 여길 터이니.

그러나 그대 눈이 홀리지 않고,
심연 속에 잠길 수 있다면,
읽어다오, 나를 사랑하는 법을 배우기 위해;

쉴새없이 네 낙원을 찾으며
괴로워하는 호기심 많은 넋이여.
나를 가엾게 여겨다오!…… 그러지 않으면 난 그대를 저주하리!

자정의 성찰²
L'EXAMEN DE MINUIT

자정을 울리는 괘종은
조롱하며 우리를 촉구한다,
지나간 날을 어떻게 보냈는지
돌이켜 생각해보라고:

—오늘은 숙명적인 날,
금요일, 13일, 우리는
다 알고 있으면서도
이단자의 삶을 살았다;

우리는 예수를 모독했다.
이론의 여지 없이 엄연한 신을!
어떤 괴물 같은 「거부」의
식탁에 들러붙은 기생충처럼,
짐승 같은 이 작가의 비위를 맞춘답시고,
실로 「악마」의 신하답게,
우리가 사랑하는 것은 욕보이고
우리에게 혐오감을 주는 것에는 아첨했다:

비굴한 냉혈한같이, 부당하게

멸시받는 약자를 슬프게 하고;
황소의 이마를 가진 「어리석음」을,
저 엄청난 「어리석음」을 받들고;
바보 같은 「물질」에
신앙심 넘쳐 입을 맞추고,
부패에서 피어나는
창백한 빛을 축원했다

끝으로 우리는 현기증을
광란 속에서 달래기 위해
「리라」의 거만한 사제司祭, 우리는
암울한 것들에서 도취를
펼치는 것이 영광인지라
갈증 없어도 마셨고, 배고프지 않아도 먹어댔다!⋯⋯
─ 빨리 등불을 끄자.
어둠 속에서 우리를 감추기 위해!

슬픈 연가[3]
MADRIGAL TRISTE

I

그대 슬기로운들 나에게 무슨 상관이랴?
그대는 아름답고 슬프기만 하여주오!
눈물은 풍경 속의 강물처럼,
얼굴에 매력을 덧붙이고;
심한 비바람은 꽃들을 다시 젊게 한다.

나는 더욱 사랑한다. 낙담한
그대 이마에서 기쁨이 사라질 때의 그대를;
그대의 마음이 공포 속에 잠겨 있을 때;
지난날의 지긋지긋한 구름이
그대의 현재 위에 펼쳐 있을 때

나는 그대를 사랑한다, 그대의 커다란 눈이
피처럼 뜨거운 눈물을 쏟을 때;
내 손이 그대를 어루만지는데도,
너무도 무거운 그대의 괴로움이
죽어가는 자의 헐떡임처럼 새어 나올 때.

오 그대, 거룩한 쾌락!
그윽하고 감미로운 찬가여! 나는 들이마신다.
그대 가슴의 모든 흐느낌을,
그대 마음은 그대 눈에서
쏟아지는 진주로 빛나는 것 같으오!

II

뿌리 뽑힌 옛사랑으로
가득한 그대 마음은
아직도 용광로처럼 타오르고,
천벌받은 자의 일말의 자부심을
그대 가슴속에 품고 있음을 나는 알고 있소;

그러나 사랑하는 님이여,
그대의 꿈이「지옥」을 비추지 않는다면,
끊임없는 악몽 속에서
독약과 칼을 꿈꾸며,
화약과 쇠붙이를 그리워하고,

모든 사람을 두려움으로 대하고,
가는 곳마다 불행을 읽어내고,
시간이 울리면 경련을 일으키고,
물리칠 수 없는「혐오감」이
죄어옴을 느끼지 않는다면,

두려움 없이는 나를 사랑하지도 못하는
오, 노예의 여왕이여,
독기 가득한 밤의 공포 속에서
고함소리 우렁차게 그대는 내게 말하지 못하리:
"나도 당신과 같아, 오 나의 「왕」이여!" 라고.

어느 말라바르 여인에게[4]
A UNE MALABARAISE

네 발은 손처럼 섬세하고, 네 허리는
가장 아름다운 백인 여인도 샘낼 만큼 펑퍼짐하다;
사색적인 예술가에겐 네 몸이 그립고 사랑스럽다;
비로드 같은 커다란 네 눈은 네 살갗보다 더 검구나.

네 「하느님」이 너를 점지한 그 덥고 푸른 나라에서
네 일은 네 주인의 파이프에 불을 붙이고,
병에 시원한 물과 향수를 채우고,
맴도는 모기들을 침대에서 쫓아내고
날이 새어 플라타너스가 노래하기 시작하면,
시장으로 파인애플이나 바나나를 사러 가는 일.
온종일 네가 원하는 곳으로 맨발로 쏘다니고,
알지 못할 오래된 노랫가락을 나지막이 흥얼거린다;
그러다 주홍빛 외투를 걸치고 저녁이 내려오면,
너는 돗자리 위에 살포시 몸을 누인다.
그럼 떠도는 네 꿈은 벌새로 가득하고,
언제나 너처럼 맵시 있고 화려하다.

행복한 아가씨여, 어이하여 넌 우리 프랑스를 보고 싶어하는가.
고통으로 넘어져가는, 너무도 사람들 들끓는 이 나라를,

그리고 수부의 억센 팔에 네 목숨을 맡겨,
정다운 타마린과 영원히 이별하려 하는가?
몸엔 섬세한 모슬린 천을 반만 두르고,
눈과 우박 아래 그곳에서 떨면서,
즐겁고 꾸밈없던 옛날의 한가함을 얼마나 기리며 울 것인가,
만일 억센 코르셋에 네 옆구리를 졸라매고,
우리 진창에서 네 저녁거리를 주어야 하고,
네 이국적 매력의 향기를 팔아야 한다면,
눈은 생각에 잠겨 우리들 더러운 안개 속에서
흔적 없는 야자수의 흩어진 환영을 쫓으면서!

경고자[5]
L'AVERTISSEUR

인간이라는 이름을 가질 자격 있는 자는 누구나
가슴속에 한 마리의 노란 「뱀」을 가지고 있어,
그것은 옥좌에나 앉은 듯 자리잡고,
"하고 싶다!" 하면, "안 돼!" 하고 대답한다.

여 사티로스나 닉스[6]들이 지켜보는
눈 속에 네 눈을 잠글라치면,
「이빨」은 말한다: "네 의무를 생각하라!"

아이를 낳고, 나무를 심고,
시구를 다듬고, 대리석을 조각하노라면
「이빨」은 말한다: "오늘 저녁까지 살 줄 아느냐?"

무엇을 계획하건, 무엇을 바라건,
인간은 한순간도 살지 못한다.
이 견딜 수 없는 「독사」란 놈의
경고를 받지 않고는.

찬가[7]
HYMNE

내 가슴을 빛으로 가득 채우는
그지없이 다정한 님, 그지없이 예쁜 님에게,
내 천사, 불멸의 우상에게
영원히 축복을!

님은 소금기 배어든 공기처럼
내 생명 속에 퍼지고,
채워지지 않는 내 넋에
영원의 맛을 퍼붓는다.

정다운 오두막집 분위기를
언제나 풍겨주는 신선한 향주머니,
밤새도록 은밀히 연기 피우는
잊고 버려둔 향로,

변하지 않는 사랑이여, 어떻게
그대를 진실로 표현할까?
내 영원한 삶의 깊은 곳에
눈에 띄지 않게 깃들인 사향 알갱이여!

내게 기쁨과 건강을 만들어주는
그지없이 착한 님, 그지없이 예쁜 님에게,
내 천사, 불멸의 우상에게
영원히 축복을!

목소리[8]
LA VOIX

내 요람은 책장에 기대어 있었다.
그곳 침침한 바벨탑엔 소설, 과학, 우화시,
온갖 것이, 라틴의 재도 그리스의 먼지도,
모두 섞여 있었다, 내 키는 2절판 책만 하고.
두 목소리가 내게 말하고 있었다. 하나는 엉큼하고 확고하게
말하기를, "이「세상」은 달콤함 가득한 과자 같단다;
나는 변함없는 엄청난 식욕을 네게 줄 수 있다.
(그러면 네 쾌락은 끝이 없겠지!)"
또 하나는 "오너라! 오! 꿈속으로 여행하러 오너라,
가능한 것을 넘어서, 알려진 것을 넘어서!"
앞의 것은 모래사장의 바람처럼 노래했다.
어디서 왔는지 모를 가냘프게 우는 이 허깨비는,
귀를 어루만지듯 달콤하나, 또한 두렵다.
나는 또 하나의 목소리 네게 대답했다: "그래 정다운 목소리야!"
아! 이른바 내 고통과 불운이 시작된 것은
이때부터다. 끝없는 삶의 배경 뒤에서,
심연의 가장 캄캄한 곳에서,
나는 또렷이 야릇한 세계를 보고,
내 혜안의 황홀한 희생물이 되어,

내 신발을 깨무는 뱀들을 끌고 다닌다.
이때부터 나는 예언자처럼
사막과 바다를 그토록 애틋이 사랑하고;
초상에 웃고 잔치에 울고,
제일 쓴 술에서 달콤함을 맛보고;
툭하면 사실도 거짓으로 보고,
하늘만 쳐다보다 구렁에 넘어진다.
그러나 그「목소리」는 나를 위로하여 말하기를: "네 꿈을 간직하여라,
현자는 바보만큼 아름다운 꿈을 못 가졌느니라!"

반역자[9]
LE REBELLE

성난 천사가 하늘에서 독수리처럼 덤벼들어,
이교도의 머리털을 덥석 움켜쥐고,
흔들어대며 말하기를, "네게 율법을 가르쳐주마!
(나는 네「수호천사」이니, 알겠느냐?) 그렇지, 가르쳐주마!

찌푸리지 않고 사랑해야 함을 알아라,
가난한 자, 악한, 비뚤어진 자, 천치를.
예수가 지날 때, 네 자비심으로
승리의 양탄자를 예수께 깔아드리기 위해.

그것이「사랑」이다! 네 마음이 무디어지기 전에
하나님의 영광에 네 법열을 불살라라;
그것이 영원한 매력을 지닌 진정한「쾌락」이다!"

그리고「천사」는, 진정으로 사랑하기에 벌을 내려,
그 거인의 주먹으로 파계자를 비틀었다;
그러나 천벌받은 자는 여전히 대꾸한다, "나는 싫다!"

분수[10]
LE JET D'EAU

네 고운 눈이 지쳤구나, 가엾은 님아!
오랫동안 뜨지 말고 그대로 있거라,
뜻하지 않게 찾아든 쾌락에 빠져 있던
그 태평한 자세 그대로.
밤이나 낮이나 입 다물지 않고
안뜰에서 재잘거리는 분수는
이 밤 사랑에 취한
황홀한 내 마음을 다정히 지켜주는구나.

  즐거운 달빛 속에
    수많은 꽃으로,
  피어나는
    분수 물줄기
  흥건히 흘러내리는
    눈물의 비.

이처럼 네 넋도 관능에 불타는
번갯불에 타오르고,
마술의 드넓은 하늘을 향해
거침없이 재빠르게 솟아오른다.

그러고는 기운 없이 사그라져,
서글픈 시름의 파도가 되어,
보이지 않는 비탈을 타고
내 마음 깊숙이 흘러내린다.

  즐거운 달빛 속에
    수많은 꽃으로,
  피어나는
    분수 물줄기
   흥건히 흘러내리는
    눈물의 비.

오, 밤에 더욱 예뻐 보이는 님아,
즐거워라, 네 가슴에 몸을 기대고,
분수 속에서 흐느끼는
영원한 탄식 소리 듣고 있으니!
달이여, 물소리여, 축복의 밤이여,
주위에 살랑거리는 나무들이여,
너희들의 맑은 우수는
내 사랑 비쳐 보이는 거울이어라.

  즐거운 달빛 속에
    수많은 꽃으로,
  피어나는
    분수 물줄기

홍건히 흘러내리는
눈물의 비.

베르트의 눈[1]
LES YEUX DE BERTHE

제일 이름난 눈도 네 눈엔 미치지 못하리,
내 사랑의 아름다운 눈이여, 거기서 스며 나온다,
「밤」처럼 편안하고 감미로운 어떤 것이!
아름다운 눈이여, 네 매혹의 어둠을 내게 부어다오!

내 사랑의 커다란 두 눈, 그리운 비밀이여,
깊은 잠 속에 빠져 있는 망령들의 무리 뒤로
이름 모를 보물들이 어렴풋이 반짝이는
저 마술의 동굴을 너희는 몹시 닮았다!

내 사랑의 눈은, 오 망막한 「밤」이여,
너처럼 어둡고 깊고 광활하고, 너처럼 빛을 발한다!
그 불꽃은 「믿음」이 함께한 「사랑」의 생각.
음란하고 정숙하게 깊은 곳에서 타오른다.

몸값[12]
LA RANÇON

사람에겐 몸값을 치르기 위해,
깊고 기름진 응회암의 밭 두 뙈기가 있어,
이성의 삽으로
갈아엎고 개간해야 한다;

하찮은 장미꽃을 얻기 위해,
몇 줌 안 되는 이삭을 얻어내기 위해,
잿빛 이마에 짭짤한 눈물을 흘리며,
쉴 새 없이 그 밭에 물을 대야만 한다.

하나는 「예술」이고, 다른 하나는 「사랑」.
―엄격한 심판의 무서운 날이
닥쳐왔을 때,
자비로운 심판을 받으려면,

수확물로 가득한 광을
심판관에게 보여야 하고,
「천사들」의 칭찬을 받을
빛깔과 모양의 꽃들을 보여야 하리.

머나먼 곳에[13]
BIEN LOIN D'ICI

이곳 성스러운 오두막에
아가씨는 아주 예쁘게 단장하고,
조용히, 언제나 단정하게 차리고,

한 손으론 가슴에 부채질하며,
방석에 팔을 괴고서,
우는 듯 흐르는 샘물 소리 듣고 있다;

이것이 바로 도로테의 방,
—멀리서 노래하는 미풍과 물은
그 흐느끼는 거친 가락이
이 응석둥이를 얼러준다.

머리끝에서 발끝까지 정성을 다해,
향긋한 기름과 안식향유를
그 고운 살결에 발라놓았다.
—꽃들도 구석에서 황홀해한다.

명상[14]
RECUEILLEMENT

오 내 「고통」이여, 얌전히, 좀더 조용히 있거라.
네가 바라던 「저녁」이 저기 내려오고 있지 않은가:
어슴푸레한 대기가 도시를 에워싸고.
어떤 이에겐 평화를, 또 어떤 이에겐 근심을 가져다준다.

덧없는 인간들의 천한 무리가
저 무자비한 사형집행인, 「쾌락」의 채찍 아래
비천한 축제 속에 회한을 주우러 가는 동안
내 「고통」이여, 내게 손을 주고 이리로 오라,

그들에게서 멀리 떠나. 보라, 사라진 「세월」이
해묵은 옷을 입고 하늘의 발코니 위로 몸을 구부리는 것을;
「회한」은 미소 지으며 강물 바닥에서 솟아오르고;

스러져가는 「태양」은 다리 아래 잠들고,
「동녘」에 끌리는 긴 수의처럼,
들어보라, 님아, 들어보라, 감미로운 「밤」이 걸어오는 소리.

심연[15]
LE GOUFFRE

파스칼은 심연을 갖고 있었다, 그에게 늘 붙어 다니는 심연.
―아아! 모두가 구렁텅이, ―행동도, 욕망도, 꿈도,
그리고 말도! 소름 끼쳐 바싹 선 내 털 위로
「공포」의 바람이 몇 번이고 스쳐가는 것을 나는 느낀다.

위, 아래, 어디에도 웅덩이와 모래밭과,
침묵, 그리고 무섭고 매혹적인 공간……
내 밤들의 어둠 깊은 곳에 하느님은 그 능숙한 손가락으로
한시도 쉬지 않고 온갖 모양의 악몽을 그려놓는다.

나는 잠이 두렵다, 어렴풋한 공포로 가득 차, 어디로 갈지 모를
커다란 구멍을 누구나 두려워하듯;
내겐 모든 창문 너머로 무한만이 보여,

내 정신은 끊임없이 현기증에 시달리고,
허무의 무감각을 부러워한다.
―아!「수數」와「존재」에서 영영 빠져나가지 못하리!

이카로스의 한탄[16]
LES PLAINTES D'UN ICARE

창녀의 정부情夫들은
배부르고 편하고 행복하겠구나;
그런데 나는 구름을 껴안았다가
팔이 부러졌다.

하늘 깊은 곳에서 번쩍이는
비길 데 없는 별들 덕분에,
다 타버린 내 눈엔
태양의 추억만이 보일 뿐.

나는 이 공간의 끝과 복판을
찾아내려 했으나 헛일이었다;
뭔지 모를 어떤 불의 눈 아래서
내 날개가 부러지는 것을 느낀다;

그러나 아름다움을 사랑하다 타 죽게 되어도,
내게 무덤이 되어줄 구렁텅이에
내 이름 남겨둘 만한
숭고한 영예도 갖지 못하리.

뚜껑[17]
LE COUVERCLE

어디를 가나, 바다이건 육지이건,
타는 듯한 기후이건 희멀건 태양 아래건,
예수 섬기는 자도, 비너스의 시종도,
거무칙칙한 거지도, 번쩍이는 크로이소스[18]도,

도시 사람도, 시골뜨기도, 떠돌이도, 붙박이도,
그 작은 두뇌가 민첩하건 우둔하건,
어디서나 사람은 신비의 공포에 사로잡혀,
떨리는 눈으로밖엔 위를 올려다보지 못한다.

위로는 「하늘」! 저 숨막히게 하는 토굴의 벽,
어릿광대가 저마다 피투성이의 땅을 밟는
익살스런 가극으로 밝혀진 천장;

방탕아의 공포, 미친 은자의 희망:
오 「하늘」! 무수한 미미한 존재 「인류」가
들끓는 거대한 냄비의 검은 뚜껑이여.

옮긴이 주

1 보들레르는 이 소네트를 『악의 꽃』 제2판의 머리말로 정했다가 그 계획을 포기한다. 이미 첫번째 시 「독자에게」가 그 역할을 하기 때문이다. 이 시의 두 개의 사행절에 낮의 이미지와 밤의 이미지가 대조되어 부각되어 있다. 조용하고 목가적인 독자, 온건하고 고지식한 인간이라는 낮의 성격과 교활한 악마라는 밤의 성격과의 대조 그것이다. 앞의 온건한 독자는 이 책에서 추락을 유도하는 악마나 불길한 신 사투르누스, 또는 히스테리의 시위를 볼 뿐이다.

   반대로 마지막 두 개의 삼행절에서는 온건하고 고지식한 선의 인간에 대한 시인의 멸시가 보인다. 틀에 박힌 맹목적인 도덕을 유순하게 따르는 노예가 아니라, 자신과 유사한 독자를 향해 글을 보낸다는 뜻을 밝히고 있다. 그들은 자신과 동류이고, 괴로워하며 끊임없이 낙원을 찾는 호기심 많은 넋이며, 이들 내적인 심연을 관조할 수 있는 독자만이 이 책에 관심을 가질 자격이 있다.

2 이 시는 『파리의 우울』의 「새벽 한 시」와 유사한 주제를 담고 있다. 그곳에서도 한낮 동안 자신이 살았던 가증스런 삶을 밤의 어둠 속에서 성찰하며 잃어버린 자아를 되찾으려 하는 시인의 모습이 그려져 있다

   "마침내! 혼자가 되었군! [······] 그러니까 이제 나는 어둠의 늪 속에 휴식하도록 허락을 받은 거다! 먼저 자물쇠를 이중으로 잠그자, 이렇게 열쇠를 잠가두면, 나의 고독은 배가되고, 지금 나를 외부 세계로부터 격리시키는 바리게이트가 더욱 단단해지는 것으로 생각된다. 가증스런 삶! 공포의 도시! 자, 하루 일과를 더 듬어보자! [······]

3 이 시가 처음(1867년) 『파리 연감』에 출판되었을 때는 'L. L.에게'라는 헌사가 붙어 있었다. 그러나 이 약자가 어느 특정한 여인을 나타낸다고 볼 수는 없다. "엄밀하게 말하면 시인이 이 시를 보냈던 한 친구의 이름의 이니셜일 수도 있다"고 아당은 그의 책에서 주석을 붙이고 있다(A. Adam, 앞의 책, p.440).

   이 시에 그려진 미지의 여인은 어느 특정한 여인이라기보다 그녀 뒤에 무서운 과거를 가지고 괴로워하고 있는 여인이다. 이 시에서 노래하고 있는 여인의 이 슬픔과 이 무서운 과거. 이 채워지지 않는 욕망은 시인 자신이 앓고 있는 고통이며 삶의 모든 것에 대한 혐오감이다. 그리하여 시인 곁에서 괴로워하고 있는 이

여인은 시인이라는 고귀한 왕좌를 함께 누릴 자격이 있는 여인이다.

또한 서글픔과 고통은 보들레르 미의 특징적 요소이기도 하다. 보들레르의 『내면 일기』에 나오는 미의 정의는 이에 대한 좋은 해설이다.

나는 「미」의, —나의 「미」의 정의를 찾았다. 그것은 뭔가 뜨겁고 서글픈 것이다. 뭔가 모호하고 추측의 여지를 남겨놓는 것. [……] 그리고 마지막으로 불행. —나는 기쁨이 미와 어울리지 않는다고 주장하는 것이 아니다. 그것은 미의 가장 천박한 장식물에 불과하다는 것을 말하려는 것이다. —반면 「우수」는 말하자면 미의 눈부신 동반자이다. 그리하여 나는 「불행」이 없는 「미」의 유행을 상상할 수도 없다 (CE. C., p. 1255)

4 이 시에서는 「저 벌거숭이 시대의 추억을 나는 좋아한다」에서와 유사한 주제가 전개된다. 그것은 원시적인 낙원과 지옥 같은 현대 세계와의 대조이다. 말라바르 여인은 하느님이 점지해준 뜨겁고 푸른 나라에서 모든 쾌락을 누리며 살고 있다. 그녀의 일은 주인의 파이프에 불을 붙이고, 항아리에 신선한 물과 향수를 채우고, 모기를 쫓고, 과일을 사는 일이다. 그러고는 옛 노랫가락을 흥얼거리거나, 맨발로 온종일 쏘다니며 자유롭고 걱정 없는 삶을 살아간다. 비로드 같은 눈과 넉넉한 허리를 가진 아름다운 아가씨, 그녀는 낙원 같은 존재의 상징처럼 보인다. 그리고 이에 대조되는 것이 더러운 안개와 추위와 배고픔을 견뎌야 하는 대도시의 삶이다. 이 여인은 아담과 이브처럼 자신에게 주어진 낙원의 행복을 우습게 알았다가 스스로 지옥을 판 인간들의 상징처럼 보인다.

5 1857년 12월 30일에 쓴 시인의 편지에는 다음의 구절이 있다.

나는 끊임없이 자문합니다. 이것은 해서 뭘 하나? 저것은 무슨 소용? 하고, 이것이야말로 진정 우울의 정신이다.

이 시의 "신비한 경고자에게 이름을 붙여야 한다면 바로 이 '우울spleen'일 것"이라고 아당은 해설한다(A. Adam, 앞의 책, p.442). 이 시에 나오는 노란 뱀을 시간, 또는 의식이라고 해석하는 주석자들도 있고, 또 어떤 이들은 회한, 회의라고 주장한다. 확실한 것은 이 경고자가 시인의 마음에 도사리고 시인을 지배한다는 것이다. 시인이 매혹적이며 동시에 위험한 여성적 매력의 대표인 여 사티로스나 닉스의 매혹에 빠지려 하면 이 경고자는 "의무를 생각하라!"라고 경고한다. 반대로 사회와 도덕이 인정하는 활동에 열중하려 하면 오늘 저녁에도 살려 하느냐고 노력의 헛됨을 경고한다.

아당이 지적한 것처럼 시인의 의지를 무력하게 만드는 것이 바로 우울이다. 우울은 시인이 시도하려 하는 모든 추구의 의지를 좌절시킨다. 독사의 경고는 모든 것이 종국에는 죽음으로 끝나기 때문에 모든 시도는 헛되고 미래에 대한 기대는 허망한 것이라는 알림이다. 보들레르는 1857년에 고백한 바 있고, 1861년 이 시에서 묘사한 이 '진정한 우울의 정신'이 그의 내부에서 점점 자라나 마침내 견딜 수 없는 정도에까지 이르렀음을 느낀다. 1863년 12월 31일 그는 다시 편지에 쓴다.

나는 무서운 병의 공격을 받았어요. 이 병이 금년만큼 이토록 저를 황폐화한 적이 없었어요. 제가 말하려는 것은 망상, 침체, 의기소침, 우유부단함입니다.

6 그리스 신화의 여 사티로스Satyresse는 반신반수의 숲의 신 사티르Satyre의 암컷으로 여 호색한, 여 색마이다. 닉스Nixe는 게르만 신화에서 물의 요정이다.

7 사바티에 부인에게 바친 이 시는 「오늘 저녁 무엇을 말하려는가」「살아 있는 횃불」등 이 여인으로부터 영감을 받은 시들과 유사한 성격을 갖는다. 이 세 개의 소네트에서 시인의 몽상은 여인에게 여신에 버금가는 정신적인 가치를 부여하고 있다. 시인의 경애의 대상인 이 불멸의 우상은 죽음과 죄악과 부패로부터 시인을 보호해주는 살아 있는 횃불 같은 존재이다. 그녀는 시인의 넋에 영원함의 맛을 부어주는 정신적인 소금이며 향로이다.

8 비제Claude Vigée는 보들레르를 '굶주림의 예술가들Les Artistes de la Faim' 속에 포함시키는데, 이 시 한 편만으로도 그에 대한 설명이 충분하다고 갈랑은 그의 책(R. Galant, 같은 책, p.449)에 쓴다.

시인은 지상의 존재에게 허락된 '감미로움으로 가득한 과자'를 스스로 거절한다. "가능한 것을 넘어서, 알려진 것을 넘어서 꿈속으로 여행하기" 위해 지상의 양식에 대한 유혹을 위험한 함정처럼, 또는 악마의 유혹처럼 거절한다.

이 시의 '나'는 모래사장에서 바람처럼 노래하는 어디서 왔는지 모를 허깨비의 유혹에 기울어진다. 그 목소리는 귀를 어루만진다. 그러나 동시에 그를 두렵게 한다. 지상의 물질은 외양에 불과하고 진정한 현실은 다른 곳에 있기 때문이다. 그리하여 '맛좋은 과자'에 등을 돌리고 꿈속으로 안내하는 또 하나의 목소리를 선택한다. 그것은 "끝없는 삶의 배경 뒤에서,/심연의 가장 캄캄한 곳에" 보이는 신비한 세계에 대한 유혹의 목소리이다.

그때부터 시인에게는 가장 쓴 술잔에서 달콤한 맛을 찾고, 초상에 웃고 잔치에 우는 액운의 삶이 시작되었다. 눈을 하늘 쪽으로만 향하고 있어 툭하면 구렁에 빠진다. 사막과 바다를 애틋이 사랑하는 시인의 모습은 예언자는 닮았다. 이처럼 시인은 지상의 쾌락을 등지고 금욕주의 실천과 눈에 보이지 않는 다른 세계에 긍정적인 가치를 주고 있다. 이런 의미에서 보들레르를 '굶주림의 예술가'라고 부를 수 있을 것이다. 그가 굶주려 있는 것은 무한함과 절대적 가치이며, 그것에 대한 채워지지 않는 굶주림이다.

9 이교도에 대한 징벌을 그리고 있다. 신을 모독하는 이교도를 벌하기 위해 천사

는 하늘에서 쏜살같이 날아왔다. 성난 천사는 그의 다양한 모습과 함께 도덕적 종교적 가치를 대신한다. 그의 날개는 하늘을 향해 순식간에 비상할 수 있고, 그의 주먹은 거인의 주먹 같은 힘을 가지고 있다. 그가 주먹 가득히 이교도의 머리채를 움켜잡은 것은 그를 신에게로 데려가기 위해서이다. 진정한 쾌락은 신에게서만 얻을 수 있고, 얼어붙은 마음에 불을 붙일 수 있는 것은 육체적 쾌락의 불꽃이 아니라, 신의 영광의 불꽃에 의해서이다. 그러나 천사의 질책에 대해 이교도는 고집 센 거절로 대응한다. 천사에 복종하기보다는 차라리 영벌을 택한다. 거절의 이유는 어디에 있는가? 표면적으로는 가난한 자, 약한 자, 비뚤어진 자, 천치를 사랑해야 하는 의무에 대한 거부처럼 보인다. 그러나 진정한 이유는 "행동이 꿈의 누이가 아닌 세계"에 대한 거부이다. 이교도의 절망은 '굶주림의 예술가들'을 떠올리게 한다.

10 이 시에 대해 주석자들은 감동보다는 순수하게 기교적인 점만을 강조한다. 또 어떤 이들은 이 시가 『악의 꽃』의 전체와 어울리지 않는다고 지적한다. 그러나 은밀한 관능의 감미로움이 시를 지배하고 있음을 볼 수 있다. 달빛, 피어나는 꽃, 주위에서 살랑거리는 잎들, 아름다운 연인과 함께 누리는 '축복받은 밤'의 쾌락이 지배적이다. 흥건히 흘러내리는 눈물의 비는 슬픔이 아니고, 분수에서 흐느끼는 영원한 탄식 소리도 절망이 아닌 쾌락의 소리이다.

11 시인의 상상력은 여성의 원형적 이미지를 사랑하는 여인의 눈에서 발견한다. 어두운 마술의 동굴에서 반짝이는 보석들, 이 반짝임의 이미지에 의해 빛과 어둠, 별과 밤이라는 대조 이미지의 결합이 이루어지고, 마침내 그것은 정신과 육체, 믿음과 사랑이라는 대립의 조화로 확대된다.

12 원시 사회에서 농사는 신성의 힘을 시험하는 활동이다. 신성에 관련된 의식과 신성의 힘을 설명하는 신화가 원시의 모든 농경 사회에 있었다.

  인간은 끊임없이 이마에 짭짤한 땀을 흘리며 물을 주고 정성을 들인 것만 거둘 수 있다. 인간의 구원은 이 같은 노력의 대가에 의해서만 얻을 수 있다. 심판의 날 신은 성실한 경작자에게만 보상할 것이며, 노력의 산실은 천사의 칭찬을 받을 것이다. 그리하여 심판의 날 인간은 수확물로 가득 찬 곳간을 보여야 하며 이 노동의 결과는 마침내 인류 복지에 기여한다. 이렇게 전개되는 이 시는 1848년 혁명에 참여했던 시기 시인이 잠시 경도되었던 사회주의 색채가 주조를 이루는 듯하다. 이는 『악의 꽃』의 시인이 이 시집에 주려 했던 전반적인 성격과는 동떨어진 것이다. 시인이 1857년 초판 『악의 꽃』에 이 시를 넣지 않으려 했던 이유는 쉽게 설명된다. 그러나 처음 발표(1851년)와 달리 시의 마지막 시절을 삭제함으로써 시의 성격에 변화를 가져온다.

  심판의 날 신은 시인의 노력의 결과인 아름다운 작품에 대해 보상을 할 것이다. 그리하여 시인은 신에게 좋은 빛깔과 아름다운 모양의 꽃, 훌륭한 예술 작품을 보여야 한다. 그리고 이 작품은 미의 사랑에서 영감을 받은 것이어야 한다.
13 이 시에 관한 주석에서 아당이 쓰고 있는 것처럼 '매음'은 보들레르의 작품에서 흔히 고대 종교와 연결되어 있다(A. Adam, 앞의 책, p.446). 도로테의 움막을 신성한 어떤 것으로 표현한 것은 이 때문이다. 곱게 단장한 이 아가씨는 섬세한 피부에 정성 들여 머리끝에서 발끝까지 향기로운 기름을 발랐고, 완벽하게 준비한 몸단장은 종교의 의식을 거행하기 위해서인 듯하다. 도로테의 방은 쾌락과 은밀함과 휴식의 장소이다.
14 명상은 은밀한 깊은 곳에서 영혼과의 만남이며, '자아moi'를 되찾으려는 움직임이다. 이 소네트의 흐름 속에서 번뇌하는 시인의 고통이 진정되고 평정과 조화를 되찾는 것을 볼 수 있다. 내적인 분열과 갈등은 첫번째 사행 절의 의인화된 '고통la Douleur'과 함께 나타난다. 시인은 자신의 곁을 떠나지 않는 고통을 의인화하여 사랑하는 여인으로 삼고, 고통(그녀)에게 마치 달래주어야 하는 참을성 없는 어린애를 타이르듯 말한다. 그녀 고통이 요구하는 것은 저녁이다. 그리고 시인은 그녀에게 그 저녁을 준다.

해질 무렵의 어슴푸레한 시간이 시인의 영혼에 휴식과 안정과 명상의 계기를 주는 것은 보들레르의 여러 시에서 발견된다(이에 대해서는 「파리 풍경」 중의 「어스름 저녁」 참조). 그러나 이곳에서 인간들에게 다가오는 저녁의 성격은 이중적이고 모호하다. 어떤 이들에게는 커다란 휴식을 예고하지만, 어떤 이들에게는 '근심'을 일깨운다. 이 근심으로부터 벗어나기 위해 '천박한 무리들'은 쾌락의 소용돌이 속으로 뛰어든다. 그러나 이 치유책은 고통보다 나을 게 없다. 중생은 무자비한 사형집행인인 쾌락의 채찍에 항거할 힘이 없다. 이 비굴한 축제에서 인간은 평화를 찾는 것이 아니라 회한을 주울 뿐이다. 육체적인 쾌락이 근심을 치료하지 못하기 때문이다. 그가 안정을 얻는 것은 되살아나는 추억의 감미로움 속에서이다.

시의 마지막 두 삼행 절에서 '사라진 시간,' 마지막 석양빛으로 밝혀진 발코니, 유행이 지난 드레스를 입은 여인 등은 되살아나는 추억의 이미지들이다.
15 끝없는 추락의 경험이 시인의 뇌리에 지울 수 없는 흔적을 남겨놓았다. 다른 사람들이 구렁을 두려워하듯 그는 수면조차 두렵다. 수면은 그에게 악몽의 시간이다. 보들레르가 심연의 공포를 말한 시인이었던 것처럼 바슐라르 역시 추락의 경험에 대한 정교한 분석을 남겼다. 바슐라르에 의하면 인간에게 추락은 원초적인 공포이다. 신생아에게 추락은 최초의 공포의 경험이다. 이 경험이 의식에 남겨놓은 기억은 인간 존재가 시작되는 최초의 날부터 무의식 속에 각인된다. 따라서 추락의 문학적 이미지에 대한 깊은 관심은 필연적이다. 바슐라르는 보들레르를 인용하여 다음과 같이 이 경험을 설명한다.

이때부터 심연이라는 단어는 문법에도 불구하고 물체에 관한 명사가 아니다. 그것은 여러 가지 경험에 붙여질 수 있는 정신에 관한 형용사이다. 보를레르가 이 경험에 부여한 극도의 확대에 대해 놀랄 필요는 없다. (여기서 바슐라르는 보들레르의 다음 글을 인용한다.) "몸과 정신에서 나는 언제나 심연의 느낌을 가졌다. 수면의 심연뿐 아니라 행동과 꿈, 추억, 욕망, 후회, 회한, 미, 숫자 등에 심연을."

심연은 눈사태를 불러일으킨다. 회한은 회한의 눈사태를 부른다. 우리가 수에 대해 깊이 생각하면 곧 산술적 신비가 평범한 부기에서 열린다. 큰 것도 작은 것도 그것들의 심연을 가지고 있다. 모든 요소들은 그들의 심연을 가지고 있다. 불은 엠페도클레스Empédocle를 유혹한 심연이다. 몽상가에게는 더할 나위 없이 작은 물의 소용돌이도 엄청난 소용돌이이다. 모든 관념들은 그것들의 심연을 가지고 있다(Bachelard, *La Terre et les Rêveries de la volonté*, José Corti, 1948, pp. 351~52).

16 아당은 보들레르가 그리스 신화에 나오는 추락한 세 인물들의 불행을 그리고 있는 골시우스의 판화에서 이 시의 영감을 받은 듯 하며, 이카로스는 시인 자신을 포함하여 이 세 인물의 불행을 한 몸에 집약하고 있다고 해설한다(A. Adam, 앞의 책, p.499 참조).

보들레르가 시의 주제를 신화에서 빌려왔다 해도 시의 인물은 신화의 인물이라기보다 인간 유형을 대신한다. 어떤 인간은 창녀 대신 구름을 껴안으려다 벌을 받아 팔이 부러졌고, 저 하늘에 반짝이는 별을 욕심내다 눈이 타버렸고, 날개는 이카로스의 날개처럼 부서졌다. 이처럼 이상에의 열망은 기상천외의 형태로 나타난다. 이들은 인간 조건을 벗어나려다 추락한 인간의 시도를 대신한다.

인간은 이 열망으로 추락할 위험을 무릅쓰기 때문에 자신 속에 있는 고귀한 욕구. '미의 사랑'을 포기해야 하는가? 천박하고 보잘것없는 현실을 감수하고 안주해야 하는가? 신화의 세 인물, 익시온, 파에톤, 이카로스는 금기를 깨뜨렸기 때문에 신의 벌을 받았다. 그들처럼 시인은 가까이 하기 어려운 이상을 탐한다. 그는 '공간의 끝과 한복판'을 찾고 싶었고, 창녀 대신 구름을 껴안고 싶었다. 시인이 그린 이카로스는 절대의 세계를 알고 싶었다. 이카로스처럼 시인의 욕망도 벌을 받아야 하는가? '미의 사랑'은 죄악인가? 보들레르는 『인공 낙원』의 「해시시의 시」에서 이에 대한 답을 주었다. 죄악은 무한에 접근하려는 열망에 있는 것이 아니다. 천국을 단번에 탈취하려는 자의 건방짐이 죄악이다. 초자연의 존재에 접근하고 싶은 열망을 가진 자는 '지속적인 노력과 관조에 의해' 자신을 갱생시키며 긴 단식과 끈질긴 기도와 속죄의 노력으로 자격을 얻어야 한다. 단번에 천국을 탈취하려는 불행한 자는 열망의 천국 대신 지옥을 얻을 뿐이다.

17 시는 피안을 그리워하는 인간의 고통을 그리고 있다. 인간은 인간의 조건으로

주어진 지상으로부터 벗어나려 한다. 그러나 시인의 시도는 좌절로 끝나고 피안의 신비는 그대로 남아 있다. 그리하여 질식, 숨막힘, 짓눌림 등의 이미지와 함께 절망이 시를 지배한다.「우울」(LXXVIII)의 솥뚜껑에 비유된 하늘과 이곳의 하늘은 동일한 인상을 남긴다. 하늘은 "숨막히게 하는 토굴의 벽./어릿광대가 저마다 피투성이의 땅을 밟는/익살스런 가극으로 밝혀진 천장"이다.

18 크로이소스는 라디아의 왕이며 큰 부자로 유명하다, 이곳에서는 크로이소스처럼 부자를 뜻한다.

2판을 위한 에필로그의 초고[1]

현자처럼 차분하게, 저주받은 자처럼 순순히
 ······나는 말했다:
나는 너를 사랑한다, 오 나의 그지없이 아름답고, 매혹적인 그대······[2]
얼마나 여러 번······
욕구도 없는 네 방탕과 마음도 없는 네 사랑,
어디서나, 악 그 자체 속에서도 나타나는
무한에 대한 네 취미,[3]

네 폭탄, 단도, 승리, 축제,
네 우울한 변두리 지역,
네 싸구려 여관,
한숨과 은밀한 연애로 가득한 네 공원,
음악과 함께 기도를 토해내는 네 신전,
어린애 같은 네 절망, 미친 노파의 놀음, 네 실망들,

기쁨의 분출인 네 불꽃놀이,
그것은 어둡고 말없는 「하늘」을 웃긴다,

비단 속에 펼쳐진 떠받들 만한 네 악덕,

그리고 불행한 시선을 가진 우스운 네 미덕,
그것은 유순하게, 악덕이 펼쳐놓은 사치에 넋을 잃는다……

보존된 네 신조와 야유당한 네 법률,
안개가 매달려 있는 우뚝 솟은 네 기념비들,
햇볕에 타오르는 네 금속의 둥근 지붕,
매혹적인 목소리를 가진 극장의 네 여왕들,
네 경종, 네 축포, 그것은 귀가 멍멍한 오케스트라,
요새로 쌓아놓은 네 포석.

괴상한 허풍을 일삼는 네 삼류 연사들,
그들은 박애를 설교한다, 그리고 피로 가득 찬 네 수채,
그것은 오리노코강처럼 「지옥」으로 흘러든다.
네 천사들, 낡은 넝마를 걸친 네 풋내기 어릿광대들.
금빛, 자주빛, 히아신스 빛을 몸에 두른 천사들.
오 너희들은 내가, 완전무결한 화학자처럼, 또 거룩한 넋처럼,
내 의무를 다했음을 증언해다오.

왜냐면 나는 무엇에서이든 그 정수를 끌어냈으니,

너는 내게 진흙을 주었으되, 난 그것으로 금을 만들어냈으니.[4]

『악의 꽃』에 관한 여러 자료들

신판을 위판 서문 초고

프랑스는 천박함의 단계를 통과하고 있다. 파리는 세계의 어리석음의 중심지이자, 어리석음의 파급지이다. 몰리에르나 베랑제 같은 인물들이 있었음에도 불구하고, 프랑스가 이처럼 급속히 진보의 길을 걸으리라고는 아무도 생각하지 못했을 것이다. ―예술의 여러가지 문제들, 미지의 땅.

위대하다는 인간이란 바보다.

내 책은 유익한 것이었을 수도 있다. 그렇다고 나는 슬퍼하지 않는다. 그것은 해로운 것이었을 수도 있다. 그렇다고 기뻐하지도 않는다.

시의 목적, 이 책은 내 아내들, 딸들, 또는 누이들을 위해 씌어진 것이 아니다.

사람들은 내가 얘기한 모든 죄악들을 모두 내가 한 짓으로 돌려버렸다.

증오와 경멸의 오락. 애가 시인들은 하찮은 족속들이다. 그리고 말은 육체가 되었다.[5]

그런데 시인은 어떤 도당에도 속하지 않는다. 그렇지 않다면 그는 한갓 평범한 인간에 지나지 않을 것이다.

「악마」. 원죄. 선한 인간. 만일 여러분이 원하기만 한다면, 여러분은 「폭군」의 총아가 될 수도 있을 것이다. 하느님을 사랑한다는 것은 하느님을 믿는 일보다 더 어렵다. 반대로 이 시대의 사람들에게는 악마를 믿는 것이 악마를 사랑하는 것보다 훨씬 더 어렵다. 누구나 악마의 존재를 느끼고는 있지만, 아무도 그것을 믿지 않는다. 「악마」의 탁월한 교활함.

내가 선택한 하나의 넋. 배경. ─이처럼 새로움. ─제사題詞. ─도르비이.

─르네상스. ─제라르 드 네르발. ─우리들은 모두 목을 매달았거나 목매달아 마땅하다.

나는 기자 여러분의 환심을 얻기 위해 몇 마디 외설적인 말들을 적어놓았다. 그들은 고마움을 몰랐다.

『꽃』의 서문

이 책에 쓰인 것은 내 아내들, 딸들, 또는 누이들을 위한 것이 아니다. 내 이웃의 아내들, 딸들, 혹은 누이들을 위한 것도 역시 아니다. 그런 기능일랑 아름다운 언어와 선행을 혼동하기 좋아하는 작자들에게나 맡겨두겠다.

아름다운 문체를 열렬히 사랑하는 사나이가 대중의 증오의 대상이 된다는 것을 나는 알고 있다. 그러나 세상 사람들에 대한 어떤 존경도, 어떤 거짓 수줍음도, 어떤 협정도, 어떤 보통 선거도

나로 하여금 금세기의 비길 데 없는 속어를 말하게 하지는 못할 것이며, 잉크와 덕을 혼동하게 하지는 못할 것이다.

오래 전부터 저명한 시인들이 시의 영역의 가장 화려한 지방을 나누어 가져버렸다. 내게는 「악」에서 *미*를 끌어내는 것이 즐겁고, 그 노력이 어려운 만큼 더욱 유쾌한 일로 생각되었다. 근본적으로 무익하고 절대적으로 해가 없는 이 책은, 나 자신이 즐기고, 장애에 대한 나의 열정적인 취미를 단련시키는 일 이외에 다른 어떤 목적을 위해 만들어진 것이 아니다.

어떤 사람들은 이 시들이 해를 끼쳤을 수도 있다고 내게 말했다. 그렇다고 나는 기뻐하지 않았다. 또 어떤 사람들은, 착한 마음씨를 가진 사람들은, 그것이 유익했을지도 모른다고 말했다, 그러나 그 때문에 나는 슬퍼하지도 않았다.

일부 사람들의 염려와 또 다른 일부 사람들의 기대는 다 같이 나를 놀라게 했으며, 금세기가 문학에 관한 고전적인 개념을 잊고 있다는 사실을 다시 한번 확인하는 데 기여했을 뿐이다.

일부 저명한 현학자들이 인간의 타고난 어리석음에 도움을 주었음에도 불구하고, 나는 우리의 조국이 이토록 급속하게 *진보*의 길을 걸어갈 수 있으리라고는 결코 생각할 수 없었다. 이 세상은 정신적인 인간의 경멸에 격렬한 정열을 제공해주는 지독한 비속함을 얻었다. 그러나 독毒조차 타격을 입힐 수 없는 행운의 껍질을 가진 사람들이 있다.

나는 애초에 수많은 비평에 답변하고, 동시에 현대의 빛에 의해 완전히 흐려진 매우 단순한 몇 개의 문제를 설명할 작정이었다. 즉 시란 무엇인가? 시의 목적은 무엇인가? 「선」과 「미」의 구별에 관해서. 「악」속에 있는 「미」에 관해서. 운율과 각운은 단조로움과 균형과 놀라움을 원하는 인간의 절대적인 욕구에 부응한다는 것에 관해서. 문체가 주제에 적응하는 것에 관해서. 영감의 공허함과 위험에 관해서 등등. 그러나 나는 오늘 아침 경솔하게도 몇몇 신문을 읽었다. 그러자 갑자기 20기압의 압력이나 되는 무게의 무관심이 나를 덮쳤다. 그래서 나는 무엇이 되었건 누구에게든 설명한다는 것이 지독하게 무익하다는 생각 앞에 멈추어버렸다. 아는 사람은 내 마음을 헤아려줄 것이다. 그리고 이해할 수 없는 사람이나, 이해하려 들지 않는 사람에게는 설명이라는 게 쓸모가 없을 것이다.

C. B.

어떻게 예술가가 단호한 노력의 연속에 의해 그에 비례하는 독창성에 이를 수 있는가.

어떤 고전 이론도 제시하지 못할 만큼 깊숙이 인간의 영혼 속에 뿌리박은 운율법에 의해 어떻게 시가 음악과 만날 수 있는가.

프랑스 시도 라틴어나 영어처럼 알려지지 않은 신비한 운율법을 가지고 있다는 것.

낱말 하나하나가 얼마큼이나 운을 포함하고 있는지를 정확하게 알지 못하는 모든 시인은 왜 어떤 관념도 표현할 수 없는가.

시구는 수평선, 올라가는 직선, 내려가는 직선을 모방할 수 있다는 것(그리고 그렇게 해서 시는 음악이라는 예술과 수학을 만난다). 시구는 헐떡거림 없이 수직으로 하늘로 올라가기도 하고, 모든 중력의 민첩함에 의해 지옥에 급하게 내려갈 수 있다는 것. 시구는 나선을 따라가기도 하고, 겹겹이 포개지는 일련의 각을 이루는 지그재그나 포물선을 그릴 수도 있다는 것.

시는 감미로움 또는 슬픔, 무상의 기쁨 또는 공포 등, 모든 감정을 나타낼 수 있음으로 해서, 또는 비슷하거나 반대되는 어떤 형용사와 어떤 명사를 결합시킴으로 해서 회화 예술과 요리 예술, 미용술에 결부된다는 것.

내 원리의 뒷받침을 받아, 또 내가 20회의 강의로서 가르쳐준 지식을 배열하여, 어떻게 모든 사람이 다른 비극보다 더 야유를 받지 않을 비극을 지어낼 수 있게 되고, 또 지금까지 알려진 모든 서사시와 같이 지루한 길이로 된 시를 지어낼 수 있게 되는가.

이러한 거룩한 무감각에 도달한다는 것이 얼마나 어려운 일인가! 왜냐면 나 자신도 가장 칭찬받을 만한 노력에도 불구하고 내 동시대인의 마음에 들고 싶다는 욕구를 물리칠 수가 없었으니까. 그것은 민주주의에 바쳐진 야비한 아첨을 마치 연지 바르듯이, 첨부한 것이며, 내 주제의 우울함을 용서받을 의향으로 몇몇 추잡한 말까지도 첨부한 것이 여러 곳에서 증명하고 있는 것과 같다. 그러나 기자들 제위께서는 이런 종류의 애교를 알아주지 않았다. 그래서 나는 이 신판에서는 내가 할 수 있는 한 그런 흔적을 지워버렸다.

내 방법의 뛰어남을 다시 한번 검토해보기 위해 나는 머지않아, 비록 아직까지 경험한 적 없지만, 신앙의 즐거움과 무훈의 도취를 찬미하는 데 그 방법을 적용해볼 생각이다.

표절에 관한 메모, —토머스 그레이. 에드거 포(두 구절). 롱펠로(두 구절). 스타티우스. 베르길리우스(「앙드로마크」에 관한 전부). 아이스킬로스, 빅토르 위고.

『악의 꽃』을 위한 서문 초고

(아마도 전에 쓴 메모들과 합쳐져야 할 것이다.)

이해받지 않는 데에, 또는 극히 조금밖에 이해받지 않는 데에 어떤 영광이 있다면, 나는 이 조그만 책에 의해 대번에 그 영광을 획득했고, 그럴 자격이 있다고, 조금의 허풍도 없이, 말할 수 있다. 계속해서 몇번이고 여러 출판사에 가져갔지만, 그들은 두려움으로 거절했고, 1857년에는 매우 괴상한 오해의 결과로 기소되어 삭제당하고, 이어 침묵의 몇 년 동안에 서서히 부활되고, 증보되고, 강화되었으나, 나의 무관심으로 인해 다시 사라졌던 만년의 시신(詩神)의 일관성이 없는 이 산물은 격렬한 필치가 가해짐으로써 새롭게 되살아나, 오늘날 세번째로 우매함의 햇볕과 과감히 대치하게 되었다.

그것은 내 탓이 아니라, 대중의 우매함과 과감히 맞설 수 있다고 자부하는 한 완강한 출판업자의 탓이다. "이 책은 자네의 일생에 하나의 얼룩으로 남게 될 것일세"라고 위대한 시인인 내 친구가 처음부터 내게 예언하고 있었다. 아닌 게 아니라 내가 당한 모든 낭패가 현재로서는 그의 말이 옳았다는 것을 증명해주고 있다. 그러나 그는 증오에서 즐거움을 끌어내고, 멸시 속에서 영광을 느끼는 그런 행복한 성격의 소유자 중의 하나이다. 바보짓을 극도로 즐기는 내 취미가 나로 하여금 모략에 의한 왜곡 속에서 독특한 쾌락을 찾아내게 했다. 백지처럼 깨끗하고, 물처럼 담백하고, 영성체의 연인처럼 경건하고, 희생처럼 해가 없는 나는 난봉꾼, 주정뱅이, 부도덕한 자, 살인자로 간주되어도 불쾌하지 않을 것이다.

  내 출판업자는 내가 왜, 그리고 어떻게 해서 이 책을 쓰게 되었는가를 설명하는 것은 그를 위해서뿐만 아니라 나를 위해서도 이로울 것이라고 주장한다. 그 같은 비평 작업은 심오한 수사학을 좋아하는 정신의 소유자들을 즐겁게 해줄 약간의 가능성을 가지고 있을 것이다. 그런 이들을 위해서 어쩌면 후일에 나는 그것을 써서 열 부 가량 인쇄할지도 모르겠다. 그러나 좀더 생각해보면 그런 일은 분명 누구를 위해서도 전혀 쓸모없는 일로 생각되지 않는가? 왜냐면 어떤 사람들은 이미 알고 있거나 짐작하고 있으며, 또 어떤 사람들은 결코 이해하지 못할 것이기 때문이다. 대중에게 예술 작품의 이해를 불어넣기에는 내가 웃음거리가 되는 것을 너무나 두려워하고 있으며, 이 문제에 관해서는, 하나의 법령에 의해 모든 프랑스인을 대번에 부유하고 고결하게 만들려고 하는 유토피아를 꿈꾸는 몽상가와 어깨를 나란히 하게 될까 봐 두렵기 때문이다. 그리고 또 나의 가장 큰, 최고의 이유는 그러한 짓이 지겹고 불쾌하다는 것이다. 군중을 의상 담당자나 무대 장치 담당자의 아틀리에로, 여배우의 분장실로 데려갈 것인가? 오늘은 열광하다가 내일이면 냉담해지는 관객에게 트릭의 구조를 가르쳐줄 것인가? 그들에게 연극 연습에서 수정한 부분이며 즉석에서 만들어낸 대사의 변경을 설명하고, 작품의 혼합에 어느 정도까지 본능과 성실성이 책략과 필요 불가결한 협잡에 섞여 있는지를 설명할 것인가? 그들에게 모든 넝마 조각, 화장, 도르래, 쇠사슬, 수정의 흔적과 괴발개발 지운 교정물을, 요컨대 예술의 신전을 이루고 있는 모든 끔찍스러운 것들을 보여줄 것인가?

  더구나 오늘날 나는 그럴 기분이 아니다. 나에게 증명해 보이고 싶은 생각도, 놀래주고, 즐겁게 해주고, 설득하고 싶은 생각도 없다. 나는 신경이 들뜨고 머리가 혼미해질 뿐이다. 나는 완벽한 휴식과 계속되는 밤을 갈망하고 있다. 포도주와 아편의 광적인 쾌락의 시인인 나는 지상에 아직 알려지지 않은 술에만, 천상의 조제법조차도 내게 만들어줄 수 없는 술에만, 활력도, 죽음도, 흥분도, 허무도 포함하고 있지 않은 술에만 갈증을 느끼고 있을 뿐이다. 아무것도 모르고, 아무것도 가르치지 않고, 아무것도 원치 않고, 아무것도 느끼지 않고, 잠자는 것, 오직 잠만 자는 것, 이것만이 오늘날 나의 유일한 바람이다. 치사하고 메스꺼운 바람이지만, 진지한 바람이다.

그러나, 훨씬 고상한 취미가 우리에게 다소 우리 자신과 모순되는 것을 두려워하지 않도록 가르쳐주고 있으므로, 나는 이 가증스런 책 끝에 내가 가장 존경하는 몇 분이 보여준 공감의 증언을 모아놓았다. 그것은 공평한 독자로 하여금 내가 파문을 당해 마땅한 사람이 절대로 아니라는 것, 그리고 몇 분에게는 사랑을 받기 때문에, 이미 이름조차 잊어버린 어떤 인쇄된 걸레 조각이 뭐라고 했건 간에, 나의 마음은 『내 얼굴의 끔찍한 추악함』을 아마도 가지고 있지 않으리라는 것을, 그로부터 짐작할 수 있게 하기 위해서이다.

마지막으로, 보기 드문 아량에 의해, 이에 대해 비평가 여러분은……

무지는 갈수록 커가기 때문에……

나는 스스로 모방한 모든 것들을 밝히는 바이다……

변호사를 위한 메모와 자료

이 책은 *전체*를 통해 판단해야 한다. 그렇게 하면 거기서 끔찍한 도덕성이 나타난다.

따라서 백 편 가운데서 열세 편만 처벌한다는 이 기이한 아량에 나는 기뻐할 수가 없다, 그 같은 아량이 내겐 불길하다. 나는 내 책의 이 *완벽한 전체*를 생각하며 예심판사에게 이렇게 말했다.

"나의 유일한 잘못은 만인의 이해력을 기대했다는 것, 그리하여 그곳에 나의 문학적인 원칙을 제시하고, 도덕에 관한 매우 중요한 문제를 끌어내야 했을 서문을 쓰지 않았다는 것입니다."

(예술 작품에 있어서의 「도덕」에 관해서는 『주간지』에 실린 오노레 드 발자크 씨가 이폴리트 카스티유 씨에게 부친 훌륭한 편지를 참조할 것.)

* * *

이 책은 서적 판매 가격의 전반적인 하락에 비추어보면 비싼 가격이다. 이것이 벌써 중요한 품질 보증이다. 그러니까 나는 일반 대중을 겨냥하고 있는 것이 아니다.

* * *

    유죄 선고를 받은 시편 중 두 편은 시효를 얻고 있다.「레스보스」와「성 베드로의 부인」은 오래전에 발표되었지만, 지금까지 기소되지 않았기 때문이다.
    그러나, 비록 강요에 의해 내가 약간의 잘못을 인정할 수밖에 없게 될 경우라 해도, 일종의 일반적인 시효가 있다는 것을 나는 주장하는 바이다. 기소되지도 않고, 내 책처럼「악의 혐오」를 불어넣지도 않는 현대의 서적들로 나는 도서관을 만들 수도 있을 것이다. 거의 30년 이래 문학은 자유에서 태어났다. 그런데 갑자기 그 자유를 내게 있어서는 처벌하려 드는 것이다. 이것이 정당한 일인가?

* * *

    여러 가지 도덕이 있다. 모든 사람이 따라야 하는 의심의 여지가 없고 현실적인 도덕이 있다.
    그런가 하면「예술」의 도덕도 있다. 이것은 전혀 별개의 것이다. 세상이 시작된 이래로「예술」은 그것을 훌륭히 증명해왔다.

* * *

    마찬가지로 여러 가지의「자유」가 있다.「천재」를 위한 자유가 있는가 하면 부랑아를 위한 매우 제한적인「자유」가 있다.

* * *

    샤를 보들레르 씨에게는 베랑제에 허용된 파격(전집이 허가되었다)을 내세워 주장할 권리가 없는가? 보들레르 씨에게서 비난하고 있는 주제는 이미 베랑제가 다루었다. 여러분은 어느 쪽을 선택하겠는가. 침울한 시인인가, 아니면 쾌할하고 뻔뻔한 시인인가, 악 속에서의 혐오인가, 아니면 희롱인가, 회한인가, 아니면 파렴치인가?
    (이러한 논거를 지나치게 활용함은 아마도 건전하지 못할 것이다.)

* * *

    한 권의「책」은 책의 전체로서 판단되어야 한다는 것을 되풀이해서 말하는 바이다.
    나는 신성의 모독에는「하늘」을 향한 비상으로, 저속함에는 정신적인 꽃으로 대응할 것이다.
    시가 생겨난「시초」부터 모든 시집은 이렇게 만들어져왔다. 그러나「악 속에서의 정신적인 동요」를 그리도록 예정된 한 권의 책을 이와 달리 만든다는 것이 불가능하다.

* * *

    내무부장관은『모니퇴르』지에 실린 내 책에 관한 화려한 찬사의 글을 읽고 격노하여, 그런 불상사가 다시는 일어나지 않도록 대비책을 강구했다.

도르비이 씨(권위 있고, 의심의 여지없이 절대적인 가톨릭 작가이다)는 그가 소속되어 있는 『조국』지에, 『악의 꽃』에 관한 글을 보냈는데, 장관은 그에게, 최근의 통첩에 의하면, 『조국』지에 샤를 보들레르에 관해 이야기하는 것이 금지되어 있다고 말했다는 것이다.

그런데, 며칠 전 나는 예심판사에게 책을 차압한다는 소문이 내 책 속에서 어떤 찬양할 만한 것을 발견하는 사람들의 선의를 냉각시키지나 않을지 염려를 표명했다. 그러자 판사(샤를 카뮈자 뷔스롤)는 이렇게 대답했다.

"모든 사람은 예외 없이 모든 신문지상에 당신을 변호할 권리를 완전히 가지고 있습니다."

『르뷔 프랑세즈』지의 간부 제씨들은 가장 슬기롭고, 가장 온건한 샤를 아슬리노 씨의 글을 감히 발표하지 못했다. 이들 제씨들이 내무부(!)에 문의했을 때, 이 논문을 실으면 그들에게 위험이 있을 것이라는 대답을 받은 것이다.

이처럼 권력의 남용과 변호에 가해진 구속이 있다!

* * *

나폴레옹의 새로운 통치는 전쟁의 앙양에 이어 문학과 예술의 앙양을 추구해야 할 것이다.

이 위선적이고, 정숙한 척, 악랄하게 약올리는 도덕이란 무엇인가. 몽상가들의 이토록 고요한 영역에서조차도 음모자들을 만들어내는 일 밖에는 아무것도 지향하지 않는 이 도덕이란 무엇인가?

이 같은 도덕은 마침내, "차후로는 위안이 되는 책만을 쓰고. 인간이란 태어나면서부터 착하고 인간은 누구나 행복하다는 것을 증명하는데 도움이 될 책만을 써야 한다" 라고 말하는 지경에까지 이르게 되리라.

―가증스런 위선이다!
(내 심문 조서의 요약과 고소당한 시편의 리스트를 참고할 것.)

옮긴이 주

1 보들레르는 1861년에 발표하게 될 『악의 꽃』 제2판을 위해 운문 형식의 이 에필로그 초고를 1860년 5월에 작성하여, 『악의 꽃』의 출판업자이자 친구인 말라시에게 편지로 이에 관해 알린다. 그는 편지에서 "파리를 향해 말하고 있는 이 시가 친구(자네)를 매우 놀라게 할 것"이라고 쓴다.

이 시는 『악의 꽃』의 전체 의미에 관해 많은 것을 시사하고, 동시에 대도시에 관한 시인의 새로운 관심을 드러낸다. 『악의 꽃』 제2판에 「파리 풍경」 편이 새로이 삽입된 것을 보아도 그 점을 알 수 있다. 이는 또한 나중에 발표하게 될 『파리의 우울』의 예고라고도 말할 수 있다. 그는 『파리의 우울』 에필로그 역시 파리에 바친다. 보들레르는 시집이라고는 유일하게 『악의 꽃』과 산문 형식의 『파리의 우울』을 남긴 시인인데, 이 두 시집을 모두 파리에 바쳤다는 것은 시사하는 바가 적지 않다.

『파리의 우울』 에필로그에서는 수도 파리를 '거대한 창녀'라고 부르고, 시인 자신은 이 창녀에 빠져 있는 난봉꾼에 비유한다.

> 늙은 정부에 취한 난봉꾼처럼
> [……]
> 거대한 창녀에 취하고 싶소.
> 오 그대를 사랑하오, 치욕의 수도여!

그 밖에도 우세에게 보낸 편지 형식의 헌사에서도 다시 한번 자신의 관심을 재확인시켜 준다.

> 이 같은 집요한 이상은 특히 대도시를 자주 드나들며 무수한 관계에 부딪히면서 생겨난 것입니다.

대도시에 관한 이 같은 집착은 그의 시와 미학의 성경을 잘 설명해준다. 일찍이 그가 처음 작품 활동을 시작하던 시기에 씌어진 미술 비평 『1846년 미술전』에서부터 그 흔적을 찾아볼 수 있다. 그는 이 미술전의 18장인 「현대 생활의 영웅주의에 대해」에서 발자크에 대한 자신의 찬미는 부분적으로 이 소설가가 '대도시에 관한 서사시적 거장'으로 보이기 때문이라고 쓰며, 대도시에 살아 있는 어떤 미와 영웅주의를 보이기 위해 '대도시를 떠도는 수많은 부랑하는 존재들'을 상기시킨다. 그보다 앞서 1845년에 발표한 미술평에서도 '현대 생활의 화가'가 되려 했던 자신의 의도를 이렇게 쓴다.

  현대 생활의 영웅주의가 우리를 감싸고 우리를 껴안는다. 우리들의 진실된 감정들이 우리가 그것을 충분히 알아차릴 수 있도록 우리를 압박해온다. 주제도 색채도 서사시가 되기에 부족하지 않다. 현실의 삶에서 삶의 서사적인 면을 끌어내어 우리들에게 우리의 넥타이와 우리의 니스 칠한 구두에서도 색채와 데생과 함께 우리가 얼마나 위대하고 시적인가를 이해하게 하는 자가 진정한 화가이다.

2 『악의 꽃』의 시인이 그토록 사랑하는 "그지없이 아름답고, 매혹적인 그대"는 수도 파리이다.
3 『악의 꽃』 전체의 의미를 설명해주는 시절이다. 악에서조차 드러나는 '무한에 대한 취미'는 '지옥 같은 매력'이 시인을 끊임없이 젊게 해주는 파리라는 현대의 대도시에서 가장 잘 과시된다. 『파리의 우울』에서는 파리에 대해 이렇게 쓰고 있다.

  이곳에서는 모든 기상천외의 일들이 꽃처럼 피어난다.

4 마지막으로 이 두 행은 『악의 꽃』의 시인이 생각하는 시인으로서의 자신의 임무를 요약하고 있다. 모든 것에서 정수를 끌어내고, 진흙으로 표현된 악 속에서 꽃(금)을 끌어내는 것이 그가 스스로 설정한 자신의 임무이다.
5 라틴어로 쓰여 있다.

옮긴이 해설

『악의 꽃』의 역사

보들레르는 많은 시집을 남긴 시인이 아니다. 소산문시집 『파리의 우울』을 제외하고는 단 한 권의 시집, 『악의 꽃』을 남겼을 뿐이다. 『파리의 우울』은 운문이 아닌, 소위 '소산문' 형식의 시집이다. 그는 단 한 권의 시집 속에 그의 삶의 정수를 쏟아놓았고, 이 책으로 후에 '현대시의 시조'로 불리게 된다.

『악의 꽃』은 어느 특정한 시기에 쓰인 것도, 짧은 시간의 산물도 아니다. "『악의 꽃』의 역사는 보들레르의 삶의 역사와 겹쳐진다"고 로베르 코프Robert Kopp는 쓰고 있다. 처음 그가 시를 쓰기 시작한 것은 스무 살에 떠났던 인도양 여행 동안이었고, 마지막으로 '새 악의 꽃'이라는 이름 아래 16편의 작품을 발표한 것은 그의 생애의 마지막 시기인 벨기에 체류 당시이다. 그때 그는 죽음을 거의 눈앞에 두고 있었고, 머지않아 실어증에 반신불수가 되어 세상을 떠나고 만다. 『악의 꽃』은 이처럼 오랜 시간에 걸쳐 끈질긴 인내와 정성으로 갈고닦였다는 점에서나, 한 개인의 역사를 동반했다는 점에서도 매우 깊은 의미를 가진다. 문학 활동을 지속했던 근 25년 내내 그는 이 한 권의 시집에 집착하며, 그 완성을 위해 심혈을 기울였다.

보들레르가 처음으로 시집을 출판할 계획을 공공연하게 내보인 것은 1845년 10월이다. 보들레르는 시인으로 알려지기 전에 먼저 미술 평론가로서 명성을 얻었고, 시에 관해서는 문학 친구들 앞에서 자작시들을 낭송하며 문학적인 분위기를 즐기는 작가 정도로 알려져 있었다. 그러나 시집 계획을 발표하기 전에 이미 「식민지 태생의 한 백인 부인에게」를 필두로 하여 적지 않은 시들을 신문 잡지에 가명으로 발표했었다. 이 시기의 시들은 「미」「거녀」 등 고답파에 속하는 시이거나, 잔 뒤발로부터 영감을 받아 쓴 시들이다. 그 밖에 후에 「파리 풍경」에 자리를 잡게 될, 시인의 어린 시절의 추억을 상기시키는 2편의 시가 있다. 하나는 "나는 잊지 않았네, 도시 근교의/작지만 조용한 우리의 하얀 집"으로, 다른 하나는 "당신이 시샘하던 마음씨 고운 하녀"로 시작되며, 이 시들은 모두 시제가 붙어 있지 않다. 이들 시들은 동떨어진 영감과 성격을 보이고, 주제에 있어서도 서로 연결될 만한 점이 없다. 그때까지만 해도 시집에 대한 구체적인 계획이 없었기 때문이다.

1845년 처음으로 시집의 계획을 공개할 때 내세운 책 제목은 '레스보스의 여인들'이었다. '레스보스섬의 여인'이라는 어원에서 '동성연애하는 여인'이라는 의미를 얻게 된 이 책 제목은 주석자들에게 적잖은 해석을 붙이게 하는 계기를 주었다. 발자크의 『금빛 눈을 가진 소녀』나 테오필 고티에의 『마드무아젤 모팽』과 함께 그 당시 '유행의 희생물'이라고 말하는 주석자도 있고, 여성의 동성애라는 '반자연적 행위'는 틀에 박힌 사회의 규범이나 도덕에 대한 반항의 상징이라고 해석하는 사람도 있다. 그보다 유한한 쾌락에 만족하지 않고 무한을 갈망하는 레즈비언의 욕망은 주어진 현실과 운명에 대한 도전이며, '유한한 현실에서 결코 만족을 찾지 못하는 끝없는 시인의 갈망의 대변'이라고 형이상학적인 의미를 부여하는 견해도 있다.

그중에는 레즈비언을 소재로 한 「천벌받은 여인들」 「레스보스」 두 시가 있다. 그렇다고 보들레르의 작품들이 사포나 여인들의 동성애를 찬양하고 있다고 말할 수는 없는 듯하다. 이들 시에서 보이는 그녀들의 사랑의 묘사에는 은밀하게 떨리는 듯한 연민의 울림이 있지만, 시인의 결론은 부정적이다. 「천벌받은 여인들」의 마지막에서 그녀들이 스스로 파놓은 지옥의 묘사에는 확신에 찬 저주가 있다.

또한 이들 시 외에도 「알바트로스」 「시체」 「베르트의 눈」 「반역자」 등 전혀 다른 성격의 시가 있고, 보들레르의 문학 친구인 프라롱은 1845년부터 이미 이 시들에 대해 들었다고 증언한다.

1848년 말 '레스보스의 여인들'은 '지옥의 변경 Les Limbes'으로 바뀐다. 나는 '신비한 제목과 소란스런 제목'을 좋아한다고 시인은 출판업자인 풀레 말라시에게 고백한다. '레스보스의 여인들'이 두 번째 '소란스런 제목'의 범주에 속한다면, '지옥의 변경'은 첫번째의 '신비한 제목'에 속한다고 할 수 있다.

이 새로운 제목도 각기 다른 해석에 노출됐다. 신학에서 구약 시대의 의인들이 그리스도의 강림 때까지 머문다는 '지옥의 변경'은 당연히 종교적인 의미를 부여받기도 했고, 공상적 사회주의자 푸리에 Fourrier의 사회주의에 입각하여 이상주의 사회를 꿈꾸는 혁명기의 어두운 기다림의 시기로, 또는 단테의 『신곡』의 지옥의 변경으로 해석되기도 했다.

『1846년 미술전』에서 보들레르는 화가 들라크루아의 그림을 지배하는 '우수'에 대해 언급하며, "독특하고 끈질긴 우수가 그를 19

세기의 진정한 화가로 만들었다"고 쓴다. "우수는 그의 그림 중 가장 교태 있고 가장 화려한「알제리의 여인」에서조차 생생하게 나타나며," "화려한 천과 잡다한 화장 도구로 가득한 이 실내의 시에서는 우리를 곧 깊이를 알 수 없는 슬픔의 지옥의 변경 쪽으로 안내하는 불길한 장소의 냄새 같은 것이 풍긴다"고 글은 계속된다. 이곳에서 언급한 '지옥의 변경'이 그에게는 단테가『신곡』「지옥」편의 네번째 노래에서 베르길리우스와 함께 방문한 '지옥의 변경'을 의미한다. 시인은 같은 책에서 이에 대해 길게 묘사하고 있는데, 그 인상은 1851년 4월 9일 이 제목 아래『의회 통신 Le Messager de l'Assemblée』에 발표한 11편의 시들과 잘 어울린다.「우울」이라는 제목을 가진 3편의 시와「연인들의 죽음」「예술가의 죽음」등이 그것이다. 이 작품들은 "현대 젊은이들의 정신적인 동요와 그 역사를 서술하도록 예정된 것이다"라고 시인은 밝힌다.

'지옥의 변경'은 1852년에 버려졌고, 1855년 '악의 꽃'으로 바뀐다. 이 이름으로 18편의 시를 발표하는데, 전에 이미 발표한 작품들 이외에 사바티에 부인으로부터 영감을 받은「영혼의 새벽」「공덕」「고백」등의 시가 더해졌다. 신비주의 색채가 흠뻑 배어 있는 이 작품들은 '지옥의 변경'에서 지나치게 우울 쪽으로 기울어졌던 불균형을 이상 쪽으로 돌려놓는 데 기여한다.

'지옥의 변경'에서 지금의 '악의 꽃'으로 바뀐 경로는 이렇다. 1852년『지옥의 변경』이라는 책이 보들레르의 시집보다 먼저 출판된다. 보들레르는 자신의 시집을 같은 제목으로 예고하기를 중단한다.

'악의 꽃'이라는 최종 제목을 처음 말한 것은 무명 기자 바부 Hyppolyte Babou였다는 주장이 정설로 받아들여지고 있다. 이 말은

주의를 사로잡는 독특한 매력을 가지고 있지만, 이 기자가 우연히 이 일로 명성을 얻는 기회를 잡지 않았다 해도, 보들레르 시집의 운명이 크게 달라지지는 않았을 것이다. 그러나 '악의 꽃'이라는 다소 도발적인 제목이 비록 처음에는 독자들의 빈축을 샀을 수도 있지만, 오히려 그 점이 사람들의 호기심을 자극했던 것은 사실로 보인다.

이 제목에 대해 주석자들은 상반되는 견해를 표명했다. "서툴게 선택된" "시대에 뒤진 구식 제목"이라고 유감을 표하는 주석자도 있고, 다른 한편에서는, 이를테면 테오필 고티에는 "생각할 수 있는 한 가장 찾아내기 힘든 제목 중의 하나"라고 찬사를 아끼지 않았다. '악의 꽃'이 대조적인 의미의 구조를 가지고 있다는 것은 누구나 금세 알 수 있다. 동시에 종속적인 의미의 전치사(de)를 사이에 두고 의미가 반대되는 두 단어가 충돌하여 가벼운 충격이나, 약간의 당혹감을 느낄 수도 있다.

이 대조의 의미와 의도는 어디에 있으며, 꽃은 어떤 의미에서 악과 반대되는가?

'꽃fleurs'은 악에서 피어난 꽃이라고 해석할 수 있을 것이다. 악에서 태어났지만 악과는 반대되고, 악으로부터 증류수를 추출해내듯 정수만을 추출해낸 꽃, 즉 미를 의미한다. 그리고 꽃은 단순히 미뿐만 아니라, 추구, 공들여 만들기, 문화 등의 말들을 덧붙여야 그 의도에서 멀어지지 않는다.

'악mal'은 죄악만을 의미하지 않고, 동시에 고통까지 의미한다. 고티에에게 주는 두 개의 헌사에서 악의 꽃이 '병든 꽃'이 됐음은 시사하는 바가 있다. 악은 행해진 것이 아니라 우리에게 주어진 것이며, 그것은 고통과 병으로 바뀌었다. 무죄한 희생자인 꽃들은 자신 속에 병적인 결과를 담고 있는 원죄라는 숙명에서 자유로울 수가 없다.

'꽃'과 '악' 이 두 단어는 철학적인 의도에서 연결됐다 해도, 이 연결은 모호한 의미로 열리고, 따라서 '악의 꽃'이라는 말 또한 많은 해석을 낳았다. 이 해석들은 각기 보들레르의 작품 속에서 정당성을 찾을 수 있을 것이다. 그러나 이 다양한 해석들도 매우 분명한 하나의 의도는 부인하지 않는다. 그것은 미학적 가치 부여에 의한 악의 명예 회복이다. 고티에에 관한 시인 자신의 다음의 글이 그 점을 확인시켜준다.

> 끔찍한 것이 예술에 의해 솜씨 좋게 표현되면 미가 되고, 리듬과 박자에 맞추어진 고통이 마음을 조용한 희열로 채우는 것은 예술의 경탄할 만한 특권 중의 하나이다.
> (「문학 비평」, CE. C., p. 695)

그러나 보들레르는 예술을 흔히 말하는 상투적인 역할에 국한시키지 않는다. 추한 것, 기괴한 것, 끔찍한 것이 비록 솜씨 좋은 기교에 의해 변모하지 않는다 해도, 충분한 권리로 미의 합성에 들어갈 수 있다는 것을 주장한다. 그는 악이라는 단어에 이상적인 미에 반대되는 죄악이라는 의미만을 주지 않는다. 그는 미술 비평 중 하나인 『현대 생활의 화가』 12장에서 '악에 내포된 독특한 미'에 관해 언급했다. 도덕적 종교적 모독인 악이 그에게는 매우 아찔할 정도로 정신을 어지럽게 하는 매혹의 힘을 소유하고, 그리하여 악은 선을 포함할 수 있다. 악은 "세상을 덜 추악하게 하고, 순간을 덜 무겁게" 만드는 힘을 가지고 있기 때문이다. 그리하여 악과 고통은 미학적 측면에서 매우 풍요하다. 시인은 「아름다움에 바치는 찬가」에서 바로 이에 대해 노래한다.

> 그대 무한한 하늘에서 왔는가, 구렁에서 솟았는가,
> 오 「아름다움」이여! 악마 같으면서도 숭고한 그대 눈길은
> 선과 악을 뒤섞어 쏟아부으니,
> 그대를 가히 술에 비길 만하다.
>
> [……]
>
> 그대 하늘에서 왔건, 지옥에서 왔건 무슨 상관이랴?
> [……]
> 내가 갈망하나 만나보지 못한 「무한」을 열어줄 수만 있다면.
>
> [……]
> 세계를 덜 추악하게 하고, 시간의 무게를 덜어만 준다면!

중요한 것은 선이건 악이건, 그것이 우리의 정신에 무한의 문을 열어줄 수 있느냐이다. 우리가 살도록 운명지어진 악의 세상에서 존재의 비극과 시간의 무게를 덜 느끼게 해줄 수 있느냐이다. 그것을 가능케 해준다면 악도 시인의 찬미를 받을 자격이 있다.

그리하여 '악의 꽃'이라는 말은 예술의 형식상의 완성뿐 아니라 윤리적 종교적 분야에서도 가장 순수하고 가장 고결한 감정의 표현이다. 마치 신을 모독하는 말을 하는 자가 바로 그에 의해 종교를 확증해주듯이, 가치의 전락이나 세속화라는 역설적인 길에 의

해 보들레르는 자신의 작품의 도덕적 종교적 가치를 의식하고, 그 점을 암시하고 있다고나 해야 할까.

『악의 꽃』이 발표되고 몇 년이 지난 1862년 시인 알프레드 드 비니Alfred de Vigny는 『악의 꽃』의 제2판을 보낸 저자에게 회답하는 편지에서 이렇게 쓴다.

> 이 『악의 꽃』들이 얼마나 내게는 선의 꽃이었으며, 얼마나 나를 매혹시켰는지 당신에게 말하고 싶습니다. 그리고 또 이 봄의 냄새로 그토록 감미롭게 냄새를 풍기는 이 꽃다발을 향해 그것에 상응하지 않는 이런 제목을 붙인 당신이 부당하다고 생각합니다.

비니가 『악의 꽃』에 내린 이 견해는 책의 내용을 제대로 보지 못한 무미건조한 정의이다. 『악의 꽃』의 성격은 정 반대쪽에 있기 때문이다. 그는 시인의 위대함을 예견했지만 그의 시의 본질을 진정으로 이해하지 못한 것이다.

『르뷔 데 되 몽드Revue des Deux Mondes』지에 18편의 시가 『악의 꽃』이라는 총제 아래 실리면서부터 보들레르에 대한 중상과 공격이 시작된다. 공격의 포문을 연 것은 『피가로Figaro』의 루이 구달Louis Goudal이었다. "납골당과 도살장의 구역질나고 냉랭한 시, 사상으로 이루어진 한심스런 빈곤" 등등. 이렇게 시작하는 기사는 시종일관 비난 일색이었다. 그리고 보들레르의 작품을 출판하기로 했던 『르뷔 데 되 몽드』 편집진의 태도가 바뀐다. 그러나 그것이 별 의미는 없었다. 이미 18편의 시 출판이 보들레르 시의 운명뿐 아니라 프랑스 시 역사에 독특한 의미를 갖게 되었기 때문이다. 이

때 일어났던 독자의 반응이 오랫동안 『악의 꽃』의 운명을 지배하게 된다. 한쪽에서는 야유, 다른 한쪽에서는 일부 독자들의 감탄에 찬 놀라움, 『악의 꽃』 출판과 그것이 야기시킨 소송 사건은 이 상반되는 반응을 두드러지게 하고 확대한 것에 지나지 않는다.

이때 발표된 시들은 각기 다른 성격의 작품들이 엄격한 질서에 따라 배열되지도 않았고, 아직 「술」편, 「반항」편, 「죽음」편 등 각기 다른 시편의 윤곽도 드러나지 않았다. 그러나 이때 이미 앞으로 나오게 될 책의 대강의 방향과 주요 성격은 고정된다.

작품들이 쓰인 이후에 세워진 배열과 순서에 대해 바르베 도르비이Barbey d'Aurevilly는 "이곳에는 눈에 띄지 않는 건축 구조가 있고, 사색적이고 의지가 강한 시인에 의해 계산된 플랜이 있다"라고 시집의 건축 구조를 강조한다. 이 건축 구조를 보들레르는 이후 제2제정의 위선적인 정의에 의해 제기된 『악의 꽃』 소송에 대항하는 논거로 사용한다. 그는 자신의 책을 어떤 부분의 세부에 의해서가 아니라 전체에 의해 판단할 것을 강력하게 요구하지만, 이 주장은 아무런 도움이 되지 않았고, 결국 그의 책은 유죄 판결을 받았다.

『악의 꽃』은 풀레 말라시와 드 브루아즈Poulet-Malassis et De Broise 출판사의 제의로 1857년 6월 25일, 출간되었다. 『악의 꽃』을 채우게 될 작품들은 이미 오래전에 쓰였으나 오랫동안 출판되지 못했고, 잡지에 실리는 것조차 거절당하기 일쑤였다. 혹 게재가 허락되어도 해명의 주석을 첨부해야 했다. 다른 출판사들이 보들레르의 책 출판을 주저하며, 시간을 끌던 상황에서 출판업자 말라시가 그를 위해 모험을 하겠다고 나섰다. 말라시는 파리 서쪽에 있는 지방 도시 알랑송Alençon의 출판업자의 아들로, 1847년에 고문서 학교에 입학했으며, 1848년 혁명 때는 사회주의 헌장의 신봉자였고, 보들레르처럼 시가전에 몸을 던진다. 6월 시가전 후 추방당했다가 사면을 받고 다시 파리로 돌아와 보들레르와 만난 그가 보들레르의 시를 전부 출판하고 미술평까지 내겠다고 제의해온 것이다. 『악의 꽃』의 최초의 계약은 1856년 12월 30일에 이루어진다. 1천 3백 부를 찍기로 하고, 원고를 1857년 2월 4일에 넘긴다.

『악의 꽃』 출판을 준비하는 동안 보들레르는 책이 완벽하게 만들어지도록 어떤 것도 소홀히 하지 않았다. 실생활을 꾸려나가는 데는 서툴러서 빚쟁이에 쫓기며 수없이 거처를 옮겨야 했던 그가, 출간 준비하는 과정에서 보여준 일에 열중하는 태도는 평상시의 보들레르가 아니었다. 판단과 계산이 정확하고, 치밀함과 꼼꼼함이 지나치다 못해 출판사에서 역정을 낼 정도였다. 전해 겨울 『악의 꽃』 출판이 언급된 이후 6월 25일 판매에 이르기까지 편집에 관해 말라시에게 보낸 편지가 무려 34통에 이르렀다. 철자의 크기, 여백, 책의 모양, 부피 등에 이르기까지 시시콜콜 지시를 한 후, 다시 글자 모양에 대해 언급하는 편지를 같은 날에 보내기도 하고, 어떤 때는 책이 너무 얄팍하여 볼품없지 않을까 무척 걱정하기도 하고, 책의 인쇄용지까지 직접 눈으로 확인해야만 했다고 한다.

이처럼 그의 책은 "분노와 인내심으로 쓰인 15년 동안의 노고의 결실이다." 저자는 책을 엄숙하고 간결한 형태로 고티에에게 바친다. 7월 5일 『피가로』의 부르댕Gustave Bourdin은 분노에 찬 목소리로 공격의 포문을 연다. "보들레르의 정신 상태를 의심할 때가 있다. [……] 이 책은 온갖 광란과 마음의 온갖 부패에 개방된 병원이다. 치료하기 위해서라면 모르되 그것은 이미 불치의 병이다." 기사는 이렇게 시작되어 시인을 신랄하게 공격했다.

이 기사는 격렬한 반응을 일으켜 파리 주재 외국 특파원들까지 메아리를 보내듯 이 문제를 기사화했다. 이로부터 이틀 후, 7월 7일, 내무부 공안국은 검찰에 기소장을 보낸다. 7월 17일, 검찰청은 공안국의 기소 제청을 정식으로 수리하고 저자, 출판주를 심문하고 시집을 압류하기로 한다. 『피가로』에 실린 기사가 전체 분위기를 지배했기 때문에 보들레르를 인정하는 문학 친구들이 비방의 기세를 꺾으려 백방으로 애썼지만 이렇다 할 효과가 없었다. 바르베 도르비이는 『르 페이Le Pays』에, 아슬리노Asselineau는 『라 누벨 르뷔 프랑세즈La Nouvelle Revue Française』에 기고하지만 그들의 글을 실어주지도 않았다. 이때 『보바리 부인』의 작가 플로베르가 편지를 보내 시인을 격려한다.

> 저는 우선 귀하의 시집을 처음부터 끝까지 탐독했습니다. [……] 그리고 지금 일주일 전부터 한 줄 한 줄 한 마디 한 구절을 다시 읽고 있습니다. 솔직히 말해 이 시집은 제 마음에 들고 저를 매혹합니다.

8월 14일, 『악의 꽃』을 옹호하는 4편의 서평이 『악의 꽃 옹호론 Articles justificatifs pour Ch. Baudelaire auteur des Fleurs du Mal』이라는 소책자로 간행되어 그 당시 여론과 당국의 과격한 조처를 무마하려 시도했다. 이 책자는 『세계 신보Moniteur Universel』와 『르 프레지당Le Président』에 이미 발표된 2편의 기사와 당국의 간섭으로 발표되지 못한 도르비이와 아슬리노의 글을 합쳐 책자로 만든 것이다. 이 곳에서

도르비이는 『악의 꽃』을 단테의 『신곡』에 비유한다. 다음은 도르비이의 서평이다.

> 과연 『악의 꽃』의 저자 속에는 단테가 들어 있다. 그러나 그것은 전락한 시대의 단테이며 무신론의 현대적 단테, 볼테르 이후의 성 토마스를 가지지 못한 시대에 나타난 단테다. [······] 전자(단테의 시집)는 지옥에서 돌아오고, 후자(보들레르의 시집)는 지옥으로 들어간다. 전자가 더욱 강인하다면 후자는 감동적이다.

시인 자신은 자신의 책을 어떤 부분의 세부에 의해서가 아니라 전체에 의해 판단할 것을 요구한다. 그러나 결국 제2제정의 위선적인 정의에 의해 6편의 시의 삭제 명령과 출판주와 시인에게 벌금형이 내려진다. 이때 내려진 유죄 판결은 근 1세기가 흐른 1949년에야 비로소 최고재판소에 의해 정식으로 파기된다.

이 판결로 인한 보들레르의 낙담과 실의는 대단한 것이었다. 그러나 그는 이 사건을 자신의 작품 전체를 다시 점검하는 계기로 삼는다. 『악의 꽃』 출판 이후 꾸준히 각종 비평 에세이와 새로운 장르의 작품들을 시도했고, 새로운 시들을 발표하여, 삭제된 6편의 시 대신 새로운 시편 「파리 풍경」편과 함께 35편의 시들이 보강된 제2판이 1861년 2월 초 풀레 말라시와 드 부루아즈 출판사에서 출간된다.

새로 삽입된 이 시들은 새로 첨부된 「파리 풍경」편과 함께 찬양받고도 남을 불후의 역작들이다. 특히 「파리 풍경」은 점차 커지고 있던 대도시의 서정시에 대한 보들레르의 관심의 결과로서, 이

관심은 곧바로 앞으로 나오게 될 산문 형식의 시집 『파리의 우울』로 이어진다. 이 시기의 작품들에서는 대도시의 테마와 현대적 관심사들이 유감없이 과시된다. 2판은 초판의 텍스트의 변화 이외에 시집 전체의 구조도 크게 수정되어 초판보다 훨씬 완벽한 구조를 갖추었다. 1861년 12월 시인은 비니에게 "내가 이 책에 대해 할 수 있는 유일한 칭찬은 이 책이 순수한 선집이 아니고, 시작과 끝이 있다는 것입니다. 모든 시들은 내가 선택한 독특한 틀에 맞도록 만들어졌습니다"라고 말한다. 1861년판이 시인이 살아서 볼 수 있었던 최후의 『악의 꽃』이었다. 그리고 시인 자신은 처음으로 자신의 작품에 만족하고, 1월초 『악의 꽃』 인쇄가 완성됐을 때 어머니에게 그것을 고백한다.

> 제 인생에서 처음으로 저는 거의 만족이에요, 이 책은 거의 잘됐어요, 그리고 이 책은 모든 것에 대한 저의 증오심과 혐오감의 증거로서 남게 될 것입니다.

그러나 이 새로움과 완성을 향한 노력을 아무도 주목하지 않았고, 비평들은 거의 무관심으로 일관했다. 출판된 지 9개월이 지나서야 겨우 이에 대한 최초의 서평이 나올 정도였다. 그가 처음으로 자신의 작품에 대해 만족했던 이 노력의 산물이 또다시 겪어야 하는 사회의 무관심이 그를 다시 실망시켰다.

이미 나빠지고 있었던 건강은 점점 악화되고, 빚쟁이에게 쫓기는 신세가 되어 1864년 보들레르는 문학 강연으로 위기를 만회하기 위해 파리를 떠나 벨기에의 수도 브뤼셀로 간다. 그러나 기대했던 강연회도 신통한 결과를 얻지 못했고, 계속 추진해왔던 작품 전집 출판도 결실을 얻지 못한 채, 건강은 심각한 상태에 이른다. 그 가운데서도 작품 활동을 계속하여 1866년 브뤼셀에서 시집 『표류물 *Les Epaves*』을 출판하고, 후배 문학인 카튈 망데의 주선으로 『현대 고답파 시집』에 16편의 시를 싣게 된다. 그러나 병으로 인한 극심한 육체적인 고통과 좌절 속에서 절망하며 마침내 실어증에 반신불수의 폐인이 되어 고향 파리로 돌아와 끝내 말의 기능을 되찾지 못한 채 세상을 떠나고 만다(1867년 8월 31일). 그리고 그다음 해인 1868년 문학 친구인 테오도르 방빌과 아슬리노의 주선으로 2판 이후에 발표한 시들과 여기저기 흩어진 다양한 시들 151편을 엮은 『악의 꽃』 제3판이 발표된다. 그러나 이는 시인 보들레르의 의도와 부합하는 것이 아니기 때문에 제2판이 『악의 꽃』의 주요 텍스트로 간주된다.

작가 연보

보들레르의 삶

1821년 4월 9일, 파리 11구區 오트 페이유 거리 13번지에서 아버지 조제프-프랑수아 보들레르Joseph-François Baudelaire와 어머니 카롤린 뒤파이Caroline-Dufays 사이에서 태어났다. 아버지는 62세, 어머니는 28세였다. 그가 태어난 생가는 후에 생제르맹 거리가 뚫리면서 헐렸고, 지금은 그 자리에 아셰트Hachette 출판사가 자리 잡고 있다.

아버지 조제프-프랑수아 보들레르는 파리대학에서 철학과 신학을 공부하고 신학교를 거쳐 사제가 되는데, 후에 혁명기의 혼란 속에서 사제직을 포기하고 정계에 들어간다. 그는 조형 예술에 깊은 애착을 가지고 화가, 조각가들과 가까이 지냈으며, 미술에 대한 그의 이 취향과 애착이 시인의 미래에 큰 영향을 끼치게 된다.

어머니 카롤린 뒤파이는 프랑스 대혁명 때 영국으로 망명한 군인의 딸로 일찍이 고아가 되어, 페리뇽Pérignon의 양녀로 자라난 신앙심이 강한 미모의 여성이다. 페리뇽은 샤를 보들레르의 아버지인 조제프-프랑수아 보들레르의 고향 친구인데, 그와 같이 환속 사제였다가 정계에 뛰어들어 매우 화려한 성공을 거두었다. 샤를의 아버지는 이 친구의 집에 드나들면서 카롤린 뒤파이를 자주 보았고, 페리뇽이 자연스럽게 이들을 맺어준다.

조제프-프랑수아 보들레르는 재혼으로, 상처한 전처와의 사이에 아들(Claude-Alphonse Baudelaire)이 있다.

6월 7일, 생쉴피스 교회에서 미래의 시인 샤를은 세례를 받는다.

1827년 2월 10일, 아버지 사망. 이때 샤를의 나이 여섯 살이다. 어머니는 남편이 사망하자 아들을 데리고 오트 페이유 거리의 집에서 멀지 않은 생탕드레 데자르 광장 쪽으로 이사한다. 여름철이면 불로뉴 숲 가까이 있는 뇌이Neuilly 별장에서 보냈다. 이곳에서 어린 소년 샤를은 젊고 아름다운 어머니와 다정한 가정부 마리에트 Mariette, 이 두 여인의 애정과 보살핌 속에 평화롭고 행복한 '푸른 낙원'을 만끽한다. 그의 인생에서 짧았지만 더없이 행복했던 이때의 추억을 그는 두고두고 잊지 못하고, 후에 작품을 통해서 향수 어린 아쉬움 속에 그때를 떠올린다.

1828년 시인의 어머니는 육군 소령 오픽Jack Aupick과 재혼한다. 보들레르 연구가들 중에는 오픽의 출현으로 어린 샤를이 충격을 받아 영영 치유될 수 없는 '금fêlure'이 갔다고 주장하는 사람도 있으나, 일부에서는 그 같은 과장은 삼가야 한다고 주장하기도 한다.

무엇이 진실인지 진위를 가릴 수는 없지만, 한 가지 확실한 것은 오픽이 군인으로서뿐만 아니라 한 인간으로서도 훌륭했으며, 아내와 아들을 사랑하는 모범적인 가장이었다는 점이다. 의붓자식이지만 마흔이 넘은 늦은 나이에 겨우 얻은 하나밖에 없는 아들 샤를에게 엄격하긴 해도 극진한 정성을 쏟았으며, 훌륭한 아들을 만들고 싶은 마음은 누구에게도 뒤지지 않았다.

1832년 오픽은 견직 산업의 도시 리옹Lyon의 폭동에 대비해 이 도시로 파견 명령을 받는다. 아버지의 새 부임지로 이사한 샤를(열한 살)은 리옹 왕립중학교에 기숙생으로 입학한다. 이곳에서 샤를은 나폴레옹식의 교육을 받으며 부르주아 계층의 선택받은 자녀들이 받을 수 있는 모든 혜택을 누린다.

1836년 오픽의 전임으로 다시 파리로 돌아와 파리의 명문 중학교 루이르그랑에 기숙생으로 입학한다. 샤를의 조숙한 지적 능력을 인정하고, 아들을 자랑스럽게 여긴 오픽은 루이르그랑의 교장에게 아들을 자신 있게 소개한다.

> 교장 선생님, 자, 이 아이가 제가 선생님에게 드릴 선물입니다. 귀교의 명예가 될 학생입니다.

그의 기대는 어긋나지 않았다. 전국 라틴어 시작 부문 공쿠르에서 1등(1836년), 2등(1837)을 했고, 여러 번 장려상을 받는다.

1837년 아버지 오픽과 함께 휴양차 피레네의 온천지 바레주Barèges 여행. 피레네의 수려한 경치에 감탄하여 그 인상을 시로 옮긴다. 그러나 학창 시절 경치에 감탄하여 쓴 이 습작은 어딘가 라마르틴Lamartine이나 위고Hugo의 시에서 영향을 받은 듯한 흔적이 보인다. 시인 자신도 그것을 의식해서인지 이 시를 『악의 꽃』에 넣지 않는다.

1839년 4월 19일, 샤를이 열여덟 살에 접어든 지 일주일 뒤에 뜻밖의 사건이 일어난다. 졸업을 1년 남긴 상황에서 루이르그랑의 교장이 샤를의 부모에게 퇴학을 통고하는 서신을 보낸 것이다. 이 서신에 의하면 그날 아침 샤를이 "급우로부터 받은 쪽지를 가져오라는 교장의 독촉을 받고도 이를 거부하고, 쪽지를 조각내어 삼켜버렸으며," 샤를은 "교장 앞에 호출되어, 자기 급우의 비밀을 내주느니 차라리 어떤 처벌이건 달게 받겠다"고 대답했다는 것이다.

그러나 오픽은 친구를 위해 희생까지 감수하는 샤를의 세심한 의리를 높게 평가했는지 크게 나무라지 않고, 샤를의 소원대로 개인교사 라제그Charles Lasègue 씨 집에서 대학입학자격시험을 준비하도록 조처해준다. 라제그는 후에 정신과 전문 의사가 되고, 시인의 생애 마지막에 시인의 뜻에 따라 병세를 진단하게 된다. 마침내 샤를은 대학입학자격시험에 합격했고(8월 12일), 이때 오픽은 여단장이 된다.

11월에서 다음 해 6월까지 오픽의 뜻에 따라 법과대학에 등록한다.

1840년 1839년에서 1840년 사이 샤를은 의부의 뜻을 따라 일단 파리 법과대학에 정기적으로 등록하며, 법과대학 곁에 있는 레스트라파드 거리 11번지 바이이를 그의 주요 거처로 정한다. 그러나 이것이 그가 법과대학 강의를 충실히 듣고 있었음을 의미하지는 않는다. '학문의 집'으로 되어 있는 바이이의 분위기는 학구적이라기보다는 자유분방하고, 엄숙함보다는 사치와 무절제가 지배하고 있었다.

샤를은 그의 기질에 맞는 이런 분위기 속에서 직업에 얽매이지 않고 자유롭게 문학에 몰두하는 문학청년들과 유대를 맺게 된다. 이곳에서 그의 고등학교 친구가 『세계 l'Univers』지의 편집을 맡고 있었으며, 이 친구의 방에서 프라롱Prarond, 도종Dozon, 필립 드 셴비에르Ph. de Chennevières, 르 바바쇠르Le Vavasseur 등의 최초의 문학 친구들을 사귄다. 이때 네르발Gérard de Nerval, 발자크Balzac, 드 라투슈De Latouche 등의 작가들도 알게 된다.

이렇게 문학 지망생들과 어울리며 파리 대학가街인 라틴가에서 자유분방한 생활을 하여 빚에 몰리게 된다. 거리의 소녀 사라Sarah를 만난 것도 이때이다.

1841년 20세의 시인은 계획에 없던 긴 항해를 하게 된다. 생각해본 적도 없고 원하지도 않았던 먼 이국의 인도양을 향한 항해였다.

형 알퐁스가 무절제한 생활을 하는 동생의 상황을 마침내 아버지에게 알리고, 가족들은 급히 가족회의를 열어 샤를의 문제를 의논한다. 규율이 없고 방종한 샤를을 바로잡기 위해서는 바다 여행을 시키는 것이 최상이라고 판단하고 인도양으로 배를 태워 떠나보내기로 결정한다.

1월 19일, 샤를은 캘커타Calcutta를 향해 떠나는 남해호의 살리즈Saliz 선장을 따라 보르도Bordeaux에서 배를 타고 길고 먼 항해의 길을 떠난다. 살리즈는 항해 동안 샤를을 맡아 책임지고 교육적인 여행을 시키도록 물색된 인물이었다.

9월 1~19일, 모리셔스섬에 체류. 그 섬에 정착해 살고 있는 오타르 드 브라가르Autard de Bragard 부부의 손님으로 환대를 받는다. 그가 1841년 10월 20일 자로 된 브라가르에게 보내는 편지에 끼워 넣은 「식민지 태생의 한 백인 부인에게」라는 제목의 소네트는 부르봉섬의 생드니 정박 중에 오타르 부인을 모델로 쓴 시이다.

1842년 인도행을 단념하고 귀환. 1841년 10월 17일, 남해호의 살리즈는 벵골Bengal을 향해 항해를 계속했고, 보들레르는 프랑스로 돌아오기 위해 알시드호에 몸을 실었다. 이렇게 예정된 항해를 도중에 포기하고 이듬해 2월 보르도 항에 도착한다. 곧 샤를은 의부에게 자신의 도착을 알린다.

긴 산책에서 마침내 돌아왔어요. 11월 4일 부르봉을 떠나 어제저녁 도착했어요. 저는 한 푼도 가져오지 못했어요. 흔히 필요한 물건들도 없이 지낼 정도였으니까요. [……] 그러나 주머니에 슬기를 담아 돌아온 것 같아요.

그의 가족은 샤를의 이런 주장을 액면 그대로 받아들일 수 없었다. 그러나 이 여행 동안 샤를은 많은 변화를 겪었다. 인도 여행이라는 것이 애초에 그에게는 강요된 유배와 같았고, 이 유배지의 고독 속에서 문학에의 결심은 더욱 굳어졌다.

여행에서 돌아온 샤를은 곧 바이이 기숙사 시절 같이 어울리던 바바쇠르, 프라롱과 만난다. 그들과 함께 후에 미술대 학장이 될 셴비에르, 미래의 동양어 전문학자인 도종, 화가이면서 동시에 조각가인 뷔송Jules Buisson 등과 어울린다. 공통된 문학에의 취향이 그들을 서로 끌어당겼다.

이들은 자신들을 '노르망디파École Normande'라고 자칭했는데, 노르망디파라고 해서 그들에게 그들 특유의 주장이나 원칙이 있는 것도 아니었고, 문학에 대한 뚜렷한 직업 의식이 있는 것도 아니면서 그 당시 프랑스 문학 풍토를 지배하던 '보헤미안bohème' 풍조와 댄디즘에 흠뻑 젖어 무작정 예술을 사랑했다. 댄디 하면 그중에서도 보들레르가 단연 일인자로 꼽힌다. 후에 보들레르의 친구들은 그 당시 보들레르의 차림새가 뛰어났음을 한결같이 기억한다. 바바쇠르는 그를 "브뤼멜의 의상을 입은 바이런"에 비유했다.

검은 연미복에 고운 천으로 지은 매우 흰 셔츠를 받쳐 입고, 목의 깃은 넓게 접혀 있고, 새빨간 넥타이, 실크해트, 엷은 장밋빛 장갑……

이것이 나다르, 아슬리노, 고티에가 전하는 그 당시 보들레르의 모습이다. 그러나 그의 댄디즘은 외부로 나타나는 차림새의 완벽함에 그치지 않았다. 늘 거울 앞에 자신을 비추며 자신을 갈고 닦는 엄격함은 그의 문학에 대한 엄격함과 고고한 '자기에의 신앙'으로 발전한다.

이때쯤 실제로 『악의 꽃』을 차지할 시들이 적지 않게 쓰였지만 잡지 같은 곳에 산발적으로 발표하며 계속 익명을 쓰고 있었다. 그 당시 『라르티스트 l'Artiste』의 주간은 아르센 우세 Arsène Houssaye였는데, 후에 보들레르는 소산문시집 『파리의 우울』의 헌사를 우세에게 바친다. 보들레르는 1844년부터 1년 남짓한 기간 동안 5편의 시를 이 잡지에 싣는데, 4편은 프리바 Privat라는 이름으로, 그리고 1편은 익명으로 발표한다.

미술에 관해서도 열렬한 관심을 보이며 루브르 박물관을 끈질기게 방문한다. 아직 무명인 화가 들라크루아에 특별히 열중한다. 이는 머지않아 그가 발표하게 될 미술 비평의 씨앗이며, 앞으로 그가 들라크루아에게 바치게 될 정열의 서곡이다.

베튐 강변 생루이섬에 거처를 정한다.

파리로 돌아온 후 오픽과 샤를 사이에는 충돌이 잦아진다. 아들이 다시 문학 친구들과 만나며 문학에 열을 올리는 것을 오픽이 못마땅하게 여겨 부모로부터 독립하고 싶던 차에 4월 9일 마침 샤를은 성

년이 됐고, 어릴 적 세상을 떠난 생부의 유산을 상속받는다. 오픽의 법적 후견을 벗어난 그는 유산 상속자로 독립인이 될 수 있었다. 어린 시절 어머니와 함께 행복하게 지냈던 '녹색의 낙원,' 뇌이 별장의 토지를 알퐁스 형과 분배받는데, 독립을 위해 돈이 급한 샤를은 곧 그것을 팔고, 그 밖의 유산과 합해 막대한 금액을 손에 쥐게 된다. 형은 자기 몫의 토지를 그대로 두어 후에 큰 이익을 보았지만, 우선 돈이 급한 샤를은 곧 처분해버린 것이다. 그때 그가 사용할 수 있었던 액수는 7만 5천 프랑 정도이다. 이 금액은 1926년 보들레르 연구가들의 부탁에 의해 콜레주 드 프랑스 중학교 교사가 그 당시의 돈으로 환산했을 때 대략 45만 프랑이었다. 그때부터 90여 년이 흐른 현재의 화폐 가치로 그 액수가 얼마가 될지 계산이 쉽지 않지만 한 젊은이가 부모로부터 독립하여 인생을 출발하는 데 매우 유리한 조건을 제공할 만한 액수라고 한다.

    작품을 쓰겠다는 굳은 결심으로 독립 생활을 시작한 보들레르는 생루이섬에 단 한 개의 방으로 된 검소한 셋집을 얻었다. 그러나 거처를 생루이섬으로 정한 선택은 역시 "보들레르의 독창성"과 "젊은 댄디가 취하는 별난 취향"의 과시였다고 피슈아Claude Pichois는 쓰고 있다. 당시 생루이섬에는 쉴리 다리Pont Sully가 없어 왕래가 어려웠고, 통행료를 내야만 했다. 주로 상인들과 금리 생활자, 예술가들이 살고 있는 그곳은 "외딴 신비한 동네"였다고 친구들은 술회한다.

    그러나 한적한 이곳은 창작에 몰두하기에는 유리한 곳이었다.

    1843년 피모당 관의 댄디. 앙주 17번지 피모당 관에 거처를 정한 이후부터 파리에서의 방랑 생활이 시작된다. 그 후 파리에서 25년 동안 30회 이상 거처를 옮기게 된다. 거처를 마련하기가 여의치 않으면 피신처이자 작업장으로 카페, 술집, 도서관 등을 전전한다.

피모당에서 시인은 예술 애호가이자 댄디로서 화려한 생활을 하며, 이곳에 투숙하는 골동품 상인이며 고리대금업자인 아롱델Arondel을 만난다. 예술품을 손에 넣고 싶은데 당장에 돈이 없어 안달하는 보들레르 같은 예술 애호가에게 그는 위험한 존재였다. 아롱델은 수시로 비싼 가구며 그림들로 그를 유혹했고, 그가 돈이 부족하면 어음을 내밀고 사인하게 했으며, 그 돈을 지불하지 못하면 원래의 액수에서 이자를 붙인 계약으로 갱신한다. 이렇게 부채는 삽시간에 눈덩이처럼 불어났다.

이 무렵 시인의 목을 조르게 될 또 하나의 위험이 그를 기다리고 있었다. 피모당에서 멀지 않은 곳에 남국 여행 전후에 만난 것으로 추측되는 잔 뒤발Jeanne Duval이 살고 있었다. 그녀는 시인에게 한순간 끝없는 즐거움을 주었고, 아름다운 시들에 영감을 준 여인이지만, 많은 경우 고통을 주며 평생 시인의 운명에 붙어 다닌다.

"말년에는 알코올 중독과 무절제한 생활로 인해 형편없이 타락했고, 걸음도 잘 걷지 못할 만큼 건강이 나빠져 폐인이 됐고, 이미 미인의 흔적도 찾아볼 수 없게 됐으며, 그럼에도 불구하고 끊임없이 시인에게서 돈을 뜯어냈고," "심지어는 시인이 브뤼셀에서 졸도하여 죽음을 앞에 두고 있을 때에도 아들에게 달려간 오픽 부인은 돈을 요구하는 그녀의 편지를 발견했었다"고 한다.

그러나 현실의 그녀가 어떠했는지는 문제가 되지 않는다. 그녀는 시인의 상상력을 풍요롭게 했고, 시인에게 아름다운 시의 영감을 불어넣은 여인이다. 시인 보들레르 하면 '검은 비너스 잔'을 떠올리게 되는 것은 시인의 이 수수께끼 같은 집착 때문만은 아닐 것이다. 그것은 무엇보다 그녀가 시인으로 하여금 유례없이 독창적인 시를 쓰게 한 여인이기 때문이다. 『악의 꽃』에 22편의 시와 『파리의 우울』에 몇 편, 잔에 관한 시편은 『악의 꽃』에 『악의 꽃』만이 가진 독특한 향기를 더해준다.

이해에 보들레르는 댄디로서 화려한 생활을 하면서도 시작에 열중하여, 『악의 꽃』에 자리를 잡게 될 상당수의 시를 쓴다.

2월, 그 당시 노르망디 그룹의 주동자였던 프라롱과 바바쇠르가 보들레르에게 3인 시집을 내기를 제안했다. 보들레르는 이 제안을 받아들였으나 마지막에 자신의 원고를 빼버리는데 그 경위를 바바쇠르는 이렇게 전한다.

> 그는 내게 자기 원고를 전했다. 그것은 그 후 『악의 꽃』에 삽입된 몇 편의 초고였다. 나는 그저 무심코 내 의견을 말했다. 경망하게도 나는 시인의 원고를 고치려고까지 했다. 보들레르는 아무 말 않고, 화도 내지 않았다. 그리고 동인으로서의 자기 몫을 가져갔다. 그가 잘한 일이었다. 그의 바탕은 광목 같은 우리들의 것과는 천이 달랐던 것이다. 그리하여 우리들만의 시가 간행됐다.

이렇게 해서 그 시집은(『시 *Vers*』) 1843년 바바쇠르, 프라롱, 아르곤(도종의 가명)의 이름으로 출판된다. 그러나 보들레르도 프라롱의 이름으로 몇 편의 시를 실었다고 전해진다.

1844년 시인의 무절제한 지출로 인한 부채, 확고한 직업을 거부하고 무위도식하는 듯한 생활 태도, 잔과의 바람직하지 않은 관계 등이 다시 가족을 불안하게 했다. 그가 유산으로 받은 재산은 2년도 채 되지 않아 절반 정도가 날아가버렸다. 남국 여행이 기대했던 결과를 가져오지 못했기 때문에 가족은 더욱 단호한 조처를 취해야 한다고 생각했고, 오픽의 제안으로 법원에 청원서가 제출된다.

이렇게 하여 시인의 나이 스물두 살이 되던 해 9월, 금치산 선고 판결이 내려진다. 이로서 그는 성년이면서 법적으로 다시 미성년으로 전락한다. 법원은 그의 재산을 관리하도록 뇌이의 공증인 앙셀 Narcisse-Désiré Ancelle을 법정 후견인으로 임명한다. 이때부터 시인은 앙셀에게 생활비를 매달 받아 쓰고, 법정 후견인을 설정한 지 채 1년이 못 되어 그는 다시 빚더미 위에 앉는다. 자신의 재산이지만 마음대로 쓸 수 없어 평생 빚더미에서 헤어나지 못한다.

1845년 법원의 금치산 선고는 보들레르의 자존심에 심한 상처를 입혔다. 이로 인해 그가 받은 분노와 모욕감은 시간이 지나도 누그러지지 않았다. 그로부터 15여 년이 지난 후에도 법정 후견인 설정은 그의 눈에 여전히 용서할 수 없는 결정으로 비친다. 시인은 1860년 10월 11일 자 편지부터 이듬해인 1861년 사이 여러 차례에 걸친 편지에서 이 사건을 두고두고 돌이킬 수 없는 '과오'였다고 언급한다. 다음은 1860년 10월 11일의 편지이다.

법정 후견인! 내 생애를 파멸시켰고, 내 인생 하루하루를 시들게 했으며, 내 모든 사고를 증오와 절망의 빛으로 물들인 그 무서운 과오. 그러나 어머니는 날 이해 못 해요.

또 그로부터 몇 달이 지난 1861년 1월 1일 편지에서, 그리고 4월 1일, 5월 6일 편지에서도 재차 법정 후견인 결정에 대한 분노를 토로

한다.

　　　　제발 법정 후견을 생각해보세요. 지난 17년 동안 그것이 내 속을 갉아먹고 있어요. 그것으로 인해 온갖 관점에서 내가 받은 고통을 어머니는 믿을 수도 없고 이해할 수도 없어요. [……] 그건 지금으로선 돌이킬 수 없는 일이에요.
　　　　그 저주스런 발명! 지나치게 돈에만 사로잡힌 어머니의 정신의 발명, 내 명예를 더럽혔고, 다시 늘어나는 빚 속으로 날 몰아넣었으며, 내 속의 상냥함을 송두리째 죽였고, 아직 미완성이었던 나의 예술과 문학자로서의 교육을 묶어버리기까지 한 그 모성의 발명. 맹목은 악보다도 더 큰 재앙을 만들죠.
　　　　만약 법정 후견이 없었다면 모든 것을 탕진했을 테죠. 그렇게 되면 일에 대한 취미를 얻었을 겁니다. 법정 후견이 행해진 지금, 모든 것을 탕진하고, 나는 늙고 불행합니다.

　　이 글을 쓸 때 그는 이미 심각하게 병들어 있었다. 빚과 좌절감 때문에 프랑스를 떠나 이국 땅 브뤼셀에서 또 한 번의 좌절감을 경험하고 죽음을 눈앞에 두고 있었다. 그 마지막 순간까지도 그는 법정 후견인에 종속되어 있었던 자신의 저주받은 인생을 억울하게 생각하며 부모를 원망했다.
　　그 당시 그의 재산은 5만 5천 프랑과 매년 들어오는 연금 수입 2천6백 프랑을 합친 금액이었다. 이후 그의 재산은 계속 줄어들었지만, 그가 세상을 떠날 때 채권자들의 빚을 청산하기에 충분한 금액이 남아 있었고, 그리고도 약간의 금액이 오픽 부인과 형의 아내인 알퐁스 보들레르 부인에게 남겨진다. 그러나 후견인의 허락 없이는 한푼도 쓸 수 없었기 때문에 그는 재산을 남기고 세상을 떠나면서도 끝까지 가난과 빚 속에서 비참하게 살다 갈 수밖에 없었다.

위기를 벗어날 해결책이 그에게는 보이지 않았고 여러 가지 좌절감까지 겹쳐 1845년 6월 30일, 그는 마침내 앙셀에게 남길 유서를 준비하고 자살을 택한다. 칼로 가슴을 찔렀으나 미수로 끝나고, 건강은 쉽게 회복된다.

유서의 내용에는 자신의 자살 동기가 빚 때문이 아니라 자신이 "남들에게 무익"하고, "자신에게도 위험하니까 자살한다"고 되어 있다. 이처럼 편지에는 법정 후견인이나 부모에 대한 비난은 전혀 없고, 자신에 대한 비난으로 자살의 이유를 설명하고 있다. 자신이 소유한 모든 재산을 잔에게 줄 것과, 자신의 파멸을 본보기 삼아 그녀의 삶의 태도를 시정해줄 것을 앙셀에게 간곡히 부탁한다.

미술 비평으로 등단한다.

낭만, 방종, 남국 여행, 가출, 그리고 잔과의 만남, 아롱델의 유혹, 빚더미, 금치산 선고, 자살 시도…… 이렇게 청년기의 회오리를 겪으면서도 보들레르는 문학에의 집념을 버리지 않고 작품들을 하나씩 완성해나갔다.

샤를의 자살 사건 직후 오픽 부인은 아들을 방돔 광장에 있는 호사스런 자신의 집으로 데려간다. 그러나 그는 부모의 집에서 5, 6개월밖에 견뎌내지 못하고 뛰쳐나온다. 집을 나온 후 정신적인 불안정과 경제적인 어려움이 본격적으로 시작되고, 빈곤은 점점 심각해진다. 이때부터 그의 거처는 수없이 바뀌었다. 잠시 코르네유가 5번지 오데옹 호텔 맞은편에 있는 코르네유 호텔에서 숨을 돌린 후, 코크나르가 33번지로, 다음은 마레뒤탕플가 25번지, 그리고 라피트가 32번지 포크스톤 호텔, 다음은 이름도 없는 어느 싸구려 호텔……

파리에서의 그의 순례는 끝이 없다. 때로는 빚쟁이를 피해 친구 집으로 몸을 피하기도 했다. 그 시절 어머니에게 보내는 편지들에는 그가 겪고 있는 비참한 모습이 생생히 드러난다. "돈 없이 2, 3일 전부터 거처와 가구를 구하러 다니던 중에 지난 월요일 저녁 피로와 권태와 굶주림에 녹초가 되어……"라고 씌어 있는 편지도 있고, "내의와 장작이 없이 3일간 침대에 그대로 누워 있었다"는 구절도 있다.

그러나 극심한 빈곤 속에서도 그는 글쓰는 일을 중단하지 않았다. 이해에 보들레르 뒤파이라는 이름으로 『1845년 미술전 Salon de 1845』을 발표한다. 뒤파이는 그의 어머니의 성이다. 이처럼 그는 조금씩 철자만 바꾼 어머니의 성을 사용하며 계속 가명으로 작품을 발표한다. 72쪽에 지나지 않는 이 미술 에세이는 젊은 작가를 일약 일급 미학자로 부상시킨다.

미술 비평 이외에도 『르 코르세르 사탕 Le Corsaire-Satan』지에 작가 발자크를 모델로 한 「재능이 있을 때 어떻게 빚을 갚는가 Comment on paie ses dettes quand on a du génie?」, 『레스프리 퓌블릭 l'Esprit Public』지에 「젊은 문학인들에게 주는 충고 Conseils aux jeunes littérateurs」 등 여러 에세이를 발표한다.

1846년 『1845년 미술전』에 이어 다음해 5월, 『1846년 미술전』이 나오고, 그 사이에 1846년 1월 『르 코르세르 사탕』에 「본 누벨 바자의 고전 미술관」이 발표된다. 그는 계속 뒤파이라는 가명을 쓰고 있다. "24세의 신인이 내놓은 이 에세이들은 숙련된 솜씨와 대담함, 풍요로움이 놀랍다"며 보들레르 연구가 뤼프는 감탄을 금치 못한다. 그는 계속해서 이렇게 쓴다.

이 글들은 보들레르가 이미 예술의 주요 문제들을 탐색했음을, 그리고 그가 그 이후 그로부터 벗어나지 않을 미학의 거의 모든 요건들을 확고하게 형성하고 있었음을 보여준다.

『1846년 미술전』은 그 형식과 성격이 이미 전해의 미술 비평과 판이하게 달라져 있었다. 본격적인 비평에 들어가기 전에, 「비평이란 무엇인가?」라는 장을 서두에 붙여, 비평의 의미와 현대 예술의 위치 등에 관해 자신이 생각하고 있는 원칙을 체계적으로 정리한다. 그리고 이어지는 본문은 그 원칙을 작품을 통해 보고하는 형태로 전개된다.

1846년부터 일간지에 게재했던 다른 미술 에세이들도 보고서의 수준을 뛰어넘어 미학 전반적인 문제들에 접근하고 있었다. 그리고 이때부터 그는 일반 대중들에게 등을 돌리고 미술에 정통한 전문가와 감식가들을 향해 글을 쓴다.

1847년 1월, 그의 유일한 중편소설 「라 팡파를로La Fanfarlo」를 발표한다.

여배우 마리 도브렁Marie Daubrun을 만난 것이 이 시기이다. 도브렁은 「가을의 노래」를 비롯해 『악의 꽃』을 차지할 많은 아름다운 시들에 영감을 준 여인이다. 「가을의 노래」가 처음 잡지 『르뷔 콩탕포렌 *Revue Contemporaine*』에 발표됐을 때, 시인은 마리 도브렁을 M. D.라는 약자로 표시하며 그 시를 바쳤으나, 후에 『악의 꽃』 제2판에서는 이 이름이 사라진다.

『악의 꽃』의 「우울과 이상」편 중 「독」으로부터 「어느 마돈나에게」에 이르는 9편의 시에 그려진 여인은 뜨거운 정열이나 관능의 대상이 아니다. 신비한 매력과 우수에 젖은 듯한 아름다운 눈을 가진 여인으로 정의될 수 있는 그녀는 시 속에서 애인이라기보다는 다정한 누이, 또는 어머니의 이미지를 떠오르게 하는 여인이었다.

1848년 프랑스에서 2월 혁명이 발발한다. 2월 혁명은 1830년 7월 혁명 이래 세번째로 일어난 혁명이다. 이 혁명으로 인해 프랑스의 왕 루이 필리프가 물러나고 임시정부가 조직되어 프랑스에서 왕정이 끝나고 최초로 공화정이 시작된다. 이 격동의 시기, 2월 혁명의 와중에서 보들레르는 몇 작품만 발표했다.

1월, 『르 코르세르 사탕』지에 샹플뢰리Champfleury의 콩트에 관한 서평을, 7월에는 포에 관한 최초의 번역 『최면에 걸린 상태에서의 계시 Révélation magnétique』를, 그리고 11월에 「살인자의 술」을 발표한다. 이것이 그해에 보여준 집필 활동의 전부이다.

2월, 혁명이 발발한 어느 날 시가전의 흥분한 폭도들 사이에서 총을 들고 있는 보들레르가 친구들의 눈에 들어온다. 그리고 얼마 후 그는 『르 코르세르 사탕』지에 함께 기고하던 샹플뢰리, 투뱅Toubin과 함께 『사회복지 Salut Publique』라는 신문을 낸다. 이 신문은 자금난으로 2호로 끝나지만, 그는 스스로 신문을 들고 가두 판매에까지 나서며 매우 실천적인 사회주의자 같은 모습을 보인다. 그리고 그 후 이번에는 거꾸로 보수 경향의 신문 『국민논단 La Tribune Nationale』의 편집 책임자로 취임한다.

이 같은 일련의 행동들은 보들레르 연구가들을 당혹스럽게 했다. 이는 대단한 모순이며 자가당착이라고 그들은 입을 모았다. 언제나 무식한 대중을 무시했던 댄디이며 예술 애호가인 그는 사회주의자를 미술과 예술에 대한, 또는 순수 문학에 대한 적이라고 생각해왔기 때문이다. 불과 2년 전에 쓴 『1846년 미술전』에서도 반공화적인 태도를 공공연하게 내세웠던 그였다.

보들레르의 삶은 일련의 모순 속에서 전개됐다. 그중에도 보들레르의 모순이 가장 두드러진 것은 1848년 2월 혁명 전후 그가 취한 일련의 행동이다.

댄디이며 귀족주의자로 일관되게 반사회주의, 반혁명 사상, 반민주, 그리고 반대중적인 자세를 고수했으며, 정치, 혁명, 사회 등의 문제에는 체질적으로 관심이 없는 듯했던 그가 잠시 동안이나마 혁명의 소용돌이 속에 휘말려 시가전에 참여하기도 했고, 사회주의 이념의 신문을 내는 등 열광적인 혁명가로 변신한 모습을 보여준 것이다. 보들레르는 후에 『내면 일기』에서 1848년 자신이 혁명 진영에 끼어 시가전에 참가했던 일에 대해 이렇게 적는다.

> 2월의 끔찍스런 일들.
> 민주주의 광기와 부르주아지의 광기.
> 자연적인 범죄애.

이처럼 그는 혁명의 회오리 속에 끼어들었던 자신의 행동과 혁명 자체에 대해 부정적인 결론을 내린다.

> 1848년이 재미있었던 것은 오직 저마다 거기서 공중누각과 같은 유토피아를 그리고 있었기 때문이다.
> 쿠데타 때의 나의 격분. 얼마나 충격을 받았던가. 또 하나의 보나파르트! 이 무슨 수치냐!

1850년 1849년 12월, 디종Dijon으로 떠나 체류하던 중, 1월 9일, 잔이 그곳으로 온다. 다시 파리로 돌아와 피갈 거리 46번지에 머무른다. 곧 잔과 함께 뇌이로 거처를 옮기고 1851년까지 그곳에 체류.

출판업자 말라시August poulet-Malassis를 만나고, 그 후 1857년 말라시가 『악의 꽃』을 출판한다.

1851년 보들레르의 나이 서른이 되는 해이다. 그동안 회오리 같은 혼돈 속에 끼어들었던 정치에의 환멸, 불안정한 애정 생활, 빈곤, 병고, 절망, 그리고 포의 문학세계와의 만남…… 이렇게 어둠 속을 더듬어 길을 찾는 모색자의 시련을 거친 후 보들레르는 다시 문학으로 돌아온다.

1850년에 이미 『가족잡지Magazin de familles』에 「교만의 벌」과 「정직한 자들의 술Le Vin des honnêtes gens」을, 그리고 7월에는 『프랑스 시선집Anthologie des vers français』에 「레스보스」라는 제목으로 작품들을 발표한다. 이 작품과 함께 처음으로 『악의 꽃』의 저자 보들레르라는 이름을 밝힌다.

1851년에는 『의회통신Le Messager de l'Assemblée』에 「술」과 「해시시」를, 그리고 한 달 후에 같은 잡지에 11개의 소네트를 발표한다. 「우울」 「무능한 수도승」 「이상」 「고양이들」 「연인들의 죽음」 「예술가의 죽음」 등이 그것들이다. 「술」과 「해시시」는 후에 『인공 낙원』에 자리 잡게 된다.

6월 15일, 마레뒤탕플 가 25번지로 이사해 다음 해 4월까지 그곳에 체류.

8월, 샹송 작가 피에르 뒤퐁Pierre Dupont을 열렬히 찬양하는 글을 발표한다.

10월, 런던에 포 전집을 주문하고 본격적으로 포 작품 번역에 열중한다.

보들레르가 포의 작품을 접한 것은 1847~48년으로 짐작된다. 포의 작품을 대하면서 보들레르는 '일종의 계시와 같은 독특한 충격'을 받았다고 주장하며 급기야 그의 작품을 완역할 결심을 한다. 그가 이 방대한 작품 번역을 시행하면서 보였던 집요함과 열정에 대해 보들레르 주석자들은 신비에 가까운 일이라고 말한다. 근 15년에 걸쳐 이 작업에 전념하며 많은 번역서를 냈고, 이 번역서들 중 어떤 것에는 오랫동안 공들여 작업한 해설을 곁들였기 때문이다. 이 해설은 미학의 원칙과 방향을 제시한 글로서 중요한 미학적 의미를 갖는다.

마침내 번역한 콩트들이 1853년 『라르티스트』지에 발표되기 시작하고, 콩트에 이어 「이상한 이야기Histoires Extraordinaires」(1856), 「새로운 이상한 이야기Nouvelles Histoires Extraordinaires」(1857), 「아서 고든 핌의 모험Les Aventures d'Arthur Gordon Pym」(1858), 「유레카Eureka」(1863), 「기이하고 심각한 이야기Les Histoires Grotesques et Sérieuses」(1865) 등이 계속해서 출판된다. 이처럼 보들레르의 문학적 삶의 많은 부분이 포 작품 번역에 바쳐졌으며, 1857년 『악의 꽃』 출간 전 그가 대중들에게 알려진 것은 특히 포 작품 번역가로서였다.

아폴로니 사바티에Apollonie Sabatier라는 '하얀 피부의 마돈나'에게 열정을 바치기 시작한다. 흔히 사바티에 부인, 또는 예술가들 사이에서 일명 '여의장Présidente'으로 불리던 이 여인은 벨기에 은행가 모셀만Hippolyte Alfred Mosselman의 정부였으며, 1847년부터 화류계에 군림했다. 미모가 뛰어난 그녀는 일찍이 한 음악회에서 이 거부, 금융계의 왕의 눈에 띄었고, 모셀만은 프로코 거리(지금의 피갈 광장)에 호화로운 아파트를 얻어 그녀를 그곳에 살게 했다.

이 여인은 일요일 저녁이면 프로코 거리에 살롱을 열고 시인, 평론가, 미술가, 조각가 등 예술계의 유명 인사들을 초대했다. 이 살롱의 단골손님 중 한 사람인 고티에는 그녀에게 편지를 보내며 아름다운 시 구절로 그녀의 아름다움을 찬미했다. 고티에 이외에도 우세, 네르발, 플로베르, 생트뵈브, 뮈세, 막심 뒤캉 등 많은 작가들이 이곳을 드나들었고, 화가들 중에는 메소니에Ernest Meissonier, 리카르Gustave Ricard 등이 있었다. 그녀는 성격이 활달하고 개방적이며 이성 관계도 자유분방한 편으로 숙녀인 척하는 새침데기는 아니었다. 그녀의 미모에 대해서는 재론의 여지가 없으며, 우정 관계에 있어서 충실하고 신의가 있었다고 한다.

보들레르는 1851년부터 그녀의 저녁 만찬에 끈질기게 드나들었다. 1852년부터는 사바티에 부인에게 익명으로 편지와 시를 보내기 시작하여 1854년까지 7편의 시를 보낸다. 1857년 『악의 꽃』 소송 사건을 계기로 사바티에 부인은 마침내 익명의 주인공을 알게 되고, 이 청년 시인의 순수한 열정에 감동받는다. 그리고 급기야는 시인에게 모든 것을 허락했는데, 그때부터 오히려 그녀를 향한 시인의 열정은 시들어버린다. 차후에도 그들은 계속 친구로 남아 좋은 관계를 유지했고, 그녀에 대한 소년같이 순수한 정열은 사라졌다 해도 그녀로 인해 쓰인 시들은 영원히 남아 『악의 꽃』에 빛을 더해주고 있다.

1852년 보들레르는 잔과 헤어질 결심을 한다. 빚쟁이에게 쫓기고 잔과의 동거가 견딜 수 없어, 때로 그는 집을 나와 조용한 카페로 피신한다. 3월 말, 어머니에게 보내는 편지가 그것을 말해준다.

중앙우체국 정면에 있는 카페에서, 소란과 주사위 놀이며 당구 놀이 등이 한창인 가운데 편지를 씁니다. 좀더 조용히,

그리고 좀더 쉽게 생각할 수 있기 위해서죠.

가끔 10시(밤)에서 10시(아침)까지 일을 해요. 조용한 시간을 갖고, 또 내가 동거하는 여자의 참을 수 없이 귀찮은 언동을 피하기 위해 밤에 일할 수밖에 없어요. 때로는 글을 쓰기 위해 내 집에서 도망쳐 나와 도서관으로, 또는 독서실로, 또는 술집으로, 또는 오늘처럼 카페로 갑니다.

그러나 그는 잔을 버리지 않는다. 잠시 집을 나가 그녀와 헤어져 있을 계획을 세운다.

1853년 빚이 점점 늘어난다. 빚을 갚기 위해 여러 가지 계획을 세우지만 일이 진행되지 않는다.

그러나 포의 작품 번역은 계속되어, 3월 1일 『라르티스트』에 「까마귀Corbeau」, 3월 27일 같은 잡지에 「가구의 철학Philosophie de l'Ameublement」, 11월 13·15일, 2회에 걸쳐 『파리』에 「검은 고양이Chat Noir」와 「모렐라Morella」를 발표한다.

사바티에 부인에게는 계속 익명으로 시를 보낸다.

1854년 연초에 오픽 부인이 아들의 빚을 갚아주어 보들레르는 요크 호텔의 피난처를 떠나 피갈의 1층 방으로 돌아온다. 그러나 그곳에 오래 있지 않는다. 두 달 후 파리 좌안으로 떠났다가, 다시 센가 35번지 마로크 호텔에 도착한다. 옛날 잔과 함께 살던 곳이다.

11월, 시인은 마로크 호텔을 떠난다.

1855년 1월 25일, 「실비」「오렐리아」「동방 여행」「공상시집」의 작가 네르발을 괴롭히던 광기가 그를 자살로 몰고 간다.

「1855년 만국박람회」 발표. 그의 궁핍은 극에 달하고, 잔 때문에 고통을 겪는다. 애정 문제의 불행뿐 아니라 계속 돈 문제로 쫓기며 어머니에게 보내는 편지마다 급히 해결해야 할 빚 독촉 때문에 바로 돈을 보내달라는 부탁이고, 후견인 앙셀에게는 친구들에게 돈을 구걸하러 다녀야 하는 굴욕을 하소연한다. 때로 잡지사, 또는 출판사에 머지않아 간행될 소설이나 기타 작품을 약속하며 선불해달라는 호소가 잦아진다. 그의 말대로 이런 "캄캄한 암흑" 속에서, 그리고 "회반죽 속에서 살고, 들끓는 벼룩 속에 잠자고…… 이 호텔에서 저 호텔로 전전하던" 중 그에게 예기치 않은 기회가 주어진다. 1855년 파리 만국박람회의 조형미술 부분에 관한 비평을 써달라는 의뢰가 그에게 온 것이다.

그해 그에게 또 하나의 기회가 주어졌다. 『르 페이』지에 미술평 1회분을 싣고, 2회분을 아직 싣지 않은 6월 1일, 『르뷔 데 되 몽드 *Revue des Deux Mondes*』가 처음으로 『악의 꽃』이라는 제목 아래 보들레르의 18편의 시를 싣는다.

1855년 5월, 같은 달에 두 번의 기회가 잇달아 그에게 주어진 것이다.

1855년 여름, 보들레르는 센가 57번지에서 27번지로 다시 주소를 바꾼다. 12월 다시 앙굴렘뒤탕플가로 옮긴다.

12월 말, 머지않아 그의 서른다섯번째 생일이다. 잔과 헤어진 지도 4년, 이 결별의 기간 동안에도 시인은 계속 그녀에게 액수는 얼마 되지 않지만 부정기적으로 돈을 보낸다.

1856년 1월 9일 어머니로부터 돈을 받아서 그 어느 때보다 좋은 환경의 새로운 거처를 장만한다. 작업에 몰두할 결심 또한 그 어느 때보다도 새롭다. 그리고 이곳에서 다시 잔과 동거에 들어갔다. 그러나 새로운 기대로 시작한 이곳의 삶도 오래가지 않았다.

6월 6일, 그는 다음 계약까지 아직 시간이 남아 있었지만, 그곳을 떠나 다시 호텔 생활로 들어간다. 볼테르가 19번지의 볼테르 호텔로, 이곳은 후에 음악인 바그너, 그리고 소설가 오스카 와일드가 머물렀던 곳이기도 하다.

포의 작품 『이상한 이야기』 번역서가 성공을 거둔다. 막심 뒤캉, 바르베 도르비이, 에두아르 티에리Edouard Thierry, 퐁 마르탱Pont Martin 등이 번역가를 칭찬했다. 포에 관해서는 회의를 가지면서도 번역가에 대해서는 칭찬이 대단했다. 포는 이처럼 자신의 나라 미국에서 알려지기 전에 보들레르에 의해 외국 프랑스에서 먼저 명성을 얻는다.

말라시와의 만남. 1856년은 번역서 성공뿐 아니라 그의 생애에 가장 중요한 행운을 가져다준 해이다. 『르뷔 데 되 몽드』에 18편의 시가 발표되고 많은 공격을 받았으나, 『이상한 이야기』를 낸 출판사 발행인 미셸 레비Michel Lévy는 외쳤다.

> 나는 보들레르의 시들을 출판하는 것을 망설였다. 그러나 이제 나는 결심이 섰다!

그러나 1년 6개월 후, 미셸은 또 주저했다. 이런 상황에서 시인의 친구 말라시가 그를 위해 그의 시를 전부 출판하고 미술평까지 내겠다고 제의했다. 1856년 12월 30일, 『악의 꽃』의 최초의 계약이 이루어진다. 1,300백 부를 찍기로 하고, 1857년 2월 4일에 원고를 넘긴다.

1857년 보들레르의 『악의 꽃』이 출판되고, 동시에 프랑스 문학사를 『악의 꽃』으로 장식한다. 이해에 『악의 꽃』은 기소되어 벌금을 물고 시 6편의 삭제 명령을 받는다. 같은 해에 플로베르의 『보바리 부인 *Madame Bovary*』이 같은 운명에 처하나 이 책은 무죄 선고를 받는다.

1857년은 보들레르의 삶에 있어 또 다른 의미에서 중요한 해이다. 『악의 꽃』 출판 작업이 막바지에 이른 4월 28일, 의붓아버지 오픽이 68세의 나이로 세상을 떠난다. 이로써 일곱 살에서 서른여섯 살에 이르는 동안의 모자 관계가 새로운 양상을 띠게 된다.

6월 13일, 증정할 대상자의 명단과 광고 문안까지 만들어 출판사에 보내고, 『악의 꽃』이 드디어 서점에서 판매가 시작된다. 이 책은 "분노와 인내심으로 쓰인 15년 동안의 노고의 결실이다." 저자는 책을 엄숙하고 간결한 형태로 고티에에게 바친다.

7월 5일, 『피가로』의 부르댕 Gustave Bourdin은 분노에 찬 목소리로 공격의 포문을 연다.

> 보들레르의 정신 상태를 의심할 때가 있다. […] 이 책은 온갖 광란과 마음의 온갖 부패에 개방된 병원이다. 치료하기 위해서라면 모르되 그것은 이미 불치의 병이다.

부르댕의 이 기사는 격렬한 반응을 일으켜, 파리 주재 외국 특파원들조차 이 문제를 기사화했다. 이로부터 이틀 후, 7월 7일, 내무부 공안국은 검찰에 기소장을 보낸다.

7월 13일, 『피가로』는 다시 『악의 꽃』에 관한 공격을 재개한다. 그리고 『악의 꽃』이 곧 압류에 들어갈 것이라는 소문이 돌았다. 보들레르는 이런 일을 예상했는지 말라시에게 출판사에 남은 책들을 급히 감추어두라고 당부하며, 자신은 대리점에 있는 50권을 안전한 곳에 옮겼다고 덧붙인다. 보들레르의 예상대로 숨겨진 책들은 몇 배나 훨씬 비싼 가격으로 거래됐다. 정가 6프랑인 책이 40프랑까지, 어떤 것은 심지어 60프랑에도 팔렸다.

7월 14일, 정부기관지 『세계 신보 Moniteur Universel』가 평론가 티에리의 찬양의 서평을 싣는다. 그 당시 정부의 세 장관(『세계 신보』를 주관하는 국무장관과 강경파인 내무장관, 법무장관) 사이에 이 문제에 대한 의견이 엇갈렸었다.

7월 17일, 검찰청은 공안국의 기소 제청을 정식으로 수리하고 저자, 출판주를 심문하고 시집을 압류하기로 한다.

『피가로』에 실린 기사가 전체적인 분위기를 지배하기 때문에, 보들레르를 인정하는 애호가들이 비방의 기세를 꺾으려 애썼으나 별 효과가 없었다. 바르베 도르비이는 『르 페이』지에, 아슬리노는 『르뷔 프랑세즈』에 기고하지만 그들의 글을 실어주지도 않았다.

8월 14일, 『악의 꽃』을 옹호하는 4편의 서평이 『악의 꽃 옹호론 Articles justificatifs pour Ch. Baudelaire auteur des Fleurs du Mal』이라는 소책자로 간행되어 그 당시 여론과 당국의 과격한 조처를 무마하려 시도했다. 이 책자는 『세계신보』와 『르 프레지당 Le Président』에 이미 발표된 2편의 기사와 당국의 간섭으로 발표가 저지된 도르비이와 아슬리노의 글을 합쳐 책자로 만든 것이다.

8월 16일, 잡지 『라 크로니크 La Chronique』는 "오래전부터 간행된 작품들 중에서 가장 아름다운 작품의 하나"라고 시인에게는 매우 호의적인 서평을 내준다.

8월 18일, 소송 이틀 전 마침내 보들레르는 플로베르의 뒤에는 황후 마틸드Princesse Mathilde가 있었음을 듣게 된다. 재판관들을 포섭하기 위해 백방으로 애쓰던 그는 이때 사바티에 부인을 떠올린다. 유명 인사들과 교제가 넓은 그녀는 유력한 인사와 손이 닿을 수 있는 유리한 입장에 있었다. 이제 자신을 감출 계제가 아니었다. 그리하여 그는 5년 동안 지켜오던 익명의 마스크를 갑자기 열게 된다.

자, 처음으로 진짜 필적으로 당신에게 편지합니다.

그러나 그녀의 활약에도 결국 보들레르는 유죄 판결을 면치 못한다. 그를 짓누르기 위해 움직이기 시작한 운명의 기계를 정지시키기에는 이미 때가 늦어 있었다.

그리고 이 일을 계기로 그녀와의 관계는 보들레르가 생각지 않았던 방향으로 전개된다. 오랫동안 자신에게 시와 편지로 순수한 사랑을 바쳐왔던 주인공이 시인 보들레르였다는 것을 알고 감동한 사바티에 부인은 자신의 모든 것을 허락할 의사를 비친다. 그러나 시인은 오히려 그녀의 정열을 부담스러워한다.

8월 20일, 재판이 열리고, 재판은 공중의 도덕, 미풍양속의 이름으로 이 책을 유해하다고 규정하고, 6편의 시 삭제와 저자에게는 3백 프랑, 출판주(2명)에게 각각 1백 프랑 벌금을 명한다. 보들레르는 상소하지 않는다. 그는 황후에게 벌금 삭감을 청원했고, 오랜 유예 끝에 1858년 1월 20일에 벌금이 50프랑으로 삭감된다. 그러나 여전히 삭제 명령을 받은 6편의 시들을 책에 넣어 출판하는 일은 불가능했다. 법적으로 명예 회복이 이루어지기까지는 1세기라는 긴 시간이 필요했다. 1949년 8월 31일, 프랑스 최고재판소는 1857년의 판결을 파기하고 판결 정지 명령을 내린다.

『악의 꽃』 1판과 2판 사이에는 3년 6개월이 흐른다. 궁핍과 우울 가운데서도 이 기간은 모든 분야에서 매우 풍요한 시기이다. 아편과 해시시에 관한 에세이, 문학, 미술 비평, 시의 새로운 시도 등, 1857년 『악의 꽃』 발표 이후 여러 장르의 글들이 쏟아져나왔다.

1857년 풍자 화가에 대한 미술평을 시작으로 플로베르의 『보바리 부인』 서평, 포 번역서(「아서 고든 핌의 모험」), 고티에 관한 연구, 『1859년 미술평』『인공 낙원』 그리고 『내면 일기』를 차지하게 될 「봉화」와 「마음을 털어놓고」의 글들과 노트들이 차곡차곡 쌓여갔다. 그리고도 이미 햇볕을 본 작품보다 앞으로 나오게 될 작품이 더 많이 있음을 예고하는 징후들이 있었다.

1858년 옹플뢰르의 모친 곁에서. 『악의 꽃』의 출판은 그에게 이렇다 할 경제적 도움을 주지 못했고, 게다가 벌금 3백 프랑은 그에게 또 하나의 버거운 짐이었다. 그리하여 1857년 황후에게 탄원하여 벌금 5십 프랑으로 삭감받고, 정부에서 『새로운 이상한 이야기』 번역 보조금으로 1백 프랑을 지급받았으나 큰 도움이 되지 못했다. 12월에는 문무성에 보조금을 신청해야 할 지경이었다. 시인은 집필 활동으로 분주한 가운데서도 마음은 무기력증과 우울에 시달리며 1858년 초 처음으로 어머니가 계신 북해 항구 옹플뢰르에 가고 싶은 마음을 고백한다. 오픽 부인은 파리를 떠나 항구 도시 옹플뢰르의 바다가 굽어보이는 벼랑에 세워진 일명 '장난감집'에 은거하고 있었다.

11월 중순쯤 볼테르 호텔을 나와 잔이 살고 있는 보트레이이가 22번지로 거처를 옮기고, 그곳에서 1859년 1월까지 머문다. 그리고 그 사이 12월 중순 알랑송에 있는 출판업자 말라시의 집에 12일 동안 체류한다.

시인의 숙명의 여인 잔과 다시 동거에 들어가기 전 그는 잠시 옹플뢰르에 들러 어머니를 포옹하고 돌아온다. 그러나 잔의 알코올 중독은 그들의 결별의 시간 동안 고독 속에서 더욱 심해져 있었다.

12월 31일, 줄곧 술병을 손에 들고 있는 잔을 보트레이이 거리에 혼자 남겨둔 채 그는 파리를 떠나 드디어 오랫동안 원하던 옹플뢰르 장난감집의 어머니 곁에 도착한다. 이곳에서 바다를 보며 시인은 이미 스무 살에 인도양 여행 때 써두었던 시 「알바트로스」를 다시 손질한다. 「여행」을 쓴 것도 이때이다.

그 밖에도 후에 「파리 풍경」을 채우게 될 「일곱 늙은이들」도 옹플뢰르 체류와 무관하지 않다. 시인은 그곳 먼 항구에서 바다를 바라보며 무한한 바다가 가져다주는 먼 고장의 풍경만을 꿈꾸는 것이 아니었다. 그의 상상력은 바다를 떠나 사람들이 우글거리는 파리의 거리로 달려갔다. 이 시와 「가여운 노파들」을 함께 묶어 '파리 환상Fantômes parisiens'이라고 이름 붙였고, 그것은 『악의 꽃』 제2판에 첨부될 「파리 풍경」 편에 자리를 차지하게 된다(1861년). 「파리 풍경」 편에 속하는 시들 중 오스만 백작Barron Haussman의 도시 계획으로 수도 파리에 일어난 변화에서 영감을 받고 태어난 「백조」가 있다. 루브르 박물관 두 모퉁이 사이 한 구획에 네르발에게 소중한 두아에네 거리가 있고, 모습을 바꾼 카루젤 광장이 있다. 이곳에서 그는 세월의 변화에 항거하는 마음의 끈질김과 시간과 함께 가버린 행복했던 어린 시절의 향수를 노래한다.

1859년 잔이 뇌출혈로 쓰러졌다는 내용의 전보를 옹플뢰르에서 받고 파리로 올라와 잔을 뒤부아 요양소에 입원시킨다. 파리에서 보름 동안 체류한 후 다시 4월 중순 옹플뢰르로 돌아가 6월 말까지 파리로 돌아오지 않는다. 그리고 계속해서 작품들이 쏟아져 나왔다. 4월 20일, 포 번역물 「까마귀」, 5월 20일, 「머리타래」, 그리고 아슬리노의 저서(*La Double Vie*)에 대한 서평과 고티에 연구, 60페이지 정도의 미술평 『1859년 미술전』이 발표된다.

『1859년 미술전』의 미술평은 오늘날까지도 미술가들에게 도움이 될 미학 개론을 담고 있다. 특히 그는 예술에서 상상력의 역할과 깊은 사상의 필요성을 강조한다.

1860년 1월 1일, 말라시와 브루아즈De Broise에게 제안하여 『악의 꽃』 2판, 『인공 낙원 *Les Paradis Artificiels*』 『미학적 호기심 *les Curiosités Esthétiques*』 『문학적 의견 *Opinions Littéraires*』 등 4권의 출판을 계약한다.

1월 13일, 처음으로 가벼운 뇌출혈 발작.

1월에서 2월 사이, '이탈리Italie 좌座'에서 바그너의 공연을 듣고, 2월 17일, 바그너에게 편지를 보내 열렬한 찬사를 보낸다. 이탈리 좌座에서 열린 바그너 음악회는 보들레르를 바그너 음악의 열렬한 애호가로 만들었다. "이 계절 이 음악은 내 생애의 가장 큰 즐거움 중의 하나였다. 이 같은 상승감을 느낀 것은 15년 전이었다"라고 시인은 말라시에게 고백한다. 15년 전, 그것은 1845년 들라크루아 회화와의 만남이다.

시인은 15년 전 들라크루아에 열광했던 것처럼 바그너의 음악에 감격하여 자신의 이 흥분과 감격을 바그너에게 편지로 알린다. 그리고 그 이후부터 끊임없이 "오늘 밤은 어디서 바그너 음악을 들을 수 있을까?" 하고 자문했다고 한다. 그는 편지에 자신이 "알 수 있는 한 가장 큰 즐거움을 준 음악"임을 바그너에게 감사하고, "이 음악을 처음 듣는 순간부터 자신은 음악에 정복당한 것 같았으며, 그것은 시인 자신이 이 음악을 미리 알고 있었던 것처럼 느껴졌기 때문"이라고 했다. 그리고 그런 착각이 어디서 오는지 생각해보았는데, 그것은 "이 음악이 나의 것"처럼 생각됐기 때문이라고 했다. 그가 일찍이 포의 글을 읽고 "이것은 나의 것이다"라고 선언했던 것과 같은 일치감을 다시 경험하고 바그너의 음악 세계에 심취한다.

 1859년경 보들레르는 파리에 체류 중인 영국 신문사 파견 데생 화가 가이스를 모델로 긴 미술 에세이 「현대 생활의 화가」를 발표한다. 가이스는 괴짜, 기인이었다. 세계 각처를 돌아다녔고, 여러 언어를 자유자재로 구사했다. 그는 주목받는 것을 싫어했으나, 시인이 자신의 의도를 설명하고 오랫동안 간곡하게 부탁하여, 결국 그의 이름을 밝히지 않는다는 조건하에 이 수줍은 화가의 허락을 받아낸다. 그리하여 이 에세이에서 시인은 그를 G 씨(Monsieur의 M에 Guys의 G를 따서 M. G.)로 부른다.

 13장으로 구성된 이 에세이는 내용뿐 아니라, 「미, 모드, 행복」 「풍속의 크로키」 「예술가, 세계의 인간, 대중들의 인간, 그리고 아이」 「현대성」 「기억술의 예술」 「전쟁의 역사」 「화려한 행렬과 축제」 「군대」 등 제목에서부터 시대를 앞선 뛰어난 현대적 감각을 보여준다. 그중에서도 「화장 예찬」과 「여인과 아가씨들」은 모드를 주제로 한 현대성의 미학이 이론적으로 정리된 흥미로운 텍스트이며, 반자연관, 인공미의 찬양 등 자연의 미를 거부하는 보들레르 미학의 모태를 제공해준다. 그러나 1860년에 쓴 이 에세이는 여러 잡지사에서 거절당하고, 3년이 지난 1863년에야 『피가로』에 전문이 게재된다.

 5월 말, 에세이집 『인공 낙원』 발행.

10월 15일부터 20일까지, 어머니로부터 돈을 얻기 위해 옹플뢰르에 체류.

11월 15일, 『악의 꽃』에 대한 정부 보조금 500프랑을 받음.

12월, 반신불수가 된 잔의 거처 뇌이의 루이필립가 4번지에 머물렀으나, 이듬해(1861년) 1월, 잔 곁에 오빠라는 남자가 붙어 있는 데 화가 나 디에프 호텔로 되돌아온다.

1861년 2월, 『악의 꽃』 제2판이 말라시의 출판사에서 출간된다. 법원에서 삭제 명령을 받은 6편이 빠지고, 「파리 풍경」과 시 35편이 추가된다. 새로 추가된 시들은 「파리 풍경」 편과 함께 찬양받고도 남을 불후의 역작들이다. 특히 「파리 풍경」은 점차 커지던 대도시의 서정시에 대한 관심의 결과로서 앞으로 나오게 될 산문 형식의 시집 『파리의 우울』의 예고편과 같다. 이 시기의 작품들에서는 대도시의 테마와 현대적 관심사들이 유감없이 과시된다. 게다가 2판은 초판의 텍스트에서 더욱 발전을 보이고, 시집 전체의 구조도 크게 수정되어 초판보다 더욱 완벽한 구조를 갖추었다. 시인 자신도 처음으로 자신의 작품에 만족해한다. 그러나 이 새로움과 완성을 향한 노력을 아무도 주목하지 않고, 비평들은 거의 무관심으로 일관한다.

자살에의 유혹. 처음으로 스스로 만족했던 이 시집에 대한 사회의 무관심이 그를 다시 실망시킨다. 좌절감뿐 아니라 신체적 쇠약증, 조로 현상으로 그의 증세는 날로 심각해지고, 시인은 죽음을 생각하기 시작한다. 이 생각은 이미 1859년 말라시에게 보낸 편지에도 나타나 있었고, 1860~61년 사이, 그의 머릿속을 집요하게 차지한다. 1860년 말경으로 추측되는 어느 친구에게 보낸 날짜가 없는 편지에도 이 같은 절망감이 서려 있다.

나는 자살의 가장자리에 있어요, 비겁함이나 회한과는 다른 어떤 이유가 나를 지탱해줍니다. [……] 특히 두 달 전부터 나는 무력증과 불안감을 주는 절망 속에 빠져 있어요. 제라르와 같은 병의 공격을 받은 것 같아요. 생각할 능력도 잃고, 글 한 줄 쓸 수 없으리라는 공포가 있어요.

신체적 고통은 계속되고, 걷기도 힘들 정도의 통증이 나타난다. 온갖 병의 고통과 절망 앞에 자살을 생각하면서도, 한편으로는 자신이 계획한 작품을 완성하기 전에 죽음이 찾아올 것이라는 초조감이 그를 괴롭혔다.

내가 만일 불구가 되거나, 내가 해야 하며, 할 수 있는 듯한 모든 일을 하기 전에 내 두뇌가 파괴되는 것을 느끼게 된다면!
내가 해야 할 일을 하기 전에 죽을 것이라는 공포.

자살의 유혹에 빠져 있을 때, 바그너의 음악 세계와의 만남이 그를 마비 상태에서 구해준다. 바그너의 음악이 처음 프랑스 대중 앞에 선보였을 때 음악잡지와 신문들은 이 음악가를 온갖 독설로 공격했다. 특히 음악가 베를리오즈Berlioz의 악랄한 평가는 시인 보들레르를 분노케 했다. 이는 프랑스의 수치이며, 자신은 음악에는 문외한이지만 이대로 묵과할 수 없다고 선언하며『르뷔 외로페엔*Revue Européenne*』에 2회에 걸쳐 바그너 옹호 글을 싣는다. 프랑스인들의 무지에 희생물이 된 음악인을 옹호하기 위해 그는 인쇄소에서 아침 10시에서 저녁 10시까지 무섭게 일했으며, 이 격렬한 작업이 자살이라는 강박관념을 그에게서 몰아내주었다.

3일간 인쇄소에서 즉석에서 쓴 거예요. 인쇄에의 집념이 없었더라면 결코 그 일을 할 수 없었을 거예요. 마침내 고정관념은 피할 수 없는 격렬한 일에 쫓겨 사라졌죠.

바그너 옹호 투쟁이 끝나자 보들레르는 다시 무서운 무기력증에 빠진다. 그가 참가했던 바그너 투쟁의 흥분과 짧은 시간에 그토록 훌륭한 음악 해설서를 쓸 수 있었던 자신의 지적 능력에 대한 새로운 인식, 그리고 어쩌면 바그너 예술의 역동성이 그에게 작용했을 신비한 활력소의 전이가 그를 잠시 삶으로 돌아오게 했다. 그러나 이제 그 흥분이 지나고 자신이 삶을 마감해야 한다고 생각했던 이유들이 다시 머리를 들기 시작했다.

1862년 4월 14일, 그를 우울하게 하는 또 하나의 비극적인 사건이 있었다. 그의 이복형 알퐁스가 뇌출혈로 쓰러져 반신불수가 되고, 세상을 떠난다. 그 자신도 이미 1월부터 병의 징조를 예감하고 두려움을 느낀다.

아카데미 입후보. 이미 '저주받은 시인'으로서 불행의 내리막길을 가고 있는 보들레르는 설상가상으로 또 하나의 불행을 자초한다. 예술의 길을 자신의 최상의 길로 생각했던 그가 아카데미 회원에 입후보하겠다는 엉뚱한 계획을 세운 것이다. 그가 아카데미에 입후보했다는 소식이 전해지자 신문, 잡지는 일제히 그에 대한 야유의 기사를 실었고, 그는 문학 친구들의 빈축을 샀다.

그러나 일단 주사위는 던져졌고, 돌이킬 수 없으니 "끝까지 버티겠다"고 고집하며, 여러 통로를 통해 아카데미 회원들을 설득하고자 매달린다. 그러나 사회의 위선과 현실을 절감하고 입후보 7개월 만에 사퇴한다.

이 시기 그는 모든 사람을 피해 숨어버리고 싶은 인간 혐오증을 호소한다. 파리 전부, 아니 프랑스 전체가 그의 적이 된다. 파리인의 타락에 대한 거부감, 프랑스인들의 저속함에 대한 혐오감을 편지뿐 아니라 산문시와 각종 에세이 형식의 글들에 쏟아놓는다.

> 저는 파리를, 특히 사람 만나는 것 일체를 피하기 위해, 파리를 벗어나려는 거예요. 그러나 옹플뢰르에서 다시 파리의 형벌을 당하고 싶지 않아요. 누구와도 교제하고me prostituer 싶지 않아요.

이때부터 그는 프랑스를 떠날 생각을 품게 되고, 모친에게 벨기에로 떠날 계획을 알린다.

> 파리와 프랑스가 지긋지긋해졌어요. 어머님 때문이 아니라면 결코 다시 돌아오지 않을 거예요.

> 두세 곳에서 약간의 돈을 낚아가지고 어머님 곁에서 며칠을 보낸 뒤 브뤼셀로 떠날 것입니다. 어쩌면 그곳에 어떤 환멸이 저를 기다리고 있을지 모르지만, 또 어쩌면 많은 돈이 기다리

고 있을지도 [……].

이렇게 기대 반, 두려움 반으로 떠난 벨기에행이었건만, 그곳에서 시인을 기다리고 있었던 것은 또 한 번의 '환멸'이었다.

1864년 4월 24일, 벨기에 브뤼셀로 향한다. 빚에 몰리고 절망감으로 더 이상 버틸 수 없는 상황에까지 간 그에게 브뤼셀은 구원의 나라와도 같았다. 벨기에행을 유혹한 것은 화상商이며 보들레르의 친구인 스테방Arthur Stévens이다. 파리에서는 벨기에의 왕으로, 브뤼셀에서는 프랑스인들의 황제로 통했던 이 인물이 보들레르의 체류를 종용했고, 시인의 체류를 위한 구체적인 계획들도 세웠다. 시인은 브뤼셀에 도착하여 약속된 강연을 시작했다.

5월 2일, 첫번째 강연은 화가 들라크루아에 관한 것이었다. 그러나 예상과 달리 강연은 대실패였다. 목격자 르모니에Camille Lemonier는 이 실패를 이렇게 설명한다.

> 그 당시 브뤼셀의 문학에 대한 완전한 무관심을 상기해야 합니다. 그들은 사상의 음울한 대기 속에 살고 있었습니다.

5월 11일, 두번째 강연은 고티에에 관한 연구였는데, 상황은 나아지지 않았다.

5월 12일, 23일, 6월 3일, 3회에 걸쳐 열린 세번째 강연은 『인공낙원』에 관한 것이었는데 결과는 마찬가지였다. 주최 측에서는 약속했던 500프랑 대신, 사과의 말도 없이 백 프랑을 보내왔다. 강연회가 열리는 동안 내내 참고 있던 그의 분노가 마침내 폭발한다.

작가 연보

이런 사람들이! 이런 세상이! […] 내가 받은 백 프랑을 빈민들에게 기부라도 하고 싶은 지경이에요, 이런 세상이!"

강연회가 성공하지 못한 이유는 너무 간단했다. 보들레르는 극소수의 작가들을 제외하면 그곳 대중들에게 거의 알려지지 않았기 때문이다. 그는 자신이 이곳에 온 주요 목적이 라크루아Lacroix와의 출판 계약 약속 때문이었던 점을 상기하며 실망을 달랬다. 그러나 라크루아는 강연 초청에 두 번이나 나타나지 않았고, 다른 사람을 통해 출판 거절 의사를 전해왔다. 마침내 그는 온 벨기에를 향해, 무례한 벨기에인을 향해 복수하기로 결심한다. 『가엾은 벨기에인』이라는 책을 출판할 작정이다.

내가 벨기에 여행에서 끌어낸 것이라고는 오직 이 지구에서 가장 밥통 같은 국민에 대한 […] 소책자 한 권뿐……
그러나 벨기에에 관한 이 책은 이미 말한 바와 같이 내 원한 폭발의 실험이지요. 후에 프랑스를 향해 이 수법을 써먹을 작정이에요. 전 인류에 대한 내 혐오의 온갖 이유들을 끈기 있게 말하겠어요.

보들레르는 집필을 시작했고, 자료 수집차 벨기에의 지방 도시 말린Malines을 들르기도 했으나, 이 책은 그의 생전에 완성되지 않았다.
이때 그에게 즐거운 우연이 찾아왔다. 『악의 꽃』을 최초로 출판했던 출판주 말라시를 만난다. 그 역시 출판사가 파산해 유배된 신세로, 책 장사로 돈을 벌어 실패를 만회하기 위해 브뤼셀에 와 있었다.

그들은 출판물에 얽힌 금전 문제로 계산이 끝나지 않았고 서로 화가 나 있었으나, 외지에서 만나자 금세 원한은 잊혔다.

11월, 『라르티스트』지에 '소산문시집Petits Poèmes en Prose'이라는 총제로 산문시를 3편 발표한다. 그러나 12월에는 『라 누벨 르뷔 드 파리 La Nouvelle Revue de Paris』지에 '파리의 우울'로 제목을 바꾸어 6편의 시를 발표한다.

1865년 파리에서는 젊은 작가들 사이에 '파르나스 학파les parnassiens(고답파)'라고 부르는 새로운 기류가 생기고 있었다. 이들이 보들레르를 원했다.

2월 1일 자 『라르티스트』에 23세의 한 젊은 시인이 '문학 심포니 Symphonie Littéraire'라는 제목 아래 고티에, 보들레르, 방빌을 찬양하는 산문시 형식의 시 3편을 발표한다.

> 보들레르…… 겨울, 내가 허탈감에 빠져 지쳐 있을 때, 나는 내가 좋아하는 『악의 꽃』의 시 속에 파묻혀 더없는 즐거움에 빠진다.

이 글의 주인공은 한 시골 중학교 영어 교사로, 후에 상징주의 거장들 중 하나로 꼽히게 될 말라르메Stéphane Mallarmée이다. 그리고 또 한 사람, 21세의 젊은 시인 베를렌Verlaine이 있었다. 그는 1865년 11월 파르나스파의 문예지 『라르티스트』에 3회에 걸쳐 열광적인 보들레르 연구를 발표한다. 그는 당시 시청 등본계원이었다.

이듬해 2월에는 그의 시에 관한 강연회가 열리는 등, 보들레르 숭배자들이 문단에 속속 등장하기 시작한다. 파리에서는 이런 추세를 시인에게 알리며 파리에 돌아와 새로운 세대의 스승이 되어줄 것을 권유했으나 그가 돌아올 기미는 보이지 않는다.

저는 누구든지 간에 남을 지도할 위인이 아닙니다. 그리고 그들 자신을 스스로 지도할 줄 모르는 사람들에게 저는 깊은 멸시를 품고 있습니다.

자신의 갈 길을 스스로 찾고, 그 목표를 향해 외로운 고행의 길을 홀로 걸어왔던 이 고고한 시인에게는 소위 '보들레르 학파 l'Ecole Baudelaire'라는 추종자들의 야단스러움이 위험스럽게만 보인다.

그 젊은이들에게는 재능이 있어요. 그러나 야단스런 광기라니! 얼마나 심한 과장이며, 젊음의 도취인가! 몇 해 전부터 제가 두려워하는 경향들과 모방을 발견하고 있었죠. [⋯⋯] 그리고 홀로 있는 것이 제게는 무엇보다 좋습니다. [⋯⋯] 그리고 실제로 '보들레르 학파'가 있는 모양이에요.

말라시는 사업이 어려운 때에도 보들레르의 5천 프랑짜리 오래된 어음을 남에게 넘기지 않는 의리를 지켰다. 양수인이 보들레르를 괴롭힐 것을 염려했기 때문일 것이다. 그런데 말라시가 무허가 지하 출판으로 반프랑스 제국적 성격의 팸플릿과 음란물 판정 책들을 팔다가 기소되어 1년 복역에 벌금을 물도록 언도받자 보들레르의 사정을 봐줄 수 없게 된다. 그 어음을 2천 프랑에 사겠다는 희망자가 나타났고, 사정이 급해진 보들레르는 후견인 앙셀에게 돈을 받기 위해 잠시 프랑스로 돌아온다.

  7월 4일 파리에 도착, 7일 옹플뢰르에 가서 이틀 동안 머문다. 어머니는 다시 한번 아들의 빚을 해결해준다. 그리하여 그는 자신을 짓누르던 커다란 짐을 벗어버린 뒤 이틀 만에 파리로 돌아가 머물다가 15일, 짧은 프랑스 체류를 끝내고 브뤼셀에 도착한다.

  그 사이 출판업자 가르니에Garnier, 헤젤Hetzel, 르메르Lemère 등을 만났고, 문학인 방빌과 아슬리노를 만난다. 떠나기 전날, 부재중이어서 만나지 못한 선배 문인 생트뵈브에게 남긴 메모가 있다.

    저는 지옥을 향해 떠납니다……

1866년 브뤼셀로 돌아온 보들레르는 더욱 외롭다. 그는 때때로 프랑스인들이 드나드는 술집(Prince Wales)에 들른다. 그곳에 가면 루이르그랑 중학교 동기생 데샤넬도 볼 수 있고, 프랑스 제정으로부터 추방당한 자들과도 만난다. 그리고 위고도 브뤼셀에 와 있었다. 때로 위고의 집으로 위고 부인의 연주를 들으러 간다. "자. 바그너의 고귀한 음악을 들읍시다"라고 그가 부탁하면, 부인은 「탄호이저」의 악보를 열고 「순례자들의 합창」과 「기사들의 행진」 「엘리자베스의 기도」를 연주했다. 바그너의 음악은 그가 절망에 빠져 있을 때 무한한 기쁨을 준다.

  이때 보들레르는 「1865년 미술전」에서 치욕을 당한 마네에게 격려의 편지를 보낸다. 보들레르는 1년 전에도 마네가 고야를 모방했다고 비난하는 한 익명의 평자에게 편지를 보내, 마네는 이때껏 고야의 그림을 본 적이 없으며, 자신과 작가 포의 관계를 예로 들며 예술가들에는 그런 신비한 일치가 있는 법이라고 마네를 옹호했었다. 이때는 보들레르가 브뤼셀에 도착해 강연회를 연속적으로 실패하고 그곳 계약자들의 배신으로 실의에 빠져 있던 때이다. 고통 속에서도 그는 멀리서 마네를 격려했고, 파리에 있는 뫼리스 부인에게도 그를 위로해주라고 부탁하는 편지를 보낸다.

　이 시기 보들레르는 병이 심각했다. 때때로 마비 상태에 빠져 시간의 흐름도 의식하지 못한 채 날들이 흘렀다. 어느 날 깨어나면 시간이 많이 흘러 있어 소스라치고는, 잃어버린 시간들을 만회해야 한다는 생각으로 마음이 조급하다. 그 와중에 잔이 실명했다는 편지를 받은 기억이 나자 병든 그녀가 걱정된다. 후견인 앙셀에게 편지해서 그녀에게 자신의 이름으로 돈을 보내도록 간청한다. 그러나 의식을 찾은 것도 잠시, 곧 다시 마비 상태가 온다.

　마비, 회복, 다시 마비의 반복이다. 멀리 파리에서 망데가 『현대 파르나스 시선』에 그의 시를 싣겠다고 계획을 알려왔다. 이미 발표된 시들인데도 그는 이 교차되는 정신의 혼돈과 극심한 고통 속에서도 다시 교정을 보겠다고 고집한다.

　2월, 문학 친구 아슬리노에게 병상을 호소한다.

　2월 말, 『표류물 Les Epaves』 발행.

　3월, 로프의 의붓아버지가 나뮈르 Namur로 초대한다. 그는 그곳에서 로프, 그리고 그들과 합세하기 위해 급히 내려온 말라시와 함께 유일한 예수회 교회 스타일의 생루 Saint-loup 교회를 방문한다. 교회를 둘러보던 중 그는 현기증이 일어나 비틀거리다 쓰러진다. 곧 몸을 일으킬 수 있었던 그는 미끄러졌다고 가볍게 넘기는데, 그다음 날 일어나면서 정신이 혼미해지는 징조를 보인다. 곧 두 친구가 부축해 브뤼셀로 데려왔지만 오른쪽에 마비가 오고, 말을 제대로 하지 못한다.

　4월 초, 급히 달려온 앙셀과 말라시가 수녀들의 간호를 받을 수 있는 교회로 옮긴다.

4월 9일, 완전한 실어증 증세를 보인다. 어머니 오픽 부인이 브뤼셀로 달려온다. 어머니는 아들 곁을 떠나지 않고 지켜주겠노라고 다짐하지만 아들은 끝내 말을 못 한다.

4월 말, 지나치게 형식을 강요하는 수녀들에게 화를 터트리고 욕설을 토해, 그는 그곳을 떠날 수밖에 없게 된다.

오픽 부인은 서신을 통해 라제그 박사와 상의하고, 그의 의견을 따라 아들을 파리로 데려가기로 한다. 유명한 정신과 의사인 라제그는 보들레르가 중학생 때 철학 지도를 받던 그의 개인 교사로, 보들레르는 이 선생님을 좋아해서 의부를 졸라 라제그 집에서 대학입학자격시험 준비를 했다. 죽음을 앞둔 보들레르는 그 선생님을 생각했고, 어머니는 아들의 뜻을 따라 그와 상의한 것이다.

7월 2일, 마침내 보들레르는 어머니와 파리에 도착한다. 친구 스테방이 이 여정을 함께했고 아슬리노가 북역에서 그를 기다리고 있다. 스테방에 기대어 걸어 나오는 친구 샤를이 그의 눈에 들어온다. 보들레르가 친구를 알아보고 웃음을 보낸다. 그것은 아슬리노가 알던 친구의 웃음이 아니었다. 그것이 그의 가슴을 얼어붙게 했다. "길게 울리는, 언제까지나 지워지지 않는 웃음이었다"고 후에 아슬리노는 술회한다.

개선문에서 가까운 돔거리의 병원에서 그는 서서히 13개월에 걸쳐 죽어갔다. 정신은 사라지지 않고 언어 기능만 잃어버린 벙어리가 되어 비극적인 마지막을 살아야 한다.

오픽 부인의 짐을 덜어주기 위해 아슬리노가 주선하여 방빌, 샹플뢰리, 리즐 등의 친구들 명의로 문교부에 연금을 신청한다. 여기에 메리메, 생트뵈브의 추천의 글까지 첨부하지만 5백 프랑밖에 받지 못한다.

몇 개월 동안 병세는 진전을 보이지 않는다. 처음에는 산책도 할 수 있었다. 친구들이 그를 기쁘게 해주고자 노력한다. 샹플뢰리의 연락으로 뫼리스 부인이 병원에 와서 그가 좋아하는 바그너의 「탄호이저」를 피아노로 연주해준다. 그는 아직 그림들을 볼 때와 같이 이 음악을 들으며 기쁨을 느낄 수 있다. 그것이 그가 다시 회복될 것이라는 희망을 갖게 해준다.

1867년 이후 병자는 침대를 떠나지 못한다. 오픽 부인이 머리맡을 지키며 아들이 말을 되찾고 옛날의 아들로 돌아오기를 간절히 기다린다.

8월 31일, 그는 어머니가 지켜보는 가운데서 미소를 보내며 조용히 눈을 감는다. 생토노레Saint-Honoré 성당에서 백 명이 안 되는 문인들과 친구들이 참석한 가운데 장례식이 치러진다. 『악의 꽃』이 최초로 출판되기 직전 세상을 떠난 의부가 묻힌 몽파르나스의 가족묘지에 그의 영원한 안식처가 만들어졌다.

폴 베를렌, 나다르, 스테방, 몽슬레, 샹플뢰리 등 절친한 친구들이 함께했으며, 방빌과 아슬리노가 조사를 낭송했다. 방빌은 보들레르를 '개혁가'였다고 칭송했다. 인간을 이미 만들어진 이상에 따라 변형시키려 했던 다른 작가와 달리, 보들레르는 "현대적인 인간을, 그의 과실과 병적인 매력과 무력한 갈망과 더불어 모두 수용했기 때문"이라고 했다.

아슬리노는 너무도 여러 번 중상의 표적이 됐고, 대중의 몰이해의 희생물이었던 친구의 불행에 대한 분노에 가득 차, 작가로서가 아니라 인간 보들레르에게 경의를 표했다.

……그렇습니다. 이 위대한 정신은 동시에 착한 정신이었으며, 이 위대한 영혼은 동시에 착한 영혼이었습니다.

1868년 12월, 보들레르 전집이 출간되기 시작하고, 『악의 꽃』 3판이 나온다.

전집 간행은 생전에 결실을 보지 못했으나, 사후에 『파리의 우울』, 미술 비평, 문학 비평, 『내면 일기』, 서간집 등 전 작품이 속속 간행된다. 그리고 미셸 레비로부터 시작하여 다른 출판사에서도 계속 전집이 출간되었으며, 아슬리노가 『샤를 보들레르, 그의 생애와 작품』을 내면서 그에 관한 연구집, 연구 논문, 전기, 번역 또한 잇달아 간행되었다.

기획의 말

'대산세계문학총서'를 펴내며

　근대 문학 100년을 넘어 새로운 세기가 펼쳐지고 있지만, 이 땅의 '세계 문학'은 아직 너무도 초라하다. 몇몇 의미 있었던 시도에도 불구하고, 전체적으로는 나태하고 편협한 지적 풍토와 빈곤한 번역 소개 여건 및 출간 역량으로 인해, 늘 읽어온 '간판' 작품들이 쓸데없이 중간되거나 천박한 '상업주의적' 작품들만이 신간되는 등, 세계 문학의 수용이 답보 상태에 머물러 있었음을 부인하기 힘들다. 분명한 자각과 사명감이 절실한 단계에 이른 것이다.
　세계 문학의 수용 문제는, 그 올바른 이해와 향유 없이, 다시 말해 세계 문학과의 참다운 교류 없이 한국 문학의 세계 시민화가 불가능하다는 의미에서, 보다 근본적으로, 우리의 문화적 시야 및 터전의 확대와 그 질적 성숙에 관련되어 있다. 요컨대 이것은, 후미에 갇힌 우리의 좁은 인식론적 전망의 틀을 깨고 세계 전체를 통찰하는 눈으로 진정한 '문화적 이종 교배'의 토양을 가꾸는 작업이며, 그럼으로써 인간 그 자체를 더 깊게 탐색하기 위해 '미로의 실타래'를 풀며 존재의 심연으로 침잠하는 작업이라 할 수 있다.
　우리의 현실을 둘러볼 때, 그 실천을 위한 인문학적 토대는 어느 정도 갖추어진 듯이 보인다. 다양한 언어권의 다양한 영역에서 문학 전공자들이 고루 등장하여 굳은 전통이나 헛된 유행에 기대지 않고 나름의 가치 있는 작가와 작품을 파고들고 있으며, 독자들 또한 진부한 도식을 벗어나 풍요로운 문학적 체험을 원하고 있다. 새롭게 변화한 한국어의 질감 속에서 그 체험이 이루어지기를 바라는 요청 역시 크다. 그러므로 필요한 것은 어쩌면 물적 토대뿐일지도 모른다는 판단이 우리를 안타깝게 해왔다.

  이러한 시점에서, 대산문화재단의 과감한 지원 사업과 문학과지성사의 신뢰성 높은 출간을 통해 그 현실화의 첫발을 내딛게 된 것은 우리 문화계의 큰 즐거움이 아닐 수 없다. 오늘의 문학적 지성에 주어진 이 과제가 충실한 결실을 맺을 수 있도록, 우리는 모든 성실을 기울일 것이다.

'대산세계문학총서' 기획위원회

대산세계문학총서

001-002	소설	트리스트럼 섄디(전 2권) 로렌스 스턴 지음 | 홍경숙 옮김
003	시	노래의 책 하인리히 하이네 지음 | 김재혁 옮김
004-005	소설	페리키요 사르니엔토(전 2권) 호세 호아킨 페르난데스 데 리사르디 지음 | 김현철 옮김
006	시	알코올 기욤 아폴리네르 지음 | 이규현 옮김
007	소설	그들의 눈은 신을 보고 있었다 조라 닐 허스턴 지음 | 이시영 옮김
008	소설	행인 나쓰메 소세키 지음 | 유숙자 옮김
009	희곡	타오르는 어둠 속에서/어느 계단의 이야기 안토니오 부에로 바예호 지음 | 김보영 옮김
010-011	소설	오블로모프(전 2권) I. A. 곤차로프 지음 | 최윤락 옮김
012-013	소설	코린나: 이탈리아 이야기(전 2권) 마담 드 스탈 지음 | 권유현 옮김
014	희곡	탬벌레인 대왕/몰타의 유대인/파우스투스 박사 크리스토퍼 말로 지음 | 강석주 옮김
015	소설	러시아 인형 아돌포 비오이 까사레스 지음 | 안영옥 옮김
016	소설	문장 요코미쓰 리이치 지음 | 이양 옮김
017	소설	안톤 라이저 칼 필립 모리츠 지음 | 장희권 옮김
018	시	악의 꽃 샤를 보들레르 지음 | 윤영애 옮김
019	시	로만체로 하인리히 하이네 지음 | 김재혁 옮김
020	소설	사랑과 교육 미겔 데 우나무노 지음 | 남진희 옮김
021-030	소설	서유기(전 10권) 오승은 지음 | 임홍빈 옮김
031	소설	변경 미셸 뷔토르 지음 | 권은미 옮김
032-033	소설	약혼자들(전 2권) 알레산드로 만초니 지음 | 김효정 옮김
034	소설	보헤미아의 숲/숲 속의 오솔길 아달베르트 슈티프터 지음 | 권영경 옮김
035	소설	가르강튀아/팡타그뤼엘 프랑수아 라블레 지음 | 유석호 옮김
036	소설	사탄의 태양 아래 조르주 베르나노스 지음 | 윤진 옮김

037	시	시집 스테판 말라르메 지음	황현산 옮김
038	시	도연명 전집 도연명 지음	이치수 역주
039	소설	드리나 강의 다리 이보 안드리치 지음	김지향 옮김
040	시	한밤의 가수 베이다오 지음	배도임 옮김
041	소설	독사를 죽였어야 했는데 야샤르 케말 지음	오은경 옮김
042	희곡	볼포네, 또는 여우 벤 존슨 지음	임이연 옮김
043	소설	백마의 기사 테오도어 슈토름 지음	박경희 옮김
044	소설	경성지련 장아이링 지음	김순진 옮김
045	소설	첫번째 향로 장아이링 지음	김순진 옮김
046	소설	끄르일로프 우화집 이반 끄르일로프 지음	정막래 옮김
047	시	이백 오칠언절구 이백 지음	황선재 역주
048	소설	페테르부르크 안드레이 벨르이 지음	이현숙 옮김
049	소설	발칸의 전설 요르단 욥코프 지음	신윤곤 옮김
050	소설	블라이드데일 로맨스 나사니엘 호손 지음	김지원·한혜경 옮김
051	희곡	보헤미아의 빛 라몬 델 바예-인클란 지음	김선욱 옮김
052	시	서동 시집 요한 볼프강 폰 괴테 지음	안문영 외 옮김
053	소설	비밀요원 조지프 콘래드 지음	왕은철 옮김
054-055	소설	헤이케 이야기(전 2권) 지은이 미상	오찬욱 옮김
056	소설	몽골의 설화 데. 체렌소드놈 편저	이안나 옮김
057	소설	암초 이디스 워튼 지음	손영미 옮김
058	소설	수전노 알 자히드 지음	김정아 옮김
059	소설	거꾸로 조리스-카를 위스망스 지음	유진현 옮김
060	소설	페피타 히메네스 후안 발레라 지음	박종욱 옮김
061	시	납 제오르제 바코비아 지음	김정환 옮김
062	시	끝과 시작 비스와바 쉼보르스카 지음	최성은 옮김
063	소설	과학의 나무 피오 바로하 지음	조구호 옮김
064	소설	밀회의 집 알랭 로브-그리예 지음	임혜숙 옮김
065	소설	붉은 수수밭 모옌 지음	심혜영 옮김
066	소설	아서의 섬 엘사 모란테 지음	천지은 옮김
067	시	소동파사선 소동파 지음	조규백 역주
068	소설	위험한 관계 쇼데를로 드 라클로 지음	윤진 옮김

069 소설	거장과 마르가리타	미하일 불가코프 지음	김혜란 옮김
070 소설	우게쓰 이야기	우에다 아키나리 지음	이한창 옮김
071 소설	별과 사랑	엘레나 포니아토프스카 지음	추인숙 옮김
072-073 소설	불의 산(전 2권)	쓰시마 유코 지음	이송희 옮김
074 소설	인생의 첫출발	오노레 드 발자크 지음	선영아 옮김
075 소설	몰로이	사뮈엘 베케트 지음	김경의 옮김
076 시	미오 시드의 노래	지은이 미상	정동섭 옮김
077 희곡	셰익스피어 로맨스 희곡 전집	윌리엄 셰익스피어 지음	이상섭 옮김
078 희곡	돈 카를로스	프리드리히 폰 실러 지음	장상용 옮김
079-080 소설	파멜라(전 2권)	새뮤얼 리처드슨 지음	장은명 옮김
081 시	이십억 광년의 고독	다니카와 슌타로 지음	김응교 옮김
082 소설	잔지바르 또는 마지막 이유	알프레트 안더쉬 지음	강여규 옮김
083 소설	에피 브리스트	테오도르 폰타네 지음	김영주 옮김
084 소설	악에 관한 세 편의 대화	블라디미르 솔로비요프 지음	박종소 옮김
085-086 소설	새로운 인생(전 2권)	잉고 슐체 지음	노선정 옮김
087 소설	그것이 어떻게 빛나는지	토마스 브루시히 지음	문항심 옮김
088-089 산문	한유문집—창려문초(전 2권)	한유 지음	이주해 옮김
090 시	서곡	윌리엄 워즈워스 지음	김숭희 옮김
091 소설	어떤 여자	아리시마 다케오 지음	김옥희 옮김
092 시	가윈 경과 녹색기사	지은이 미상	이동일 옮김
093 산문	어린 시절	나탈리 사로트 지음	권수경 옮김
094 소설	골로블료프가의 사람들	미하일 살티코프 셰드린 지음	김원한 옮김
095 소설	결투	알렉산드르 쿠프린 지음	이기주 옮김
096 소설	결혼식 전날 생긴 일	네우송 호드리게스 지음	오진영 옮김
097 소설	장벽을 뛰어넘는 사람	페터 슈나이더 지음	김연신 옮김
098 소설	에두아르트의 귀향	페터 슈나이더 지음	김연신 옮김
099 소설	옛날 옛적에 한 나라가 있었지	두샨 코바체비치 지음	김상헌 옮김
100 소설	나는 고故 마티아 파스칼이오	루이지 피란델로 지음	이윤희 옮김
101 소설	따니아오 호수 이야기	왕정치 지음	박정원 옮김
102 시	송사삼백수	주조모 엮음	이동향 역주
103 시	문턱 너머 저편	에이드리언 리치 지음	한지희 옮김

104	소설	충효공원 천잉전 지음	주재희 옮김
105	희곡	유디트/헤롯과 마리암네 프리드리히 헤벨 지음	김영목 옮김
106	시	이스탄불을 듣는다 오르한 웰리 카늑 지음	술탄 훼라 아크프나르 여·이현석 옮김
107	소설	화산 아래서 맬컴 라우리 지음	권수미 옮김
108-109	소설	경화연(전 2권) 이여진 지음	문현선 옮김
110	소설	예피판의 갑문 안드레이 플라토노프 지음	김철균 옮김
111	희곡	가장 중요한 것 니콜라이 예브레이노프 지음	안지영 옮김
112	소설	파울리나 1880 피에르 장 주브 지음	윤 진 옮김
113	소설	위폐범들 앙드레 지드 지음	권은미 옮김
114-115	소설	업둥이 톰 존스 이야기(전 2권) 헨리 필딩 지음	김일영 옮김
116	소설	초조한 마음 슈테판 츠바이크 지음	이유정 옮김
117	소설	악마 같은 여인들 쥘 바르베 도르비이 지음	고봉만 옮김
118	소설	경본통속소설 지은이 미상	문성재 옮김
119	소설	번역사 레일라 아부렐라 지음	이윤재 옮김
120	소설	남과 북 엘리자베스 개스켈 지음	이미경 옮김
121	소설	대리석 절벽 위에서 에른스트 윙거 지음	노선정 옮김
122	소설	죽은 자들의 백과전서 다닐로 키슈 지음	조준래 옮김
123	시	나의 방랑—랭보 시집 아르튀르 랭보 지음	한대균 옮김
124	소설	슈톨츠 파울 니종 지음	황승환 옮김
125	소설	휴식의 정원 바진 지음	차현경 옮김
126	소설	굶주린 길 벤 오크리 지음	장재영 옮김
127-128	소설	비스와스 씨를 위한 집(전 2권) V. S. 나이폴 지음	손나경 옮김
129	소설	새하얀 마음 하비에르 마리아스 지음	김상유 옮김
130	산문	루테치아 하인리히 하이네 지음	김수용 옮김
131	소설	열병 르 클레지오 지음	임미경 옮김
132	소설	조선소 후안 카를로스 오네티 지음	조구호 옮김
133-135	소설	저항의 미학(전 3권) 페터 바이스 지음	탁선미·남덕현·홍승용 옮김
136	소설	신생 시마자키 도손 지음	송태욱 옮김
137	소설	캐스터브리지의 시장 토머스 하디 지음	이윤재 옮김
138	소설	죄수 마차를 탄 기사 크레티앵 드 트루아 지음	유희수 옮김

139	자서전	2번가에서 에스키아 음파렐레 지음	배미영 옮김
140	소설	묵동기담/스미다 강 나가이 가후 지음	강윤화 옮김
141	소설	개척자들 제임스 페니모어 쿠퍼 지음	장은명 옮김
142	소설	반짝이끼 다케다 다이준 지음	박은정 옮김
143	소설	제노의 의식 이탈로 스베보 지음	한리나 옮김
144	소설	흥분이란 무엇인가 장웨이 지음	임명신 옮김
145	소설	그랜드 호텔 비키 바움 지음	박광자 옮김
146	소설	무고한 존재 가브리엘레 단눈치오 지음	윤병언 옮김
147	소설	고야, 혹은 인식의 혹독한 길 리온 포이히트방거 지음	문광훈 옮김
148	시	두보 오칠언절구 두보 지음	강민호 옮김
149	소설	병사 이반 촌킨의 삶과 이상한 모험 블라디미르 보이노비치 지음	양장선 옮김
150	시	내가 얼마나 많은 영혼을 가졌는지 페르난두 페소아 지음	김한민 옮김
151	소설	파노라마섬 기담/인간 의자 에도가와 란포 지음	김단비 옮김
152-153	소설	파우스트 박사(전 2권) 토마스 만 지음	김륜옥 옮김
154	시,희곡	사중주 네 편 T. S. 엘리엇의 장시와 한 편의 희곡 T. S. 엘리엇 지음	윤혜준 옮김
155	시	귈뤼스탄의 시 배흐티야르 와합자데 지음	오은경 옮김
156	소설	찬란한 길 마거릿 드래블 지음	가주연 옮김
157	전집	사랑스러운 푸른 잿빛 밤 볼프강 보르헤르트 지음	박규호 옮김
158	소설	포옹가족 고지마 노부오 지음	김상은 옮김
159	소설	바보 엔도 슈사쿠 지음	김승철 옮김
160	소설	아산 블라디미르 마카닌 지음	안지영 옮김
161	소설	신사 배리 린든의 회고록 윌리엄 메이크피스 새커리 지음	신윤진 옮김
162	시	천가시 사방득, 왕상 엮음	주기평 역해
163	소설	모험적 독일인 짐플리치시무스 그리멜스하우젠 지음	김홍진 옮김
164	소설	맹인 악사 블라디미르 코롤렌코 지음	오원교 옮김
165-166	소설	전차를 모는 기수들(전 2권) 패트릭 화이트 지음	송기철 옮김
167	소설	스너프 빅토르 펠레빈 지음	윤서현 옮김
168	소설	순응주의자 알베르토 모라비아 지음	정란기 옮김